澳门赌王

何鸿燊全传

金泽灿 著 [修订版]

华中科技大学出版社

http://www.hustp.com

中国·武汉

图书在版编目(CIP)数据

澳门赌王：何鸿燊全传 / 金泽灿 著. -- 2 版(修订版) -- 武汉：华中科技大学出版社,2017.2（2021.11重印）

ISBN 978-7-5680-2281-1

Ⅰ.①澳… Ⅱ.①金… Ⅲ.①何鸿燊–传记 Ⅳ.①K825.38

中国版本图书馆 CIP 数据核字(2016)第 250341 号

澳门赌王：何鸿燊全传（修订版）
Aomen Duwang : Hehongshen Quanzhuan

金泽灿　著

责任编辑：沈剑锋　康　艳

封面设计：刘红刚

责任校对：张会军

责任监印：张贵君

出版发行：华中科技大学出版社(中国·武汉)　　　　电话：(027) 81321913
　　　　　武汉市东湖新技术开发区华工科技园　　　　邮编：430223

印　　刷：天津中印联印务有限公司

开　　本：710mm×1000mm　1/16

印　　张：17.25

字　　数：250 千字

版　　次：2017 年 2 月第 2 版第 1 次印刷　2021年11月第2版第6次印刷

定　　价：38.00 元

【序言】

澳门被称为东方的"蒙地卡罗"。去过澳门的人都知道，葡京赌场是澳门11家赌场的龙头老大，这栋像巨大鸟笼的高楼是澳门标志性建筑，它的掌门人就是澳门赌王何鸿燊。

何鸿燊有一大堆重要头衔：全国政协常委、澳门旅游娱乐有限公司总经理、澳门博彩股份有限公司行政总裁、香港信德集团行政主席、葡国大十字勋章勋爵、英国O.B.E勋衔、罗马教廷剑袍爵士、法国骑士勋章、日本瑞宝勋章，数不胜数。但他对"赌王"之称特别中意，因为这一称号体现了他一生中最具传奇色彩的奋斗历程。

何鸿燊出身于香港的名门望族，然而他的成就和名望并非靠祖上的荫庇。少年时，他家道中落，饱尝世态炎凉；青年时，他为躲避战火逃到澳门，身上仅有10元港币。在澳门期间，他赤手空拳地拼搏，九死一生。他创办公司，后被黑道逼离澳门，又转道香港发展……经过不懈的奋斗，到20世纪50年代中期，何鸿燊终于成为香港赫赫有名的大亨。

1961年，何鸿燊与叶汉、叶德利、霍英东等结成联盟，竞得澳门博彩专营权，从此走上了赌场争霸之路。他创办澳门旅游娱乐有限公司，建成葡京大酒店，并在香港注册信德公司。20世纪90年代，他又在澳门建立皇宫赌场，全力推动澳门博彩业和公益事业的发展，使澳门成为世界三大赌城之一。何鸿燊现任澳门旅游娱乐有限公司总经理，控制的资产达5000亿港元之巨，个人财富有700亿港元，澳门有三分之一的人直接或间接受益于他的公司。澳门人把赌王称作"无冕澳督"和"米饭班主"，何鸿燊是澳门博彩史上权势最大、获利最多、名气最响、在位时间最长的赌王。

本书以何鸿燊波澜起伏的人生经历为主线，辐射何氏家族及何鸿燊周围的人与事，描述了一个多世纪以来何氏家族的种种传奇，并详实客观地讲述了何鸿燊的创业经历、他的内心世界和感情纠葛，以及豪门恩怨，为读者破解何鸿燊赌王霸业屹立数十年而不倒的秘诀。相信读者读过本书后，不仅会为何鸿燊的辉煌成就喝彩，还会从中受到不少启发和激励。

目　　录
Contents

第一章　天生的王者

一、"王气"逼人

20 世纪 20 年代初的香港是沉寂的，作为一个没有产业资源的殖民地区，它完全依靠商贸、金融、服务业来发展区域经济，金融家和商人的地位都很高。在众多不同国籍的商人中，何氏家族无疑位于富绅豪门之列。

在（中环）半山麦当劳道路口，有一栋豪华的西式花园楼房，这就是何氏家族的老四——渣甸洋行买办何世光的家。

1921 年 11 月 25 日下午，何世光正躺在靠椅上小憩，忽见女仆跑过来喊道："老爷，生了，生了。"何世光惊坐而起："股票升了？升了多少？"香港股票交易活动早在 1891 年就开始了，当年又成立了股票经纪协会，何世光看好股票前景，刚进仓了不少，他最关心的自然是股票升跌。

"不是的，老爷，是夫人生了个小少爷。"女仆答道。

何世光的兴致顿时去了一大半，他淡淡地"哦"了一声，表示知道了。对他来说，家里添丁算不得什么大事喜事，因为在短短的 10 多年里，他已经有了 8 个子女。这第 9 个孩子生下来不算多，不生也不算少。况且，他认为生孩子是女人的事情，他一个男人也帮不上什么忙。于是，他又躺回靠椅上，继续闭目养神。

过了一会儿，女仆又来禀报说："老爷，夫人让我告诉您，这个孩子与众不同。"何世光听了，心想："难道是生了个金发碧眼的'鬼佬'不成？我的孩子不都是黄皮肤、黑头发，一个鼻子两个眼睛，能有什么不同？"何世光祖上几代确实有西洋人的血统，但他坚信自己与一个地道的广东宝安女人生出来的孩子一定是中国人。

女仆见他没有多大反应，又提高嗓门道："老爷，夫人说，这个孩子的胎盘是洁白的，还泛着白金一样的光呢。"

何世光懂得一些阴阳命理之说，闻言猛然坐了起来："你是说孩子的胎盘是白金色的？"他一边说一边跑向产房，进房后他不看产妇，不看孩子，而是先看了看胎盘。那胎盘果然有些奇异，就像光滑的白绸缎子，半透明，洁白而闪光。按命理学来说，洁白的胎盘显示的是帝王将相之相。

在场的人都纷纷议论：上天造化，何家祖荫庇护，降生了一位帝王。何世光激动不已，抱过孩子来细细端详：稀疏的黑头发，高额头，眼睛紧闭，鼻梁稍高，嘴巴阔大，面部轮廓分明，是有些大富大贵之相。他马上叫人请来医生，采取特殊的方法处理胎盘，然后当作稀世之宝珍藏起来。

此后，何世光特别关注这个新生儿的一切，吃喝拉撒睡都叫人照顾得无微不至。当然，还有一件很重要的事情马虎不得，那就是给孩子取名。何世光绞尽脑汁，想了很多名字，但都觉得配不上这个有帝王之相的孩子，最后决定去请教"专业人士"——算命先生。

算命先生按生辰八字一算，觉得这孩子八字很好：天格数命中带金，是先祖留传下来的，一生不缺钱用，按数理对孩子影响不大；志刚意健的勤勉发展数，也很好。一生勤勉，人缘也不错，特别是女人缘上好。但按阴阳五行相生相克推算，孩子的命理中缺火。金太多易惹杀身之祸，以火克金，则可以平衡……这个名字该怎么取呢？算命先生嘀咕半天，这姓氏和族谱辈分都是固定的，姓何，辈分字是"鸿"，已含金带水，因此最关键的就只有一个字。这个字要使命理中的五行得到平衡，就需要有"火"和"木"。

算命先生翻了半天书，终于找到了一个有"火"有"木"的字——燊。何世光盯着这个字看了好久，仍不解其意，也不知道怎么读，便向算命先生请教。算命先生得意地说："我给你解释，你也不一定能懂，再说，天机不可泄露。但你要相信这个字是与你儿子的命理相辅相成的，你的儿子将来一定会大富大贵，成侯成王。"算命先生的语气很坚定，但有一句话他没有说，这个孩子的名字中还缺土，因此，只有立足本土，才有发展根基。

何世光听了，心里十分高兴，额外给了算命先生一些赏钱，便带着这个自己不认识的字回去了。

给孩子办满月酒时，何世光把这个字写给亲朋好友看，大部分人都不认识。何世光的夫人是开埠著名商人冼德芬之女，大户人家出身，念过不少书，但对这个字也感到很陌生。她首先提出质疑，说："一个连读都不会的字，谁能解释它的意思呢?"

其实，何世光已经查过《康熙字典》，知道了它的读音，并知道其意思是：盛貌。从焱，在木上。他解释说："这3个火是表示火很旺盛，熊熊之火又在木之上，表示火会越烧越旺。"

亲朋中立即有人附和道："这也暗喻着我们何家的生意会越来越红火。小燊仔是何家未来的希望，一定会光耀门楣。"其他人听了，也你一句我一句大发慨叹，大唱赞歌，酒宴热闹异常。

人逢喜事精神爽，何世光脸上笑开了花。如今他的生意又处于鼎盛时期，不久前他还当选为香港华商协会主席，更是踌躇满志，春风得意。乘着如此好兴致，他又做出了一个决定：为了给小燊仔提供一个更好的成长环境，他准备新建一栋别墅。

香港人修别墅讲究风水，何世光找风水先生物色了一块宝地——赤柱海湾一个背山临水的地方。不久，新别墅落成了，这栋度假别墅显得十分别致，西式风格，并以何鸿燊的英文名 Stanley 为别墅命名。何世光的意图很明显，让小燊仔健康成长，将来成为王者，光大何家的事业和门庭。

何鸿燊排行第九，他上面的 8 个兄姐是鸿恩、婉和、鸿展、鸿威、婉璋、婉文、鸿韬和婉鸿，在他之后，又有 4 个弟妹：婉琪、婉婉、鸿瑞、婉颖。由于那个奇异的胎盘，在兄弟姊妹中，何鸿燊童年享受的优待是最多的，因为人们都相信他身上带有"王气"，都不敢怠慢了这位未来的王者。

胎盘的传说或许有些离奇，但何鸿燊确是第三代混血儿，因而常被人叫作"鬼仔"和"老西"。何鸿燊很不喜欢这种称谓，成名后的他曾对媒体说："（我）当然是香港人、中国人。我在香港出生、香港长大，读过很多中文，幼时父亲还请一位前清举人教我国语古文，我中文说得这么流利，怎么说我也不是'老西'。我是中国人，我有传宗接代的思想，我信佛教，对因果轮回深信不疑。"

二、得天独厚的家世

何鸿燊可谓生逢其时，他出生的时候，正值家族兴盛时期。追溯何氏家族的发迹，始于 19 世纪 50 年代。当时的香港仅仅是个不引人注目的港口小城，不过也是个很好的贸易中转港，世界各地的商贾常来这里从事贸易活动。

1858 年春天，一个风雨交加的下午，一艘满载货物的英国货船在铜锣湾码头靠岸了。从船上走下来 10 多个人，他们是来自几个西方国家的生意人和水手。雨一直下个不停，一个英国小伙子抱怨道："我们十几天来在茫茫大海上漂泊，顶风冒雨，难道就是来这荒岛上逃难的吗？"另一个身材高瘦、穿着西装的荷兰人笑道："别小看这个岛城，它可是一颗明珠，发展前景无可限量。"这个荷兰人名叫 Charles Henri Maurice Bosman（后来人们称他何仕文），他以犹太人的精明睿智，洞察到了香港的美好未来。这也是他冒险来到这个港岛的动机。香港开埠已经十几年了，从一个地瘠山多、水源缺乏的小渔村变成了一个热闹的港口城市，尽管目前只有两条像样的马路，但作为一个地理位置十分重要的转口港，它必将成为欧洲各国与东亚国家进行转口贸易的枢纽。

开埠前，香港只有3600多人，且大部分是渔民。开埠后，由于世界各地的商人以及内地躲避战乱的贫民不断地涌入，香港的人口迅速增至五六万人，并形成了两大圈子：洋人主要聚居在中环一带，华人则主要聚居在上环一带。两大圈子壁垒分明。

何仕文一行首先去了铜锣湾，那里是香港最繁华的地方，当地的洋人鸣放礼炮，热情欢迎他们的到来。当然，这时的何仕文只是一个默默无闻的小商贩，欢迎礼炮并不是为他而放，而是为了迎接渣甸洋行的大班。

何仕文于1839年出生在荷兰鹿特丹，很小的时候就随父母移民到英国伦敦。他的父母是生意人，但生意做得并不是很成功。为了生计，何仕文随英国商人和洋行的老板来香港打拼，他最大的心愿就是进入洋行做工，根本没想到他的命运从此就与香港的发展联系在一起了。

犹太人生来就有做生意的天赋，何仕文很快在一家洋行谋到了一份差事。这家洋行叫怡和，又称渣甸，是由两名苏格兰裔英国人威廉·渣甸和詹姆士·马地臣在中国广州创办的，最初主要从事鸦片及茶叶的买卖，公司迁到香港后，开始涉足地产、酒店、金融投资、航运等领域，在香港具有举足轻重的地位。在这个实力雄厚的公司工作，无疑具有很大的发展空间。但是，何仕文并没有在怡和洋行工作很久，稍有积蓄后他便自己开了一间商铺，名字叫 Bosman & Co.（何仕文公司），主要从事劳务输出。当时中国由于战乱，从内地逃到香港的人很多，但香港基本上没有工商实业，何仕文就把这些人输送到工业大国——英国和美国。进入英国的门槛相对较高，因此美国成了首选输入国。与何仕文公司联系密切的美国旧金山对应的公司叫 Koopmanschap & Co.，它们通过劳务中介赚钱。

在挣得人生第一桶金后，何仕文开始了真正的商贸活动，经营茶叶、名酒、牛奶、雪茄、工艺品等，利润很高的鸦片自然也在其经营之列。

就在何仕文自己开公司的时候，他结识了一个中国女人，名叫施娣，是广东宝安籍的艇户人家之女。在香港，华人传统价值观及儒家思想在社会上占统治地位，一般的华人女子是不会和外国男人在一起的，一些被外国男人"包养"的女人大都是临时的、秘密的。同时，艇户女的地位很低，因此，何仕文与施娣走到一起很不容易，他们没有结婚，但完全按中国人的方式过着正式夫妻的生活。

像施娣这样的"涉外女子"受到有强烈种族优越感的欧洲白人和保守的华人社会的双重排斥，她们不能居住在欧洲人居住的半山和山顶区（富人区），也不能住在华人区，而是住在欧洲人与华人的交界地带——皇后大道中的德己立街。当时这一带是商贸最繁华的区域，有几条小马路相互交连，坚道、罗便臣道、般咸道都有不少商铺，但富绅们很少居住在这里，他们把商贸区和生活区完全分开了。

何仕文与施娣共育有一女四子，按长幼顺序排列为：何颜（女）、何启东、何启福、何启满、何启佳。

1869 年，何仕文出任荷兰领事。进入政界后，何仕文感到生意越做越难，于是卖掉香港的资产，于 1877 年 10 月离港到英国发展。

回到英国伦敦后，何仕文因业务关系去了美国旧金山。在那里，38 岁的他认识了 21 岁的 Mary Agnes Forbes，两人结婚之后一起回到英国伦敦定居。Mary Agnes Forbes 同样为何仕文生下一女四子。何仕文的岳父 Alexander Forbes 是英国人，也是旧金山英国 - 加利福尼亚基金会主席，这对他的事业帮助很大。1888 年，何仕文入英国国籍。

因传统习惯，人们对何仕文的中国妻子知之甚少，很多人甚至不知道施娣的名字，只称呼她何施氏或施氏。她的子女也很少向外界透露家庭情况。不过，关于施娣的传闻倒是不少，正因为如此，后人往往张冠李戴，以讹传讹，把何氏家谱弄得错综复杂。有人说，何仕文娶宝安华人施氏为妻，生育五子三女。那么，另 3 个子女是怎么来的呢？

一种说法是，除何仕文外，施娣还先后嫁过两个欧洲人，其中一个是 Walter Bosman，并生有二女一男。这真是闹出了大笑话，Walter Bosman 是施娣的亲生儿子何启佳的英文名。事实上，施娣除何仕文外，没有与任何洋人有过关系，在那个守旧排外的年代，这种事情是不会轻易发生的。

另一种说法是，施娣曾为两个中国男子生儿育女。其中，施娣为一个不知名的何姓中国男子生下第五子何甘棠（子随父姓，以何甘棠之姓名推断这位男子姓何）。何甘棠于 1866 年出生，何仕文则是在 1873 年才离开香港，这就是说，施娣在与何仕文一起生活的同时还跟一个姓何的中国人相好，并生下第五子何甘棠。这也太巧了，施娣只喜欢姓何的男人。有没有以讹传讹之嫌呢？

何启东家族后人何鸿銮曾写过一本书，其中写到何甘棠是郭兴贤的儿子。如果这是真的，那么何甘棠就是纯种华人。书中还写到，"何甘棠的长子何世杰透露，何甘棠将要结婚的时候，何甘棠请求他的父亲郭兴贤赞助他的婚礼"。按照何鸿銮的说法，施娣曾为中国男子郭兴贤生儿育女。何仕文离开香港后，28 岁的施娣嫁给中国男子、活牛贸易商郭兴贤为妾，为其生下二女一子（不包括私生子何甘棠，施娣与郭兴贤之女已知姓名的有何瑞婷）。施娣与郭兴贤生活一段时间后离开郭家，自食其力，并把最小的儿子留在郭家（这样可以圆五子三女之说）。但其中还有个疑问，既然是郭兴贤与施娣的婚生子，为什么要姓何呢？

不管怎么说，何甘棠是何启东的同母异父兄弟，是何氏家族的一员，这是公认的。当然原因可能与何甘棠后来成为著名实业家和社会公益活动家有关，他在中国内地及澳门、东南亚遍设商号，经营金融、糖业、花纱、煤炭、杂货等业务。人出了名，再复杂的家庭背景都可以搞清楚，所以他没有被何氏家族遗漏。何甘棠财大气粗，家族香火更旺，他一生共娶有 12 名妻妾（不包括情妇），有 30 余名婚生子女（私生子不计在内）。此外，何甘棠与他居住在上海的情妇张琼仙所收养的欧亚混血儿何爱瑜是著名武打影星李小龙的生母。

以上都是后话，暂且不表。话说何仕文离开香港之前，生意一直做得很顺利，高速发展中的香港很容易赚钱。何仕文由小商贩向酒店业、地产业方面发展，1868年香港大酒店开张时，何仕文拥有部分香港大酒店的股权。同时，他还是黄埔船坞的董事，他的公司在海上保险业务上与怡和洋行有较频繁的业务往来。

当然，他仍不算大富大贵。为了给孩子们提供良好的学习环境，他特意让长子何启东进入英国人开办的小学读书，让其接受优质的西式教育。何启东因为长相完全像华人，在学校受到了西洋孩子的欺负和歧视。一天，何启东问父亲："我到底算什么人？"何仕文说："你就说你是满洲人也没什么关系。"听了父亲的话，何启东不再以自己是华人为耻，而且，作为混血儿，他的种种优势逐渐显露出来，容貌俊朗，聪明、坚毅，口头语言表达能力和英语书写能力特别强，成绩优异，很快便让他的洋人同学刮目相看。毕业后，何启东留校当了一段时间的英文教师，但这并不是他的志向，他一心想要投身商界。这时，何仕文已离开香港，可能是为了生计，何启东又到广东某海关部门任职员。但他到广东后，水土不服，经常生病，工作也没有什么起色。无奈之余，他只得通过父亲的人脉关系，进入怡和洋行当一名领航员，虽然职位很低，但怡和洋行毕竟是一家大公司，舞台还是很大的。这是何氏家族发展的起点。

何仕文在香港没有留下多少家财和产业，但何氏家族仍把他当成始祖，认为他奠定了何氏家族的基础。何启东遗传了犹太人善于经商的特点，头脑精明，行事果断，因而很快被提升为怡和洋行的副买办。买办是华商阶层中地位显赫的管理者，这些人大都聪明能干，精通英语、汉语，在华人和洋人中能左右逢源。何启东38岁时，已成为香港的超级富豪。他有多少财富呢？且不说他在香港、澳门、上海、青岛、英国、美国等地置有房产，开有商行，仅说他养的良马、奶牛、役骡、驴子就有数千头，还有梅花鹿、金丝猴、灵兔、天竺鼠、千年龟、珍奇鸟、热带鱼等数百种动物。他养这些东西纯属业余爱好，事实上，他的工作十分繁忙，自己身兼十几个职务，包括兼任汇丰银行、黄埔船坞有限公司、香港电灯有限公司、香港电车有限公司、香港置地有限公司、渣甸轮船有限公司的主席、董事，东华医院、保良局总理等。他在商界享有极高的声望，是第一位获准在只许外国人居住的半山区落户的华人。中国现代历史上的 3 位著名人物——孙中山、康有为和蒋介石，都是何启东的朋友。何启东曾大力推动割据的军阀和睦共处，也资助孙中山先生推翻清朝的革命活动。所以，何启东当时可以说是无人不知，无人不晓。

何启东娶华人麦秀英为妻，几年未有所出，又纳周绮文为妾，但还是没有生育。后来，麦秀英将自己的表妹张静蓉（后改名为张莲觉）许配给何启东。这样，何启东才先后育有三子八女（长子早夭，未计在内）。次子何世俭、三子何世俊、四子何世礼后来都成为社会名流，其中，何世礼是国民党在台湾的上将。何启东还与一位护士朱洁迪非婚生一子，名叫何佐芝。何佐芝经过几十年的打拼，也成了商界精英。

何仕文的第二子何启福更像华人，从皮肤到容貌都很像他的母亲，而他正是何鸿燊的祖父。何启福于 1885 年入职 Dennys and Mossop 律师行，成为翻译员。他不仅能说会道，而且很有生意头脑，处处向兄长看齐，无奈何启东名气太盛，使得他的光彩有些黯淡。1888 年，在妹夫黄金福的引荐下，何启福成为九龙仓洋行的买办。何启东觉得这个弟弟是个可造之才，于 1891 年将他引荐到怡和洋行工作。

何启福得到这份好工作后，不仅衣食无忧，还有不少闲钱用于投资，他在香港航运、医院及酒店业都有股份。业务能力很强的他，很快便成为怡和洋行的理财高手。同时，何启福对政治也比较感兴趣，日常很留意政界人事变迁的消息，这既对他的业务有不少帮助，也为他进入政界，出任香港例定局议员等职打下了基础。他在商场长袖善舞、富甲一方，是当时的华商五巨头之一。

何氏家族是很注重子息的望族，何启福在这方面做得一点也不比何启东差。何启福之妻罗絮才（Lucy Rothwell）也是混血儿，同时又是港商名流罗长肇之妹、罗文锦的姑母。罗絮才出身大户人家，美丽、贤惠，而且善于交际，是何启福在商政两界经营人脉、寻求事业发展的得力助手。何启福与罗絮才共育有 13 名子女，其中长子何世荣过继给何启东，其他子女依次是宝姿、世耀、世光、世亮、世全、世焯、宝蓉、世青、宝莲、宝芝、宝贤和丽琼。

由于何启东等人积极赞助香港政府兴建香港大学，何氏家族的子女后来大都毕业于该校。何启福自然是近水楼台先得月，他的 7 个儿子都以优异成绩毕业于香港大学，并先后进入商界。其中，世耀、世光、世亮都成为洋行的买办，分别任职于有利银行、沙宣洋行及怡和洋行。

何启福在商场打拼几十年后，将生意都交给了儿子们，自己落得个清闲，享享晚年之福。他的几个儿子都在各自的领域有所建树，何世光是其中成就最卓著者。他先后在沙宣和渣甸洋行任职，并且认为只在商界打拼是不够的，要提高自己的社会地位，还必须挤入政界。

香港是英属殖民地，华人要进入政界实在是难上加难。但何世光知难而上，他将目光投向了最新设立的立法局，想要当立法局议员。立法局的前身是 1843 年 8 月成立的香港定例局，议员最初只有官守议员（在职官方人员兼职）3 人，后来才逐渐增设非官方议员，直到 1896 年立法局扩大，成员才包括 8 名官方议员和 6 名非官方议员。为了进入立法局，何世光调用了自己的各种人际关系和财力，为自己制造人气，并想方设法与那些呆板的、自认为很绅士的英国人攀交情，最终以高票当选为立法局议员。

跻身立法局后，何世光的生意越做越顺利，迎来了他事业的鼎盛时期。

三、年少轻狂不知愁

在何世光事业最风光的时期，何鸿燊含着金钥匙出生，童年的他完全在温室中长大，受到长辈的百般呵护及下人的精心照料，丝毫没有品尝过愁苦的滋味。尽管内地有数千万人流离失所，逃往香港的人一年比一年多，饿死冻死的难民成千上万，但他却过着锦衣玉食的少爷生活。

　　何鸿燊不满 7 岁的时候，何世光将他送进了香港最好的学校——皇仁书院。但是，"家里太有钱了，宠坏了。车，我们先有；游艇，我们又先有；我们的房子巴闭（指厉害的意思）到在（半山）麦当劳道，长到可以用来跑步"。因为家里有花不完的钱，何鸿燊的心思自然不在读书上了，这是富家子弟的通病，何鸿燊也未能幸免，学习成绩很差。他后来也承认，那个时候他不是个好学生，一点也不知道珍惜。他不怕提起年少时的糗事，经常和朋友大谈在皇仁书院读书的头几年几乎年年"包尾"，"不是说一科'包尾'，而是每一科都倒数第一"！

　　书院每次考完试，都要公布学生的考试成绩，每次张榜的时候，何鸿燊都能在红线下面找到自己的名字。红线上面是优、良、及格，下面是不及格、最差。在"红榜"出现的次数多了，何鸿燊也有了名气，只不过是负面典型。用他的话说，就是经济条件高高在上，学习成绩却是低低在下。那个年代他便已见惯大洋房、小轿车，养成了一副少爷做派。

　　为了让何鸿燊好好读书，何世光专门派了个小仆役来看护、监督他，给他提供生活上的帮助。但少不更事的何鸿燊仍然像大多数富家公子那样荒废学业。当然，学习成绩不好，并不代表他的脑袋不灵光，相反，他经常将仆役忽悠得团团转，以便去做自己喜欢的事情。到了第五学期，书院老师不得不将他编入 D 班。

　　D 班大都是富家子弟，进入这个班并不是因为这些学生家里有钱而享有书院的特殊照顾，而是因为他们成绩太差，不能让他们拖其他班的后腿。到了这个班后，何鸿燊丧失了以前的优越感，很多贵族子弟在他面前摆威风，这让他心里极不痛快，常常与那些洋人孩子较劲。所幸他小小年纪就发育得很好，身材高大，体能一点也不输于洋人孩子。他爱好运动，体育成绩很好，尤其喜欢游泳。他常拿这个优势来跟其他同学比。

　　有一次，天特别热，D 班的几个同学想去海里洗澡。当时何鸿燊刚学会狗刨式，想在同学面前显摆一下，他一下水就说："哎呀，这儿的海水好浅，真浅。"他边说边往远处游。同学担心他有危险，都劝他赶紧回来。但好胜的何鸿燊根本听不进去，继续往远处游，当他觉得没有力气准备稍微休息一下时，突然"扑通"一声，竟然沉下去了，一双脚怎么也踩不到底。他有些惊慌，但仍不向人求助，只是拼命地以狗刨式自救。同学见他在水中瞎扑腾，已经快支持不住了，忙大喊"救命"。这时，附近的一只小渔船赶过来，把何鸿燊救上了岸。何鸿燊喝了很多海水，大吐猛吐一阵后才缓过一口气来。

经过这次意外事故后，倔强的何鸿燊仍不服输，他不但没有因此而放弃游泳，反而下定决心一定要提高游泳技能。后来，游泳这项运动成为他终身所爱。

何鸿燊的童年就像是一只漂泊在汪洋大海中的小船，悠悠荡荡，无拘无束；又似一只飞翔在天空中的小鸟，无忧无虑，快乐自在。然而，世间的荣华富贵就像天空中的浮云，经不起狂风一吹。何鸿燊的阔少生活在他13岁那年便戛然而止。

家庭巨变前的夜晚是那么平静、安逸。何鸿燊回忆说："那天晚上，我已经睡了，阿妈忽然叫醒我，哭着对我讲，'阿九，你没有钱啦。'我张大嘴问，'这是什么意思呢？'阿妈跟着讲，'你再不用心读书，读到年底，你就要出去找工做。'"何鸿燊当时的感觉只有三个字可以形容：好凄凉。"那天晚上我一夜无眠，不服气，我一定要发奋，没有理由年年考包尾的。"

古语有云："君子之泽，三世而斩。"通俗地说，就是"富不过三代"。然而在当时，谁也不会把这样的事情联系到日进斗金的何氏家族身上。在外人眼里，何氏家族坐拥金山银山，似乎有着取之不尽、用之不竭的财富。可是，"月满则亏，水满则溢"，几乎是在一夜之间，赫赫有名的何氏家族便轰然倾覆了，豪门公子顿时也成为落魄少年。13岁的何鸿燊一觉醒来，发现自己昨日还拥有的一切已经荡然无存！

童年巨变，是何鸿燊成为"不服输"的商场战将的起点。

　　有一次何鸿燊接受记者采访时，大谈精彩起伏人生路，笑言昔日曾尝过一夜之间由富变贫的滋味，于是养成了现在不认输的性格。他说："我的字典里真的很少有'不'字，但就有个'变'字。我很喜欢挑战，这和做生意一样，遇上任何棘手的问题，我很少肯说'不'。"他解释道："我会想办法，将 no 变回 yes。生意人嘛，不行的就改到行得通为止，人生都是穷则变，变则通。"

第二章　从豪门到寒门

一、父辈的股票豪赌

对于 13 岁的何鸿燊来说，他当时并不明白为什么一觉醒来，金银窝就变得一无所有。直到几年后，他才搞清楚家庭变故的始末，而这一切都与股票有关。

对许多人来说，股票是经济疯狂发展的产物，它往往在一夕之间创造人间财富的奇迹。钱财会招人嫉妒，也会让人得意忘形。20 世纪 30 年代的股民多是不合格的赌徒，他们并不研究全球经济背景，也不大考虑某些财团组织设置的陷阱，一见到某个机会就倾其所有，全力扑在股市上，企图一夜暴富。

正如一句老话所说的那样：每当大事要发生的时候，它们的影子总是先投到证券交易所的大墙上。

当时香港的股市完全由洋人和几个大财团尤其是几大英资公司操控。由于没有现代化的信息交流工具，炒股需要各种中介人，如投资顾问或股票经纪人、信息传播媒介（提供股票行情、公司财务报告等）以及交易服务者等。一些大财团投资者也可以自己炒卖股票（现在属于违规行为），他们还可以雇用经纪人或买办按他们的意图传播相关信息。

何鸿燊的叔叔何世亮是怡和洋行的买办，也是个股迷，面对新一轮的经济萧条，他开始积极谋求出路。当时他与多个英国公司的大班都有交往，可以随意进入大班的办公室而不事先通禀，并从他们那里得到一些别人不知道的股市信息。

1934 年的一天，何世亮走进怡和洋行大班的办公室，一进门他就很随意地打招呼，但没听到回音，原来大班不在。于是，他坐到大班舒适的沙发靠椅上，悠闲地跷起二郎腿，等着大班到来。突然，他脑海里产生了一个疑问：大班人不在，怎么会不关上办公室的门呢？大班是个做事十分严谨的人，就算他一时忘了，他的秘书也会给他关上门。何世亮想着想着，觉得有点不对劲，大班不在，这里就成了是非之地。

何世亮准备起身离开，无意间看见门边放着一封信，显然是有人从门缝里塞进来的。他信手拿起来，将它放到大班的办公桌上，顺便瞄了一眼，只见上面有机密标示。何世亮以自己的经验判断，这是来自股市的重要信息。他既紧张又兴奋，更让他心跳的是信件没有封口。他实在抑制不住自己的好奇心，打开了那封信，里面果然是关于怡和洋行股票的内幕资料。他默记信中的主要内容，悄然离去。

怡和洋行等几大财团都有大量股票上市交易，大班自己手中也持有不少股票。眼下时局动荡，经济萧条，他们正愁没有办法将股票出手，于是就想方设法制造"内幕消息"，寻找机会引那些想发财的大股民上钩，而何世亮这样财大气粗的人正是首选对象。何世亮哪里知道，一个天大的陷阱正等着他往里跳呢！

弄到"内幕消息"后，何世亮如获至宝，回去后立即把何世荣、何世耀、何世光几个兄长请到自己家里，大家一边喝酒，一边商谈着一场豪赌。

何世耀一向谨小慎微，凡事稳妥第一，听说要把他十几年赚来的钱全都拿出来买股票，立即摇头否决："这是一场毫无胜算的赌博，太危险，我不想干，劝你们也不要冒这个险。"

何世荣笑道："我们何家在商场打拼，哪一场不是赌博呢？何家能有今天，就是因为敢赌敢拼。会赌是商场获胜的最大秘诀，这需要技巧，更需要胆量。人生就是一场赌，既投身商场，便身不由己。再说，这次是阿亮弄到的机密消息，胜算是很大的。"

何世耀仍不相信会有这样的好事从天而降："我们一直跟在怡和洋行大班后面跑，哪一次不是亏多赚少，如此下去，我们会把老本也赔光了，我看还是做点稳妥的生意为妙。"

这时，何世亮站起来解释道："过去不能赢，是因为我们没有掌握他们的内情。但这次不同，我得到的是他们的'内幕消息'。怡和洋行大班对自己的股票很有信心，他老谋深算，入市后从未吃过亏。我们暗中跟着他走，错不到哪里去。眼下什么生意都不景气，有什么生意是稳妥的呢？赚钱机会最大的只有股市，但要想到股市上找一个有获胜把握的机会是很不容易的，而且这种机会往往稍纵即逝。二哥太谨慎了，胆子太小是赚不了大钱的。"

"阿亮说的没错，这是个好机会，我们不能错过。当然，也有可能是个骗局，我们不能不小心，有些情况还需要进一步证实，买卖的节奏要控制好。我们可以根据情况先进仓百分之二三十，如果顺利，再加大投资。"何世光每次做出重大决策之前，总要认真分析，权衡利弊。

兄弟几人经过一番讨论，最终确定了先试水，再逐步加大投入的总体战略。

何世光回到家后，跟夫人冼兴云谈及此事。冼兴云认为风险太大，劝他别陷得太深，并用"适可而止"表明自己的态度。何鸿燊从父母的谈话中，第一次听到"股票""赌博"之类的新鲜词，但他并不理解这些词的真正含义。他哪里知道正是这一场豪赌，使何家输了个精光。

很快，何氏兄弟便按计划分批吸纳怡和的股票。怡和洋行大班和几个大财团也在吸纳。几天内，怡和洋行股票屡创新高。何世亮迫不及待地把这一消息告知几位兄长。经过何世亮等人义务传播消息，怡和洋行股票在小小的香港人气骤增。

初战告捷，何氏兄弟像打了一支兴奋剂，被暂时的胜利冲昏了头脑，他们不仅倾尽家财，还大量借债，全数吃进怡和洋行股票。此时，怡和洋行的大班与几个大财团却在悄悄地高抛低吸，多抛少吸，迅速减仓，直到最后清仓套现。何氏兄弟再也弄不到怡和洋行的"内幕消息"

了，但他们始终相信怡和洋行股票还会上涨，是有持仓价值的，根本没想过要马上套现。不到 10 个交易日，怡和洋行的股票便一落千丈，跌入谷底。所有持有怡和洋行股票的人都在抛售，抛的人越多，股价越低，有的人一口气斩仓而出。但动作慢的人却逃不出来，尽管当废纸一样抛出，也没有人接手。等何家兄弟明白过来的时候，一切为时已晚。

何世亮的第一反应就是自己被人骗了。他双手捶打着自己的脑袋，两眼喷发着怒火，脑子里产生了一个可怕的念头：复仇！

他匆匆跑回家里，找出那把从来没有用过的手枪，一口气跑到怡和洋行大班的办公室，但门紧锁着，怡和洋行大班已经下班走了。何世亮绝望地把枪对着自己的脑袋，扣动扳机，枪没有响，他大喊道："我真是天下第一笨蛋，该死！"但他已经没有勇气开第二枪了，只能万分沮丧地回家。他知道，他必须对这一切承担责任，可他又有什么脸面面对兄弟、面对家人，拿什么来承担和补偿这一切？

当何世亮失魂落魄地回到家时，他的几个兄长早已等在那里了。

"阿亮，你可回来了，我们还有什么办法挽回吗？"何世荣没等他坐下便急切地问道。

"你可把我们害惨了，如今倾家荡产了，你死心了吧？"

"你不是想一夜暴富吗？你的美梦现在该醒了吧！我们何家算是栽在你手里了。"

何世亮低着头，一声不吭，任由兄长们责骂、讽刺、挖苦。

"事已至此，再责怪他又有何用？现在我们应该想办法善后才是。"何世光万般无奈地说。相比其他人，他似乎更冷静一点。

"还怎么善后？就等着卖房子、卖车子、卖厂子，等着债主来逼债，然后带着家人流浪街头吧。"何世耀哭丧着脸，觉得已经没有说下去的必要了。

兄弟几人各自散去。何世亮把自己关在房间里，左思右想，越想越难过。何家由盛及衰，即将面临的一幕幕都在他脑海里上演。他不忍再想下去了，他要向家人赎罪，用自己的忏悔、自己的生命来赎罪。

　　夜幕降临的时候，何世亮又摸出那把没有响过的枪，对准了自己的脑袋。还是再让老天来决定一次吧！他扣动了扳机，这次他听到了一声脆响，之后他带着歉疚、遗憾和悔恨离开了这个残酷的世界，所有的荣华富贵、悲欢离合与他无关了。

　　老二何世耀回到家里，自己一个人偷偷哭了一场。从听到坏消息的那一刻起，他的心就一直在颤抖，他的精神已经完全崩溃，妻妾对他说的话他一句也没听进去，讨债的人上门了他也没心思应付，现在他才真正体会到什么叫走投无路。一天早晨，何世耀一觉醒来，听见外面吵吵闹闹的声音，心里很清楚将要发生什么，他从床上爬起来，做出了最后的抉择。当讨债人推开何世耀的房门时，他已经高悬在房梁上，身上只穿了一条裤头。他想把自己能留下的一切都留给家人，让自己赤裸而去。

　　何家四个儿子就这样走了两个，全家上下一片凄惨。长子何世荣已经过继给了何启东，为了不让何家再发生人命悲剧，何启东把他接了过去。这样一来，何家负责收拾乱摊子的就只剩下何世光了。麦当劳道的祖屋卖掉了，工厂、商铺都抵押了，但债务仍没有还清。何世光扛了一阵子，渐渐扛不住了，经过反复思量，他终于下决心选择了一条与两个兄弟不同的道路——逃。

　　但是，他现在这副落魄模样，又能逃到哪里去呢？他首先想到的是与香港仅一水之隔的澳门。但澳门太小，离香港也很近，很容易碰到那些债主。他又想到了南洋，但南洋要漂洋过海，而且那个地方很穷，除了做苦力，并不适合生意人。最后他选择了越南，那里可以通往中国内地，又很方便去新加坡、马来西亚、泰国等地，进退方便。由于是秘密出逃，他没有把自己的去向透露给其他人。

　　1934 年初夏的一天，何世光特意来到 Stanley 别墅向儿子告别。这是何家剩下的最后一栋洋房，不知道还能住多久，何鸿燊暂时还住在这儿。看着儿子，何世光一阵心酸："孩子，是阿爸对不起你。阿爸要出远门了，不知道什么时候能够回来，何家的将来就全靠你了。阿爸只有一个心愿，你要用心读书，记住你是天生的王者。"

何鸿燊哪里明白父亲这番话的含义，又哪里知道自己身上肩负的重担。他默默地把父亲送出门，外面正下着大雨，他呆呆地望着父亲的背影渐渐消失在暮色之中。

二、落难公子变身"学霸"

父亲走后，何鸿燊度过了惶恐不安的一夜，直到第二天母亲对他说出那番话，他才隐约感到家里发生了巨大的变故，过去拥有的一切都已经变成别人的了。他虽然只有 13 岁，不知道家变的前因后果，但亲历的这一切却让他刻骨铭心。

几天后，冼兴云跟何鸿燊认真地谈了一次，最后对他说："燊仔，我们现在要搬出 Stanley 别墅了。"

何鸿燊一脸疑惑地望着母亲，不解地问道："妈咪，为什么啊？"

"这栋房子已经是别人的了，我们再也不回来了。"冼兴云简单地说，并没有解释为什么。

从此，何鸿燊搬进了靠近中环的一家工厂的工棚里。这里便是穷人和富人的分水岭。何世光出走的时候只带走了两个较大的儿子，其余 11 个孩子全都留在香港。一个富家太太带着一大家子来到贫民窟，没有稳定的经济来源，只能让能做工的孩子都出去做工。冼兴云本想劝何鸿燊弃学去打工，但他似乎对学校还很不舍。冼兴云于心不忍，她流着眼泪对儿子说："你以后只有两条路可以走，要么好好上学，挣得奖学金，供自己继续读书，再也不能像以前那样门门功课'包尾'了；要么弃学，现在就去做工，养活自己和这个家。"

何鸿燊见母亲没有半点开玩笑的样子，知道自己该做出人生的第一次选择了。他坚定地说："继续读书！我要靠自己的努力争取奖学金。"

冼兴云见从小养尊处优、不求上进的儿子这样回答，感到非常吃惊，不禁对他刮目相看，并鼓励他说："你有这样的决心很好，但说是一回事，做又是另一回事，这就要看你的实际行动了。"

家道中落，世态炎凉，年少的何鸿燊慢慢懂得了人情世故。母亲整天为柴米油盐犯愁，这种情绪也部分传染给了何鸿燊。有一天，他在深夜一觉醒来，听到有人在嘤嘤哭泣。正值夜深人静，显得声音更加清晰。何鸿燊轻手轻脚地走过去一探究竟，原来是母亲在哭！他鼓起勇气走到母亲身边，极力宽慰她："你不要太伤心，以后儿子一定听话，担起一些家庭责任来。儿子长大以后，一定挣很多的钱来养活你。"

一连几天晚上，何鸿燊都坐在简陋的工棚里发呆，望着四面透风、顶上透光的棚屋，看着神色忧郁的母亲，他脑海里浮现出往日的一幕幕情景。过去他住的是豪华洋房，吃的是美味佳肴，读书玩耍、吃饭睡觉都有人陪伴伺候。仆人恭恭敬敬，跟前随后，巴结讨好；亲友也阿谀奉承，往来不绝。转眼间，这些人都变了一副模样，再也不上门了，还唯恐避之不及。即使母亲主动去找他们求助，也常常会吃闭门羹。

有一次，何鸿燊的一颗牙坏了，痛得吃不下饭，但又没钱补牙。他想起自己有个姑表丈是牙医，于是没来得及向母亲禀告就去找那个牙医亲戚。让他伤心的是，姑表丈的口气与态度完全变了！

当他向姑表丈叙述自己牙疼的情况时，对方讥讽道："牙痛是吧？你这个阔少爷好东西吃多了。好吧，拿钱来！"

何鸿燊嗫嗫嚅嚅："我现在……没有钱。"

"没钱还牙疼？那等你有钱了再补吧！"姑表丈没好气地说。

"以前我牙没疼的时候，你总是说牙口不好就找你，现在你怎么……怎么变了……"何鸿燊生气地说。过去，每当他牙疼，这个姑表丈便会主动登门，及时出现在他面前，和颜悦色地问这问那，给他看病也非常仔细，唯恐他害怕。临走的时候还要再三嘱咐他少吃甜品，多吃坚果，注意漱口刷牙等，不厌其烦。

姑表丈还没等他说完，就抢过话头说："过去是过去，现在是现在。过去你家有钱有势，谁敢得罪你们？我巴结讨好还来不及呢！现在你家败落了，还摆什么阔少爷架子？要补牙就拿钱来，既然没钱补，干脆拔掉算了。"

何鸿燊听了，眼泪夺眶而出，转身就走。他忍着这口气，回到家后仍一声不吭。冼兴云发现他有些反常，忙问他发生了什么事，他终于忍不住向母亲哭诉起来。冼兴云听了默默地流着泪，轻轻抚摸着儿子的头说："受不了这样的委屈就要发奋图强。不要指望别人来同情你、搭救你，一切都要靠自己。"

这件事给了何鸿燊很大刺激，使他从富家弟子的旧梦中彻底清醒过来，开始认识到金钱的重要性。

还有一次，何鸿燊想坐巴士，但他翻遍所有的口袋，只找到一角钱，还被人说成是假钱，把他赶下了车。几十年后，何鸿燊跟人谈起这段辛酸的往事仍耿耿于怀，心有遗恨："实在令人不敢相信，人穷受屈，亲戚也势利起来。这一夕的家庭变故，让我们一家人都感受到了人情冷暖，母亲常常以泪洗面。钱既然这样重要，我就下决心要挣到比原来还要多的钱，更要争一口气！"

从此，何鸿燊开始发奋读书。同时，苦难也使他迅速成长起来，为了减轻母亲的负担，他暗暗发誓一定要拿到奖学金，赚钱让母亲过上好日子，也让别人不敢小看自己。

最初的动机是什么已经不重要了，关键是何鸿燊知道自己该发愤了，该把精力都放在学习上了。生活的苦难可以摧毁一个人，也可以改变一个人。何鸿燊首先改掉了过去自由散漫的习惯，对老师布置的作业，也不再像以前那样连应付都懒得应付，而是认真对待。同时，他几乎断绝了与那些富家公子的交往，一扫以前富家子弟的张狂与娇骄之气，与同学们和睦相处，也不跟他们比富斗勇了。很快，他的学习成绩便直线上升，在D班考得第一名并获得了学校的奖学金，创下了皇仁书院D班学生考取奖学金的纪录。若干年后，有记者问何鸿燊当时的动力是什么，他笑着回答说："我发誓要成功，这是一种挑战，但真的没有报复亲友的成分——发愤无论如何还是为自己好。我的意思是，无论如何，没有人喜欢贫穷而无能的亲友。"

何鸿燊的巨大改变令人惊诧而佩服，老师和同学都夸赞他。他受到激励后也倍加努力，以过人的智慧和勤勉，朝更高的目标前进。

不过，何鸿燊的努力并没有改变家庭的困境，冼兴云更加忧心和操劳，因为要让儿子在香港最好的学校读书，势必要花不少钱。但她是个勤劳善良、刚强不屈、很有骨气的女人，她对何鸿燊说："无论再苦再难也要完成学业，既然你这般努力，妈咪当然要全力支持你。你不要担心家里，只管专心读书。"

冼兴云一边做着收入微薄的低贱工作，一边向曾经受过何家资助的亲友求援。但在遭到一些亲友的冷眼后，她也就死了心，决心一切靠自己，这也使得何家的生活越来越艰难。

俗话说，人情似纸张张薄，世事如棋局局新。在何家最需要帮助而亲友都冷眼旁观的时候，哪怕一点微不足道的施舍，也会令何家人感激不尽。就在这个时候，一个贵人出现了，他为何家雪中送炭，也给了何鸿燊精神上的力量。他就是广东信托银行创办人——周埈年。

周埈年祖籍广东东莞，他的祖父周永泰于19世纪中叶到香港发展，后其长子周少岐晋身为定例局议员，在商界名噪一时，为周氏家族奠定了稳固的基础。周埈年是周少岐的第七子，1893年10月22日生于香港，毕业于香港圣士提反书院，1911年至1915年在英国牛津大学修读法律。1914年返港后，周埈年曾经执业数月，但不久就放弃大律师的工作，改为打理家族业务，开始从事金融及保险工作，很快成为华人社会的侨领之一。他1922年起获委任香港太平绅士，1929年至1932年为香港洁净局局绅。同时，他在多家公司兼职，先后出任油麻地小轮公司、中华娱乐置业公司、第一人寿保险公司及广东信托银行董事长；又兼任香港电灯公司、电话公司、中华百货公司及香港船厂公司董事。

何世光出走前，与周埈年共过事，两人关系甚为密切。这次听说何家遭受股票之灾，流离失所，周埈年便开始打听他们一家人的下落。几经周折，他得知冼兴云母子住在简陋不堪的工棚里，感到很难过，觉得对不起何世光，作为好朋友，自己应义不容辞地给予帮助。而且，周埈年的父亲是遭受一次台风袭击而不幸遇难的，这更使他相信人生在世，应该多做善事，为后人积德。因此，他决心尽力帮助何家渡过难关。他腾出自己的一栋房子，想让这一大家子搬进去住，但被冼兴云好言谢绝了。后来周埈年极力坚持，他的真诚使冼兴云深受感动，盛情难却，她终于同意搬进周埈年为他们一家安排的另一处小房子。

周埈年并非何世光最好的朋友，但他在关键时刻能慷慨解囊，是十分难能可贵的。在香港残酷的社会环境下，做善事的人少之极少，这更让何鸿燊感到周埈年是自己生命中的贵人。

在周埈年的帮助下，冼兴云一家的生活稍稍安定了一些。何鸿燊结束了流亡一样的生活后，更加努力读书。1939 年，18 岁的何鸿燊以优异的成绩考入香港大学，这是他生活的又一个起点。

三、初恋的忧伤

何鸿燊进入香港大学读书的时候，何家的日子仍然比较艰苦。当时能够上香港大学的大都是富家子弟，他们衣着华贵，生活奢侈，每到周末假日，或三五成群去咖啡馆、歌舞厅，或逛商场享受自主购物的乐趣，或结伴到附近的风景之地郊游，还有一些更浪漫的则躲到隐秘处谈情说爱。何鸿燊早已改掉了纨绔子弟的习气，既不与他们攀比，也与他们鲜有交往。他从未向人透露何家过去是何等风光，他的同学都当他是唯一的来自贫民窟的大学生。每当别的同学谈论家庭生活的奢华，何鸿燊便走到一边，沉默不语。尽管他人缘不错，但他似乎总让自己处在孤独寂寞之中，以书为友，以读书为乐。实在闷得慌时，他就以自己独特的方式让自己稍稍放松一下——跟神父聊天，听他讲《圣经》。

有一次，他与神父谈起有关生命的起源、价值、灵魂的话题，他的独特见解让神父大为惊讶。神父仔细看过他的相貌，觉得他气宇非凡，于是引出一个题外话，感叹道："看你身材相貌，再听你谈吐，你肯定不是平民人家的孩子，而且将来必是大器之才。但你现在为何这么落魄？"

何鸿燊说："难道神父还会看相吗？上帝说，人降生于世，就是来受苦的。中国古书上也说，天将降大任于斯人也，必先苦其心志，劳其筋骨，饿其体肤。我不敢说自己有多大志向、是否能成大器，但能吃苦就万事可为。神父你说是吗？"

"吃苦只是万条通往天堂的路之一，千万不要让心太累，肌体的空乏是要让心灵充实。磨炼心智很重要。神的修炼都是为了提高心智，感悟生命的真谛，让灵魂得到升华。用世俗的话说，你可以树立人生的目标，但要满心喜悦地去实现它，而不是把它当作压在心里的一块石头，让自己备受折磨，充满痛苦。"

何鸿燊说："我心里已经有了目标，那就是让我们何家重建家业，成为港商之首。但我还感觉不到追求这一目标的快乐，也不知道自己现在走的路对不对。"

神父惊讶道："你就是香港四大家族之一何家的后人？难怪我一见你就觉得你与众不同。"

"何家已经破败了，今不如昔，我只能虔诚地向万能的神祈祷。"

"无论贫富，神赐给每个人以平等，只是人们对神赐予的东西表现出不同的心态，从而产生不同的思想和行为，结果也因此大不相同。"神父告诫道，"你的心态便决定你的命运"。

思考使人深邃，交谈使人清醒。与神父的一席谈话，使何鸿燊悟出了许多人生的道理，觉得世事变迁是一种常态，要以乐观的心态去面对。他原来对同学的羡慕甚至嫉妒，对命运不公的怨恨，对生活无着的担忧，现在都消失殆尽了。踏实做好眼前的事情最重要。因此，当其他同学享受安逸、追求乐趣的时候，何鸿燊却在独享自己的宁静，在自己的天地里享受别人难以体会的快乐。当别人视时间为无物、视读书为游戏的时候，他在一步步地实现自己的目标。到大学二年级，他的平均成绩在理学院名列第一。

除了学习成绩优异外，十八九岁的何鸿燊还长得一表人才，身材高

大，具有混血儿特有的俊美容貌，宽额，高鼻梁，不凡的谈吐，优雅的
举止，颇具绅士气质。风华正茂的青年男女，相互吸引、爱慕是人之常
情。而香港大学又是美女如云之地，何鸿燊自然吸引了不少美女的眼
光。这不仅因为他外表迷人，更因为他是香港大学同年级的理科学生中
成绩最优秀的。他那略显神秘的家世，也引发了不少人的好奇心。在众
多美女中，有一位因对他心生爱慕而特别想接近他。何鸿燊对这位漂亮
清秀的女同学也颇有好感，只是不敢说出来罢了。周末，这位女同学见
何鸿燊孤独寂寞，就向何鸿燊发出邀请，要他陪她去九龙尖沙咀的咖啡
屋听古典音乐，并约定第二天早晨在渡轮码头碰面。九龙与铜锣湾、中
环商业区不同，其文化氛围似乎更适合有文化的年轻人。

　　有美女相伴，品茶、喝咖啡无疑是一种美好的享受。但对何鸿燊而
言，这一切似乎都没有意义。他认为吃苦和享乐都是人生的选择，要以
一种平和乐观的心态看待眼前的一切。就在他毫不犹豫地选择吃苦、默
默奋斗的时候，朦胧而美妙的爱情却悄然而至，令他一时难以取舍。

　　按照传统习惯，男女一起饮茶吃饭，通常是由男方埋单，除非女方
主动埋单。但何鸿燊认为，接受女方的馈赠是很没有男子汉气概的行
为。他的钱仅够吃学校食堂，意识到自己根本没钱请对方吃饭喝茶，于
是就想借故推辞，但又不知如何说出口。咖啡绵长的香气和迷人的音乐
已经弥漫在他的头脑中了，他是多么想出去潇洒一回，那样收获的将不
仅仅是快乐，还有爱情。

　　一直到晚上，何鸿燊仍拿不定主意，他心潮翻滚，躺在木板床上难
以入眠，脑海里总是浮现出那位女同学的身影。按理来讲，女同学主动
邀约，是必须要去的，否则对方的脸面往哪儿放呢？而且大家是同班同
学，几乎每天都要见面，又如何跟她解释呢？说自己没钱，无疑说不出
口；说自己不想谈恋爱，那是天大的谎言；说不喜欢她，那也是自欺欺
人……但如果赴约的话，男生是一定要付账的，这是一个不成文的"规
定"。现在母亲带着一大家子，生活拮据，供他上大学已是捉襟见肘，
他又如何忍心把这些本就少得可怜的血汗钱用在与女生约会上呢！当

然，除了经济上的考虑，他还想到了自己的学业。一旦坠入爱河，势必会耽误很多学习时间。以最优秀的成绩完成学业，这是母亲对他最大的希望。不能去赴约！为打消心中的非分之想，何鸿燊终于做出了这个痛苦的决定，他眼里蓄满了泪水。

他可以想象第二天那个女同学在码头苦苦等待他的失落情景。正值青春期的何鸿燊，欲爱不能，心里很不是滋味，他越想越难受，直到天快亮时才恍惚入睡。第二天一早，他独自去了图书馆。失约意味着放弃交往。此后他也没有跟她谈过自己的家庭，曾经优越的出身，曾经令人难以企及的财富，都已是过眼云烟；他更没有向她表白自己对她的爱恋，留下的只是淡如烟云的忧伤。

在遗憾和痛苦之中，何鸿燊离毕业的日子越来越近了……

四、战争中的机遇

何鸿燊在香港大学刚读到三年级，第二次世界大战便全面爆发，亚、欧战场硝烟弥漫。中国大半河山已沦陷，不断有难民涌入香港，而香港也有不少人逃往异国他乡。时局动荡不安，使香港大学安宁的学习环境也受到了很大冲击。学校虽然照常开课，但已经没有了往日的学习气氛，教师无心教，学生也没有心思学，大家更关心的是战局的发展和自己的命运前程。

1942 年 9 月，英国政府特派了一名叫艾金生·杨慕琦的将军来接替罗富国的港督之职，以防日军进扰香港。自广州沦陷后，香港随时面临被日军侵入的危险，战争气氛越来越浓，到处人心惶惶。不过，相对而言，香港暂时还是一个安全岛。到了 12 月，日军偷袭美国海军基地珍珠港，太平洋战争爆发，战火迅速蔓延到香港。日军一直把香港、新加坡看成南进集结兵力的战略区域，作为进攻和控制富庶的东印度群岛的枢纽。12 月 8 日，日军大本营向中国派遣军总司令发出紧急电报："花开了。"密电的核心内容之一，就是命日本第 23 军酒井隆部攻占香港。很快，日军以 5 倍于英军的兵力、10：1 的火力向香港发起了进攻，计划在一周内占领全港。几天后，新界、九龙失守，日军佐野兵团分左右两翼渡海，在香港主岛北角及簸箕湾附近登陆。这时，主岛上的英军被分割成几块，弹药也所剩无几，但各处仍在顽强抵抗。一支由 1759 名志愿人员编成的义勇军，在保卫簸箕湾和发电厂中英勇作战，最后全部牺牲。不过，这并没有动摇香港人抗战的决心，英军守将马尔比也在尽全力组织各路人马反击。港岛危在旦夕，港英政府发布命令，所有大学停课，大学生全部参加义勇军，何鸿燊也在应征之列。按照他的说法，当时的情况是连机关枪已为他准备好了，但他拖到最后一天才去见当时的陆军部长官。

"我准时 3 点钟就站在门口，接着陆军部长官就叫我进去。"不过，何鸿燊并非大踏步走进去，而是一边碎步慢行，一边合掌口念"南无阿弥陀佛"。

"那个长官问我玩什么？我对他说：'我怕踩到蚂蚁呀！我们佛教不可以杀生的。'他明白了我的意思，叹着气对我说：'我知道不可以强迫你，其实我已经留了支最好的机枪给你。那你去做航空救护兵吧。'"往事只堪回味，何鸿燊不胜唏嘘地说："我有十几个亲戚做义勇军，在战争中死了。"最后他没有去航空救护队，而是被分配到防空警报室里做接线生。

说来也巧，这个警报室就设在何鸿燊的叔公何甘棠的花园洋房的地下室里。这栋洋房在中环半山卫城道，本来面向坚道，往下是鸭巴甸街。何甘棠笃信风水，为了不让家财泄向大海，就把大门开在旁边的卫城道，面向珠江口方向，意为财源滚滚而入。

12 月 15 日，日军登陆香港主岛，与死守港岛的英军展开了激烈的战斗。何甘棠的府邸被征作警报室，成为 ARP（民安队前身）的通讯中心。何鸿燊作为义勇军接线生，监察空袭炸弹警报，他的理工科知识正好派上了用场。

何甘棠是香港有名的富商之一，身兼多家公司董事，曾在港府任太平局绅、保良局绅、团防局绅等职，可谓风流甲香江。他有两大嗜好，一是收藏古董，二是"收藏"美女。日军入港后，一些士兵想去他家抢掠，进门前，何甘棠的外孙谢德安捧了一盒香烟出来，请他们的长官吸烟。这位中佐军官一见烟盒，吓得没敢接烟，立刻下令撤退，让他的士兵去抢对面的大屋。随后，日军还在何家门外围墙上贴了一则告示，责令闲杂人等不得入内。原来，这个烟盒是日本一位皇子赠送给何甘棠的女婿、谢德安之父谢家宝的礼物，盒盖上有一花形标记，日军中佐军官认得这个日本皇室的专有图案，因而不敢造次。由此可见，何甘棠家在当时的影响力是很大的。

在这个防空警报室里，一共有 35 名义勇军成员，他们像职业军人那样从事情报传递工作。英军教官的管教相当严格，他们必须每天到战壕里接受战时电话通讯训练。在这些义勇军中，只有何鸿燊一个男兵，其余都是娘子军。

作为这群娘子军的代表，英俊潇洒的何鸿燊，又惹得好几位妙龄少女频频向他暗送秋波。战争把许多美好的东西都无情地毁灭了，但这个地下室里却春色满园。他暗想，自己大学期间忍受了太多的寂寞，现在老天该给他一点补偿了，让这么多美女与他相伴。这里的工作虽然很紧张，但是何鸿燊却感到轻松愉快。只要不看到外面枪林弹雨、硝烟弥漫的战争场景，这样的日子还算是很好的。他甚至希望能在这里待久一点，但是，他的美梦很快就结束了。

当时，何鸿燊并不知道这座房子是何甘棠的。一个偶然的机会，他遇到了这位不太熟悉的叔公。何甘棠见到已经长大成人的侄孙，惊喜之余不禁埋怨道："这么多年一直没有你们的音信，你们也不主动来找我，我还以为你父亲把你们全家都带走了呢。要不是战争，机缘巧合，还不知什么时候才能见到你们呢！"何鸿燊一时不知说什么好。可能因为母亲在嫡亲那里碰了壁，所以才完全放弃了求人的念头。母亲的品性就是如此，自尊自强之心又很重。她之所以不接受亲戚的帮助，除了她倔强的性格之外，也是为了给孩子们一些刺激，培养他们的骨气，尤其以吃苦耐劳、自力更生的精神来激励何鸿燊，让他彻底改掉花花公子的习性，发愤学习，成为高才生；否则，如果家里有了别人的帮助，经济上不再拮据，凭他的性格，极可能成为一个一事无成的公子哥儿。再说，这位叔公只是他的祖父何启福同母异父的兄弟，关系上似乎还隔着一层。

两人寒暄一阵后，何甘棠笑着说："工作还满意吗？你现在躲在这个美人堆里，艳福不浅啊！如果是我，也乐意在这里多待些日子。不过，你美好的生活就此结束了，你只能待到今日为止。"

何鸿燊一时不太明白，愣愣地看着叔公。何甘棠此时已经打定主意，让何鸿燊去做新的工作。他说："好不容易遇到你，你的工作和前程叔公不能不管，正好我有点事情要你马上帮忙去做。"

何甘棠见何鸿燊一脸不情愿，开玩笑道："是不是在温柔乡里不愿走啊？这一大帮美女簇拥着你，是谁都会不愿意。阿燊，你是不是怪叔公坏了你的好事？"

何鸿燊不好意思地说："现在是战争期间，我哪里有那种心思？叔公有什么事尽管直说，只是不知能不能帮到你。"

那么，何甘棠要交给何鸿燊的任务是什么呢？原来，何甘棠作为香港著名商人及社会活动家，交友甚广，不仅与英、葡等西方国家的政军商人士交往密切，与港澳的日商也常有生意来往。日军攻占香港前，曾有舆论说，日本和英国不会开战，他们已经达成协议，日军只进驻到九龙岛，英国与日本相隔维多利亚海峡分而治之。但是，日军并没有遵守这一君子协定，而是不惜代价攻打香港本岛。何甘棠听到内部消息说英国败局已定，便想利用日本朋友的关系，保全自己的生意和财产。他对何鸿燊说，只是让他去陪客人吃顿饭，充当一下翻译。香港流行说英语，这事简单，何鸿燊立马答应下来。

这天，何鸿燊特意换了一身新衣服，随何甘棠去了一家颇为安全的酒楼。他们来到一个很大的包间，里面有几个穿和服的女人恭敬地垂着头侍立着，围绕着一个微胖的男子。何鸿燊这才知道自己要陪的客人是日本人，他心里有些反感，在门口磨蹭了好一会儿才进去。他觉得叔公不该让他这个抗日的义勇军来陪日本人，因而心里特别不痛快。

何甘棠一进门就连声表示歉意："齐藤先生，对不起，我们来迟了，见谅，见谅！"

齐藤慢腾腾地起身，弯了弯腰，行了个日本礼，说道："何先生不必客气，我们大和民族历来是讲宽仁厚道的，我对今天的会面期待已久，是我性急了些。"

何甘棠在齐藤的对面坐下来，然后介绍道："这位是鄙人的侄孙何鸿燊，刚从香港大学毕业。"他并没有说何鸿燊是抗日义勇军，也没有说他还是学生尚未正式毕业。

何鸿燊没有马上坐下来，但他并不是出于礼貌，而是因为心有不满。但齐藤并没注意到这一点，他夸赞道："令侄孙一表人才，又毕业于港大，可谓才貌双全。"

何鸿燊见这个日本人如此友善，渐渐改变了态度，话也多说了一些。齐藤的英语说得不错，用第三国语言交谈反而使他们相处得更加和谐，酒宴的气氛也活跃起来。

这时，何甘棠又叫来服务生，让他去找几张日本古典音乐唱片。过了一会儿，包间里便响起了日本轻快的民歌。

齐藤非常高兴，听着听着就兴奋地站起来，边唱边跳起了日本舞。何甘棠见齐藤兴致不错，又叫来几个日本艺妓助兴。靡靡之音掩盖了外面的枪炮声，这可能是富商们躲避战乱的一种方式吧！

娱乐一阵后，他们终于坐下来谈正事了。何甘棠的意图很明显，他希望与齐藤成为生意伙伴，从而免受日军的抢掠。他让何鸿燊一起来，也是想帮何鸿燊找一份相对安全稳定的工作，充当翻译只是一个借口。

齐藤对何甘棠说："你我是老朋友了，生意上的事情怎么都好说。战争给人们带来灾难，这是我们这些小小的商人阻止不了的，但我们可以回避战争，到相对安全的中立区澳门去发展。"

何甘棠本人已经70多岁，肯定不会离开香港去澳门发展了，他倒希望何鸿燊能到齐藤的澳门商行做事，如此可以一举多得：拉近与齐藤的关系，现在日本人风头正劲，得罪不起，有了齐藤的关照，便能避免不少麻烦；何鸿燊已经失学，找份工作能减轻他母亲的负担；一旦何鸿燊在日本商行做事，以后自己一家在港澳便有至亲关照。何甘棠让何鸿燊单独与齐藤谈话，免得有什么话当着他这位叔公的面不好说。

何鸿燊对齐藤这位和蔼的富商并不反感，在交谈时也始终保持不卑不亢的态度。齐藤觉得何鸿燊不但口才好，而且气宇不凡，做人做事的态度也很鲜明，因此，他诚恳地对何鸿燊说："澳门虽然是个弹丸之地，但眼下却是一个很好的避风港，我在那里新开了一家公司，正需要人手，不知何先生是否愿意去澳门帮我的忙？"

何鸿燊立刻在心里进行了一番分析，最后得出的结论是回绝。他为自己找了三个拒绝的理由：一是不想离开辛劳的母亲，自从战争爆发，物价飞涨，母亲做工的微薄收入根本应付不了昂贵的米价，生活压力这么大，现在正是要为母亲分忧的时候；二是现在内地和香港都在与日本交战，日本人占领香港，害得自己连大学都读不下去了，自己还是义勇军，去日本人的洋行做事显然不合适；三是情报室里有 30 多个美女，他心里实在是有些不舍。"对不起，齐藤先生，我恐怕要让你失望了！"何鸿燊满怀歉意地说。"太遗憾了！"齐藤对何鸿燊的回答感到非常意外，因为在战乱时期找份安定的工作是极其困难的，很少有人会放弃这样的大好机会。

何鸿燊简单地解释道："我只想待在香港。"

齐藤只得把何鸿燊的话转告何甘棠。何甘棠急了，自己费了这么大的劲，侄孙怎么就不理解呢？回家的路上，二人都默不作声。

夜已经很深了，枪炮声早已停了，硝烟慢慢散去，夜色如纱幔，夜色下的香港如往日般宁静祥和。

"燊仔，你到底是怎么想的？"何甘棠终于忍不住开口问道，他并不想责怪侄孙。

"齐藤先生是不错，但我根本没想过要去澳门。"

"澳门是离香港最近的和平之地，到那里去不是挺好的吗？想什么时候回来都可以。你是不是放心不下你母亲？"

何鸿燊重重地点了点头。

"我知道你有孝心，但讲孝道有很多种方式。你去澳门正好可以减轻你母亲的沉重负担，相反，你留在香港，既不能继续完成学业，又找不到合适的工作，这不是继续拖累你母亲吗？俗话说，力大养本身，志大养千口，好男儿志在四方。这样的道理你不会不懂吧？再说，我在香港也会照顾你们一家的。"

"我懂了，可是我已经拒绝齐藤先生了。"何鸿燊无奈地说。

"这倒不是问题，我再去跟齐藤先生讲讲。他是个通情达理的人，会理解你的苦衷。他了解到你的为人，会更加器重你的。"

"多谢叔公！希望妈咪也能支持我！"

回到家里，何鸿燊立即把这件事告诉冼兴云。冼兴云惊讶地看着他，问道："内地和香港都在跟日本打仗，你还是个义勇军，怎么会想到日本人的商行里去做事？"何鸿燊低头不语，冼兴云想了一会儿又说："燊仔，你已经长大了，有权决定一些事情了。尽管此去前途未卜，但我还是同意你出去闯一闯。去吧，我不拦你，家里就不用你担心了。"现实如此严酷，冼兴云只能含泪答应下来。

望着母亲饱经风霜的脸和灰白的头发，何鸿燊心里不由得一阵酸楚，但他无法用语言来安慰母亲，只是默默点了点头。

第二天早晨，何鸿燊匆匆赶往铜锣湾码头。这一天，老天格外多情，下起了小雨，天气很冷。码头上挤满了人，有前往澳门避难的，有为亲人送行的。人们牵扯着，舍不得离开，互相叮嘱着，泪都来不及擦。

何鸿燊的母亲和其他兄弟姐妹要来码头送他，但都被他拒绝了。这样更好，免得又多一分伤心和不舍。他好不容易挤上一艘机动木船，站在颠簸的小船上，第一次有了离乡的愁绪。他呆呆地望着岛上的高大建筑，看着它们越变越小，直到从他的视线中消失。

第三章　富贵险中求

一、澳门初展才华

何鸿燊此行将要前往的目的地澳门，位于南海之滨，珠江口上。这是一座状如葫芦的小岛，人们曾经称它为香山澳、濠江、莲岛等。它原本是广东的一个小渔村，位于珠江三角洲最南端，与香港、广州鼎足分立于珠江三角洲的外缘。它东隔伶仃洋与香港相望；西与广东省珠海市的湾仔镇一衣带水，只隔一条不足千米宽的濠江水道；北边以古老砂堤与珠海市的拱北相连；南面则濒临浩瀚的南海。

澳门地区由澳门半岛、凼仔岛、路环岛三部分组成。半岛与凼仔岛之间由两座跨海桥相接，凼仔岛与路环岛之间则修筑了一条海堤大道。

由于澳门位居东南亚航线的中继点上，16世纪中叶，在航海技术方面领先的葡萄牙人，从大西洋绕过好望角，穿过印度洋和马六甲海峡，来到澳门，通过贿赂当地官吏，进入澳门居住，并在此传教和建立贸易据点。此后至19世纪中叶鸦片战争爆发前约300年间，东西方文化的融合共存使澳门成为一个风貌独特的城市，一直是中西方人杂居，但西方人得交地租。1840年鸦片战争爆发，中国沿海不少城市遭到西方列强入侵，晚清政府在列强的威压之下，被迫割地赔款。葡萄牙政府趁机发难，公然宣布澳门为"自由港"，并拒交地租，以武力抢占关闸，驱逐中国官吏。1887年12月1日，葡萄牙与清政府签订《中葡会议草约》和《中葡和好通商条约》，正式通过外交程序占据澳门。据说，当时葡萄牙人不知道这个地方叫什么名字，他们离船上岸的时候，抬眼看到一座流光溢彩的庙宇，感到十分惊奇，便问这座庙叫什么名字。当地渔民告之是"妈祖阁"，他们瞪着蓝眼睛想了半天，才略有所悟地叹道："Macau（妈阁），真是好名字。"以后西方人一直把澳门称为 Macau，广东人音译葡文则说"马交"。

20 世纪中叶的澳门统治者依然是葡萄牙人。日本侵华战争时期，澳门之所以能够偏安一隅，成为东南亚唯一的国际避难所，是因为在南美洲的葡属殖民地居住着几十万日本侨民。如果日本占领澳门，葡萄牙就会以牙还牙，把南美洲的数十万日本侨民投入集中营。因此，双方政府签订了秘密协议，葡国保障南美洲日侨的安全，日本则保证澳门的中立。

日军侵占香港、南亚的一些地区后，大批难民从中国内地、香港、东南亚涌入澳门这块弹丸之地，使澳门的人口骤增到 50 多万。仅有的几条街道挤得满满的，商铺、商社、娱乐场所林立。

何鸿燊来到澳门后，走在狭窄拥挤的街道上，看着川流不息的人群，心里十分忐忑。来到这个陌生的地方，前途如何尚未可知，而他的钱包里只有 10 元港币。有这么多人在这里讨生活，生存竞争之激烈可想而知。何鸿燊一边走一边给自己打气：我是来澳门工作的，不能混杂在逃乱的人流之中。我不仅要赚钱养活自己，养活母亲和兄弟姊妹，还要发家致富，在这里开创自己的事业，光耀何家的门楣。何鸿燊暗暗攥紧拳头，坚定自己的信心，步伐坚定地走向联昌有限公司——一家中葡日各占三分之一股权的贸易公司。

联昌有限公司有着政府背景，葡国的代表是澳门经济局罗保博士，日方的代表正是邀请何鸿燊加盟的日商齐藤，中方代表是香港富商、中国官僚资本家梁基浩。作为澳门当时最大的公司之一，联昌有限公司拥有不少特权，其主营业务是以货易货，用机器零件和船只交换粮油食品等紧缺物资。战争期间，澳门各种生活物资奇缺、商品供不应求，以致物价飞涨，一些有胆识和背景的商家便利用这一机会大发横财。联昌有限公司也不例外，抢抓机遇运来各种紧缺商品供应 50 万澳门居民，大赚一笔。

何鸿燊到联昌有限公司后担任秘书，兼做粮油棉纱业务。他虽然只是个学徒工，但工作极其勤奋，还利用职务之便努力学习日语、葡语。由于他能吃苦耐劳，口才极好，又善于动脑筋，很快就拥有了一批客户。

何鸿燊的语言能力很强，短短一个月下来，他就能用日语进行简单的日常对话，其口语水平比一般人在学校学了一年还高。原本就非常欣赏何鸿燊的齐藤，此时更加信任和器重他，而这种信任也让何鸿燊如鱼得水、信心十足。

何鸿燊还有一个特殊的专长，就是对一些数字号码十分敏感，过目不忘。他发挥自己记忆力强的特点，开始暗暗地背下经常与联昌有限公司有生意往来的企业或个人的电话号码。一段时间下来，他已经能够把澳门的 2000 多个电话号码倒背如流，几乎包括了澳门所有私人和商场的电话号码。

有一次，老板梁基浩带他出去联系业务，不小心忘了带电话号码本。梁基浩急着与几位商家联系，一时不知所措，这时，何鸿燊熟练地说出了这几位商家的电话号码。梁基浩感到很惊讶，这几位客户他都很少联系，何鸿燊怎么能报出他们的号码，而且打过去准确无误。梁基浩问道："你还没有与这些商家接触过，怎么对他们的电话号码那么熟悉？"何鸿燊笑道："我不但知道他们的号码，而且澳门的电话本里的所有号码我基本都记得，总共加起来也就 2000 多个。"梁基浩简直不敢相信一个刚到澳门工作的学徒工，竟然有这么好的记忆力，同时他更欣赏何鸿燊的良苦用心。"做生意，不知道客户的姓名、电话号码哪成啊！"何鸿燊说。梁基浩见他是个可用之才，便想邀请他入股联昌有限公司成为合伙人。

后来，只要老板想要某商社的电话号码，就让何鸿燊报出来。一时间，他成了联昌有限公司的奇人。3 个老板都非常器重他。梁基浩与另两个股东商量让何鸿燊入股。齐藤本来很看好何鸿燊，自然满口答应。罗保博士特意用葡语与何鸿燊交谈了一次，见他学葡语进步很快，而且谈吐不凡，也同意让他入股。于是，何鸿燊就成了联昌有限公司最小的一个股东，工作起来更加卖力了。

一个偶然的机会，何鸿燊在一个客户那里遇到了他的伯父何世荣（何启福过继给何启东的儿子）。他们已经有 11 年没见面了，因为当时何氏家族都相信何鸿燊会成为未来的王者，何世荣对他印象特别深刻，一眼就认出了这位相貌出众的侄子。两人聊了一会儿心酸的往事，又谈起各人的现状和今后的打算。何鸿燊直率地对何世荣说："我出来快一年了，很想回香港去看看我妈咪。虽然我在这里生活得很好，但我还是希望能回香港去做事。"

何世荣是个胆小谨慎而实在的人，他对侄子说，眼下回香港不太现实，因为整个香港正处在日军的蹂躏之中。

原来，就在何鸿燊离港到澳门工作不久，香港便完全沦陷了。为了避免更大的伤亡，英国政府同意港督杨慕琦向日军投降。不料，日本人并未因此而宽待他，反而把他送到遥远的满洲里，关进日军在那里设置的监狱。在港的大部分港府官员也被关押或软禁。何鸿燊的堂祖父何启东爵士被迫辞去政府职务，带着一部分家人暂到澳门避难。

了解到香港的一些情况后，何鸿燊既心焦又无奈，他向伯父发誓一定要混出个人样来才回香港。何世荣鼓励他说："你说得对，年轻人要有志气。出来混世界，一要有目标，二要有勇气，三要有办法。你伯公（指何启东）常告诫我们，要想成功只有两条路可走，一是做事要勤劳、肯干；二是赚到手里的钱要抓得紧，不要乱花钱。你现在刚进入商场，以后自会明白其中的道理。"

这次会面之后，何鸿燊一直想找个机会去拜访声名远扬的伯公，他有很多问题要向伯公请教。何启东是整个何氏大家族的支柱，也是何鸿燊崇拜的偶像。

不久，何鸿燊终于见到了何启东，经过一番交谈，何启东觉得这个侄孙有不少过人之处，对他的印象很好，并勉励他走好自己的路，不要太在乎世人的目光，这次交谈让何鸿燊坚定了自己的信念：光大何氏家业，再现昔日的辉煌。他暗暗下定决心，一定要像伯公那样努力工作，把联昌当作自己人生的一个起点，朝既定目标奋进。

二、穷小子抱得美人归

尽管在短短的时间里就受到几位老板的器重和认可，但何鸿燊并没有骄傲自满，而是更加刻苦地学习生意经，学习日语和葡语。

他有一条生意经是从何启东那里学来的。他后来回忆说："我伯公有两个绝招，第一招是一生坚持不得罪人，所以见到抱在手里的孩子，他都称呼为阿哥。还有一招，他第一次与人吃饭，一定会问清楚对方的名字，等到第二次见面时，他老远就叫人家，所以对方很感动。"何鸿燊把这条生意经记得很牢，也用得很好，在澳门结识了很多客户和朋友。

很多白手起家的富豪都有一个共同点，那就是勤奋。何鸿燊也不例外，他一边工作，一边利用业余时间参加夜校的葡语补习。令人意想不到的是，学葡语给他带来了美妙的爱情。

一个周末的下午，何鸿燊在夜校附近的一块草坪上一边漫不经心地欣赏着风景，一边温习葡语。草坪的旁边是一条拥挤的小街，街上行人如织。这块小小的草坪本没有风景可看，但它是澳门少有的一块绿地，海风轻轻吹来，常常给备受酷暑煎熬的人们带来一丝清新的凉意。突然，何鸿燊眼前一亮，看见不远处一个戴凉帽、穿淡蓝色衣裙的年轻女子袅袅娜娜地走过来。他仔细一看，不由得惊为天人。无论是在美女如云的港大，还是在"花丛如锦"的地下情报室，他都没见过相貌如此独特的女人。她身材高挑，容貌清丽，气质高雅。让何鸿燊惊讶的是，她步态从容，完全不像街上的行人那么匆忙，显得雍容华贵。

何鸿燊一阵心动，决定上前与这位美人打招呼。他判断她是葡萄牙人，于是用葡语与她搭话："您好，美丽的天使！"他有些紧张，本来很熟练的简单用语也说得结结巴巴。

"你好，尊敬的绅士！"她从他的形貌和不流利的葡语判断他是一位英国人，于是先用娴熟的英语回答他。

对方的平易近人让何鸿燊壮起了胆，虽然他的英语说得很流利，但他仍用葡语跟她交谈。她觉得这个英国人很有趣，便跟他聊了一会儿。

何鸿燊乘机把她好好夸赞了一番。他的夸赞很有分寸，也很讲技巧，让对方觉得中听，而不觉得轻浮反感。他知道，世上所有美女在成长的过程中，都听到过无数的溢美之辞，因此对称赞她们美丽的话语感觉迟钝，有时还会心生厌烦。这是他在做生意时学到的。漂亮的女人都知道自己漂亮，用不着别人夸，所以何鸿燊不赞美她的美丽，而是称赞她虽有高贵的身份却能平易近人，让人觉得她很亲切、善良。

何鸿燊的好口才令这位美女大为折服。她问他，一个英国人为什么要用葡语与她交谈，是不是怕她不懂英语。何鸿燊尴尬地笑了笑，坦诚地说："我的英语虽然说得很好，但我并不是英国人，我是中国香港人。我的葡语说得不好，正在练习说葡语。"

对方对眼前这位风度翩翩又很诚恳的小伙子很是欣赏。何鸿燊乘机鼓起勇气说："我的名字叫 Stanley Lobge，希望有机会能拜你为葡语老师。"这显然是个借口，因为澳门有葡语补习学校，联昌有限公司有数位葡籍人士，他的客户中也有很多葡籍商人，有很多机会让他学习葡语。

她未置可否地笑了笑，但也透露了她的名字：黎婉华，葡文名是 Clementina Leitao。

这次邂逅之后，黎婉华的倩影总在何鸿燊的脑海中久久萦绕着，挥之不去。他为黎婉华所倾倒，对她产生了爱慕之心。他想主动发起攻势，但却不得其法，很长时间没再见过她。他对她了解得太少了，只知道她家住在夜校附近。不过，他不想轻易放弃，便利用各种方式打听她的情况，终于知道她是土生土长的澳门葡籍姑娘，出身于葡萄牙显赫家族，祖先曾在葡萄牙当高官，父亲是澳门的著名律师，也是当地唯一的公证人，在澳门和葡萄牙都拥有不少业务。黎婉华在 23 个兄妹中排行十五，从十几岁起就被称为"澳门街第一美人"，她的气质和当时红极一时的女影星英格丽·褒曼相近，无数人拜倒在她的裙下。

何鸿燊感到两人之间存在很大差距，难免有些灰心，但他仍不甘心，又费了一番苦心，终于在因业务而结交的朋友中找到了黎婉华的一位姐夫，通过对方牵线，何鸿燊再次见到了爱慕已久的梦中情人。

原来，黎婉华也在夜校学习，只是两人一直没能碰面。那天见面之后，她对何鸿燊也一见钟情！具有欧洲血统、英俊潇洒的何鸿燊，的确有种令人难以抗拒的魅力，让这个纯情少女将他视为自己一直寻找的白马王子。此后，何鸿燊与黎婉华来往频繁。何鸿燊的女儿何超贤后来说："父亲为追求母亲，专门去学葡语，又趁母亲放学时，骑车到母亲住的山水园约会，下班后再约母亲饮茶。"很快，何鸿燊便大胆向葡语"老师"表达了爱慕之心并展开猛烈的追求，两人双双坠入爱河。

1942 年，黎婉华下嫁何鸿燊，几年后生下一子三女，分别是：超英、超贤、超雄和猷光。何鸿燊通过与她交往，葡萄牙语讲得更加流利了，同时，由于黎婉华出身于澳门上流社会，家族与澳门的葡籍高官阶层关系非同一般，对何鸿燊早年创业及日后进入澳门上层社会帮助极大。何鸿燊的外甥孙镜鸿说："赌王起家全靠黎婉华，当年赌王的岳父在政府做公证人，见了何鸿燊很喜欢，就让他兼做秘书，为他日后的基业积累了不少人气。"

三、拼命三郎的第一桶金

何鸿燊是个幸运的人，他到澳门后，联昌有限公司的几位老板欣赏他，他的伯公何启东爵士也时常鼓励他，他的新婚妻子及其家族更是给予了他极大的帮助。当然，何鸿燊本人也肯吃苦，又善于动脑筋，他将澳门的一些剩余物资如小汽船、发电机等运往内地，换取粮食运回港澳。当时正值兵荒马乱，港澳粮食奇缺，这一来一往，利润极大。

这些都是联昌有限公司的正常业务。身为联昌有限公司合伙人，为了赚取更大的利润，何鸿燊开始铤而走险，出海走私。

走私一事说起来简单，做起来却非常危险。何鸿燊后来说："只一两年，我就赚到了许多前辈商人一生都赚不到的钱。百万身家，在当时的人听来如天文数字，可我的钱来之不易，是用命换来的。"因为走私不仅为官方所禁止，还要受各种帮派的欺诈剥削以及海盗的抢掠，完全是在夹缝中求生存。

何鸿燊当时的主要工作是押船，即把货物运到海上，与贸易伙伴在海上交易。押船员干的相当于警务安全工作，面对的有官方人士、黑帮、海盗，还有日军。这是个把脑袋别在裤腰带上的风险活，脑袋说掉就掉。

首先，货船由内河进入大海常常会受到台风暴雨的袭击，没有准确的天气预报，只能凭水手的经验判断，一旦失误，百十吨的小货船便可能船毁人亡。当然，最大的威胁不是来自天气，而是来自日军。一旦遇到日军的军舰，逃是逃不掉的，全看日军当时的心情，若惹得日本人不高兴，很可能性命不保。还有一大威胁是来自海盗和黑帮。海盗和黑帮若预计吃得下你，就会把货船抢掠一空，稍有反抗，必是一场血腥屠杀。来自官方海禁的威胁，则相对小多了。

面对诸多威胁，何鸿燊心里更明白一点，那就是富贵险中求。联昌有限公司的几个合伙人中，数他最年轻，保安工作只能由他来干。这可能也是他入伙的一个资本。但何鸿燊并没有想这么多，他认为只要有活干有钱赚，冒点险也是值得的。当然，他并没有蛮干，而是开动脑筋尽量避免陷入险境。第一次押船，是以货易货。何鸿燊动用港澳上层的关系，弄到了三面国旗。从货运码头出发，航行于内海时，船上悬挂葡萄牙国旗；等到了公海，遇到日本军舰，就赶紧换上日本的太阳旗；到了西南海域，再换成青天白日旗。这使得他首次出海一帆风顺，平安无事，几天后满载而归。何鸿燊到港后，几位老板都去迎接他，高度赞扬他办事得力。

有了一次成功的经验后，何鸿燊后继的行动就更加大胆了。他以同样的方法，又进行了几次较大的交易。但是，常在河边走，哪有不湿鞋，日子久了，难免会遇上海盗。而这种事哪怕一辈子只遇上一次，也够惊心动魄的。

这一次，何鸿燊带领的货船不是以货易货，而是以钱易货。他身上一共带了30万港币（在当时算是一笔巨款，相当于现在几千万港币），交易时间定在午夜。他率船于午夜准时到达指定地点，用马灯照着观察了一下周围的情况，却不见对方的踪影。海天蒙蒙一片，没有月亮，没有星星，只听见滔滔不息的海浪声。何鸿燊不知道对方为何失约，只能耐着性子站在船头苦等。水手们都心里发毛，直打冷战。到了凌晨4点，一艘机船慢慢驶来，在离他们不到100码的地方停住了。

对方没有说话，何鸿燊无法判断是不是交货者，便大声用暗语问对方，那边仍悄无声息。一个胖水手说："看他们的船吃水那么深，应该是载满了货物，不会有诈。"何鸿燊仍然很谨慎，不想贸然靠过去，他对胖水手说："你不用暗语，直接向他们喊话。"胖水手向船头走了几步，扯开嗓门就喊："你们是送货的吗？靠过来一点！"没想到他话音刚落，便"哒哒哒"响起一阵机关枪的声音。胖水手扑通倒下了。其余的人来不及取枪还击，都趴在船舱里不敢动弹。

对方的船已经靠了过来，有人高声喊道："缴枪不杀！谁动就打死谁！"紧接着有几个人端着枪冲了过来。

不用说，这是一帮海盗，其中一个拿着手电筒，过去摸了摸胖水手，说道："老大，他已经没气了。"其余几个海盗则用枪顶着何鸿燊及几个水手的身子。在昏暗的马灯下，水手们都在瑟瑟发抖。

那个被称为老大的海盗喝问道："谁是何鸿燊？站起来！"

何鸿燊站起来向前走了一步。海盗头子厉声说道："统统把衣服脱光！否则，你们就与那个家伙同样下场。"众人看了一眼躺在船头的胖水手，都不敢轻举妄动。

何鸿燊听到海盗们拉枪栓的声音，担心连累别人，连忙顺从地脱光了衣服。30万巨款顿时哗啦一声掉在船上。海盗们见到这么多钱，如同黑夜中的饿狼一样，个个眼睛发出绿光。

海盗头子命令一个手下数钱，那个手下双手颤抖着几次中途数错。海盗头子骂道："笨蛋，数错了你和何鸿燊都得死。"然后转身对几个水手说："你们几个快到驾驶舱去，快点！谁故意磨蹭，我就杀了谁！"

何鸿燊紧张地看着那个海盗数钱，希望他不要再出错了。海盗头子又叫道："姓何的，你看着，少了一文钱，老子要你的命！"听他的口气，显然事先就知道有多少钱。

过了一会儿，何鸿燊又听到数钱的海盗说："已经点完了，老大，一分也不少！"

"好，算他老实！弟兄们，快带上钱撤！"几个海盗各拿了一部分钱塞进腰包。

"这几个人是不是做掉？"看守水手的海盗问道。

"算了，把他们的家伙收走，留他们一条命吧，以后说不定还能为我们留一条财路呢！"海盗头子得意地笑着，率领这帮海盗跳上海盗船，扬长而去。

隆隆的声音渐渐远去，冷飕飕的海风使呆立的何鸿燊清醒过来，他赶紧跑到驾驶舱去看那几个水手。水手们都一丝不挂，被海风吹得瑟瑟发抖。何鸿燊对他们说："都还愣着干吗，快开船呀！"

水手们也担心海盗会回头，连忙启动船只，全速向海岸开进。海盗们忘了毁坏他们的发动机，见他们的船开动了，又开枪朝他们乱扫了一阵，一个水手受了伤。不过海盗并没有追上来，只是开枪警告而已。

天渐渐亮了，大家不禁松了一口气。此时何鸿燊心中的疑团却越来越大，他回想事发经过，又想起海盗头子说的话：少了一文钱，老子要你的命！说明海盗知道他带的钱是30万。那海盗是怎么知道的呢？答案只有一个，那就是出了内鬼。还有那句"算他老实"，这个"他"是指谁？应该是指那个内鬼，说明内鬼提供的情报是真实的。但除了水手和联昌有限公司的老板，其他人对这次交易的细节都不知情。根据方方面面的分析推理，何鸿燊得出了一个结论，这个内鬼一定是那个胖水手！但是，海盗听到胖水手的喊叫后为什么要先杀了他呢？极有可能是他的任务已经完成了，不能留下他来分赃，不如杀人灭口，一举两得。想到这里，何鸿燊不由得出了一身冷汗。这次能侥幸保命，真是万幸！

何鸿燊正想着，一个水手突然叫道："不好，有一艘日本军舰向我们这边驶来了！"

水手们刚才还在庆幸脱了险，相互之间打着嘴战，现在听说遇上了日军，一时都慌了手脚。

何鸿燊见日本军舰耕波犁浪，正快速朝这边驶来，逃肯定是逃不掉了，他赶紧对水手喊道："快升太阳旗！"

"哪儿还有日本国旗啊，已经被海盗扔进海里了！"一个水手无奈地说。

"这下完了！"水手们感到十分绝望，如果不悬挂太阳旗，极有可能遭到日本海军舰艇的火炮攻击。这种情况时有发生，结果通常是船毁人亡。

何鸿燊急中生智，扯下舱窗上的一块白色土布，将一瓶用来画图册的红墨水倒在上面，画成一个红色实心圆，然后双手举着这块布，站立到船头。

日舰靠近了，何鸿燊大声用日语跟他们打招呼。双方叽里呱啦说了一阵，日本人看到货船上的水手们一个个赤身裸体的滑稽相，都不禁哈哈大笑起来。他们显然相信了何鸿燊的话，把这些被抢者当成了良民，因而没有上船检查，还给他们扔过来一些罐头、香烟和几件雨衣。

日本军舰掉头走了，远远地还能听到日本兵哈哈大笑的声音。何鸿燊这才让货船全速朝内海开去。

第二天中午，货船抵港。联昌有限公司的老板们早已在码头等候，由于货船回港比预定时间整整迟了5个小时，他们已经预感到货船出了事。现在见到船上人员的窘状，齐藤、梁基浩不由得悲从中来，抱住何鸿燊失声痛哭。

过了好一会儿，何鸿燊才止住眼泪，向他们说明情况。齐藤说："我们早就怀疑胖仔有问题，只怪我们抱着侥幸心理，才酿成大错。"

"胖仔自作自受，害人害己，也算是罪有应得，只可怜你们经受了一场生死考验。现在大家活着回来了，就不要再难过了。留得青山在，不怕没柴烧！联昌有限公司不会亏待大家的。"梁基浩准备自己拿出一笔钱来安抚大家。

事已至此，其他水手也没有什么异议。

然而，一波未平，一波又起。几天后，联昌有限公司的两艘客货两运船又被日本海军扣押了。糟糕的是，日本人要的不是钱财，而是要从乘客中搜出抗日的地下情报员。因为日本海军前段时间就开始怀疑联昌有限公司的船涉嫌走私违禁物资，并偷偷运送中英情报人员。此事非同小可，一旦坐实，不仅情报员性命不保，连联昌有限公司也会被日军一锅端。

情况紧急，几个合伙人立即开会商讨解决问题的办法。齐藤虽然与日本军界有些联系，但谁都担不了这样大的责任。经过商议，他们决定派何鸿燊去与日本海军交涉，碰碰运气。

何鸿燊临危受命，乘了一艘小汽艇，满载洋酒、洋烟等慰劳品火速前往。他想，日军虽然只是怀疑联昌有限公司有问题，但就联昌有限公司来说，走私违禁物品是肯定的，而且已经有过两三次搭载情报员和抗战分子的先例，日军只要动真格地来查，肯定能查出问题，联昌有限公司没有丝毫底气。尽管联昌有限公司只做生意，从来不过问政治，但日本人若真从中查出抗战分子来，事情就无法收拾了。

不过，话说回来，联昌公司只是个贸易公司，没有资格对乘客进行盘查，谁知道乘客中会不会有抗战情报人员呢？因此，解决问题的关键就是让日军不上船盘查客人，迅速放人放船。万一阻拦不住，查出船上果真有中英情报人员，也一定要设法让联昌公司以"不知者不为罪"为由而不受牵连。

何鸿燊掂量了一下事情的分量和轻重缓急，进而确定了应对策略和步骤。当他赶到被扣船只所在海域时，日军已经登船，正逐个审问船上的水手、联昌公司职员以及随船旅客，还要对个别形迹可疑的旅客搜身。气氛异常紧张，有的乘客显然被这种气势给吓坏了，面如死灰，口中不停地祈求老天保佑。何鸿燊一边用日语打招呼，一边大步登上货船。他先给日本官兵送上洋酒、洋烟等礼品，并强调这些东西是如何难以搞到，送上这些东西是表示对日军的忠诚；然后又与日军的舰长套近乎，声称这近百吨桐油对公司如何重要，因为它将被用作日军一个后勤基地的设施维护；最后又说，公司的大股东齐藤先生领导的联昌公司一向极力拥护和支持"大东亚共荣"计划，并起了重大作用。他还特意指出，如果这两船桐油和客人被扣，不但支持大东亚共荣的诚心将深受伤害，而且因为联昌公司有葡方的投资，势必会危及南美葡萄牙殖民地上日本侨民的安全，极有可能引起国际争端，这就不是联昌公司和舰长所能承担的了。

何鸿燊出色的口才终于产生了效果，在他的连哄带骗以及恐吓之下，日军停止了对客人的盘查，只对货物进行了例行登记。不过，日军舰长仍不放心，他要求何鸿燊写一张保证书，保证这些乘客和货物没有问题，否则，一旦查出来，将让他以性命来赔抵。何鸿燊自然是先过了这一关再说，他立刻写了一张保证书，顺利地把两船货物和旅客带回了澳门港。

大功告成，联昌公司的几位大老板设宴款待何鸿燊，祝贺他为联昌公司立了大功。因为他不仅救回了两船货物，还救了船上一名身份极为特殊的旅客，以至于好些年后，何鸿燊还自豪地说："我为抗日立了大功。"

那么，这位客人到底是谁呢？他就是后来成为港澳名人的爱国人士梁昌。当时梁昌是英国的一名情报人员，为香港大学副校长、英军远东情报机构主管赖廉士工作，专门搜集和传递有关日军在港澳的情报。为了完成一项紧急任务，他必须赶回澳门，不知是不是走漏了风声，日本特务对他盯得很紧。他听说联昌公司有日资背景，一向在公海和港澳畅通无阻，于是就放弃客运班船，搭乘联昌公司的客货两运船。日军登船搜查的时候，他身上正好带着重要情报，如果何鸿燊晚来一刻，他就要出事了。他一人身死事小，情报若泄露出去，后果就严重了！因此，何鸿燊不仅救了梁昌一条命，也救了许许多多抗日志士的命！

"二战"结束后，梁昌荣获英皇荣誉勋章。后来梁昌经商，先后出任澳门电灯公司董事、澳门自来水公司董事、澳门中华总商会常务理事、澳门佛山轮船公司总经理。他一直没有忘记何鸿燊立下的这一大功。

1943年，何鸿燊22岁，由于他劳苦功高，联昌公司给他的分红高达100万港元。按照当时的财富标准，何鸿燊已经进入富豪阶层。但回首自己走过的路程，何鸿燊不禁心有余悸，可以说，他是把头别在裤腰带上的富豪。

四、强强联手，四面出击

何鸿燊在一两年内就身家百万，赚到了有些商人可能一辈子也赚不到的钱，这在冒险生意中虽然算不上奇迹，但却给他未来的事业发展奠定了基础。

这时，何鸿燊的母亲及兄弟姐妹都已经迁来澳门，与何鸿燊一家住在一起。何鸿燊的母亲首先对儿子那种玩命的工作表示反对，妻子也害怕他出事，渴望过平静的生活。几个弟妹也不赞成他继续去冒险。何鸿燊考虑再三，决定结束冒险的日子，谋份稳定可靠的工作。

不久，何鸿燊进入由梁基浩任局长的澳门贸易局，担任供应部主任。

其实，以他当时的资本，他完全可以不用再工作，只要投资做股东就好。但何鸿燊有自己的目标，那就是开创自己的事业。很巧的是，何鸿燊在贸易局遇到了一个同样想创办自己事业的同事，两人志趣相投，一拍即合。这个同事就是何贤，在贸易局任会计部主管。

何贤原籍广东番禺，13 岁时就离开家乡，在广州、顺德一带做生意，经过十几年的商场历练，他成了一个很精明的生意人，并且小有积蓄。

广州沦陷后，何贤来到澳门，与人合作经营银号。澳门贸易局局长梁基浩很欣赏他良好的商业素质和勤奋精神，特意把他网罗到旗下，做自己的左右手。何鸿燊与何贤不仅是同事，也是好朋友。

贸易局做的是限额生意，并且专门负责战时采购物资的工作。何鸿燊到贸易局不久，就接受了一项很重要的任务——前往广州采购大米。

战争时期，澳门人口猛增至 50 万，而且难民还在不断增加，农田荒芜，粮食十分匮乏，澳门开始闹米荒。为了解决 50 万人口的生计问题，贸易局受命组购粮食，梁基浩把这个任务交给了何鸿燊。

这并不是一个美差，因为广州市面上的粮食也很紧缺，米市往往被地方恶势力霸占，而且价格远远高于官方供应的价格。另外，沿途还要经过日军的几道封锁线，大量的粮食运输困难重重。对此，何鸿燊下定决心，不管怎样一定要弄到粮食，并安全地运回来。

很快他便带了船队直奔广州，到了那里一打听，市面上的粮食不但价格高，而且少得可怜，远远不够他所要采购的数量。怎么办？他再次发挥自己的口才优势，直接找到广州周边的两个县城，购得当地政府囤积的平价"官粮"。

几天后，何鸿燊率领满载大米的船队回到澳门。当货船抵达码头时，数千民众站在岸边欢迎他，热闹的场面令何鸿燊激动不已。由于他出色地完成了任务，澳门民众暂时解了燃眉之急。正是这段与澳门人生活息息相关的日子，让何鸿燊在若干年后，认为自己的命运将与澳门永远地联系在一起。数十年后，每当谈起此事，他总是面露欣喜之色："那么多人欢迎我们，正是对我的极大鼓励，我是澳门的一分子，我觉得自己应该为澳门做一些事情。"

在做限额生意的过程中，何鸿燊意识到这种赢利生意极好做，于是打算拉人入伙，另外成立一家商行。经何贤引荐，何鸿燊与永华银号的老板何善衡合作，创办了大美洋行。永华银号即香港的恒生银号，香港沦陷后，何善衡将恒生银号迁往澳门，改名为永华银号（后来的恒生银行人尽皆知）。大美商行之所以称为洋行，是为了给人一种有外资注入、很有实力的印象，以利于发展壮大自己。实际上，大美洋行的本质并没有变，还是利用限额生意中的一些漏洞，来回倒腾，从中获利。

何鸿燊与何善衡的联手可以说是强强联合，双方各有优势。何鸿燊利用官商的权力，争取限额生意；何善衡融资方便，保障资金正常周转。双方形成了优势互补，使大美洋行的生意迅速壮大起来。

这个时期，何鸿燊虽然积极与人合作做生意，但主要还是借助于官方背景。他熟谙官商的运作与规则，使自己的事业有了比较坚实的基础。对他来说，从事高风险、高利润的行业只是完成原始资本积累的一个过程，他并不认为这就是自己的事业，所以他还要不断试水，涉足新的领域。

1945 年"二战"结束后，澳门、香港、广州等地百姓往来频繁，轮渡的客流量大增，当时的运输力量却十分有限。何鸿燊看准这一机会，与人合伙开办了一家船务公司，共同投资购买了一艘载客 300 人的客轮，取名"佛山"号开始运营。"佛山"号是当时连通港澳之间最新、最大、最先进的客轮，每次航班几乎都是满载，有的时候还得超载，生意十分红火。

与此同时，澳门的赌业也逐渐兴起，并试图走向合法化。"佛山"号上的常客很多都是冲着澳门赌场来的。有一次，何鸿燊在船上遇见一个名叫钟子光的客人，他是老赌王傅老榕的手下，听说何鸿燊很有钱，就劝他去赌王的赌场玩玩。何鸿燊一心只想着挣钱，对赌博毫无兴趣。钟子光见无法说动这位年轻的富商，就给他提供了一个很好的情报：石油越来越紧张，做炼油生意很赚钱。何鸿燊也觉得他说得很有道理，当时靠机械动力驱动的东西越来越多，港澳的石油几乎全部来自国外，如果能开一家销售石油的公司，肯定有赚头。但钟子光却笑着摇摇头说："不，不是开石油公司，而是要开炼油厂，从国外进口原油，在本地加工，这样加工成本很低，比进口成品油的利润高一倍多。"何鸿燊大喜过望，立马回去与梁基浩商量，梁基浩也认为此事大有可为，于是满口答应下来，并开玩笑说："做这件事情比捡钱都容易。"

几天后，何鸿燊、梁基浩与钟子光经过商议，决定合伙开一家炼油厂，由何鸿燊担任经理，负责日常经营。

1947年初，炼油厂开张了，其经营部称为澳门火水（煤油）公司。由于战后人力比较廉价，将原油加工成汽油、煤油后销售，利润非常高。澳门电灯公司成了他们最大、最稳定的客户。同时，周边地区的百姓也将日军遗留下来的废旧油库里的油渣和临时炼油厂的原油收集起来，廉价卖给何鸿燊的炼油厂。一年下来，澳门火水（煤油）公司的收益非常可观，何鸿燊的身家又增加了100万港元。

俗话说，树大招风风撼树，人为名高名丧人。何鸿燊年纪轻轻就名利双收，惹来不少人的眼红和嫉妒。地方黑帮早就想把何鸿燊撵走，为此他们使出了各种手段。

有一次，黑帮的一个小喽啰对何鸿燊说："何老板，你天天赚钱，花得完吗？而我们天天想赚钱，却怎么也赚不到钱，能不能帮小弟一把？"

"你是什么人？想要干什么？"何鸿燊问。

"何老板是个聪明人，哪里需要小弟多说。我们只是想找何老板讨一碗汤喝。你吃肉，我们闻到香气了！"小喽啰见何鸿燊不理睬自己，又佯装笑脸说，"这两天小弟手气背，在赌场把老本输了，想找何老板借点赌本。"

何鸿燊心想，阎王好见，小鬼难缠。为了不惹麻烦，他给了这个小喽啰200港元，没想到对方贪心不足，硬要500港元。何鸿燊见他这么不识抬举，气也上来了，说："我吃肉关你屁事，想闻香气尽管闻去，喝汤也轮不到你！"

这个小喽啰一听此言，立马换了一副面孔，恶狠狠地说："何老板，虽然你生意做得大，但也不要太硬气。你知道这石油最怕什么吗？小心哪天你的炼油厂着了火！"

小喽啰说完，气冲冲地走了。何鸿燊心里明白，仅凭这么个瘦小的街头小混混，断然不敢在这里如此放肆，他的背后必定有一群不要命的人。他们像一群饿狼，稍有不慎，就有可能被他们咬伤。

当然，何鸿燊也是见过世面的人，知道怎样提防小人，事后他在炼油厂增加了值守人员，同时要求所有员工提高警惕。但百密一疏，最后还是出了事故。

很快，黑帮派来6个彪形大汉，他们到了炼油厂后，既不要钱，也不讲话，直接把几颗手榴弹扔到了储油库，轰隆几声巨响后，熊熊大火腾空而起。工人们不顾危险，奋力扑火。幸亏有3颗手榴弹没有爆炸，否则，如果大储油罐被炸开，后果不堪设想。愤怒的工人们齐心协力，拿起家伙把那帮暴徒赶走了。

事情发生后，何鸿燊赶到炼油厂，听管事的人说起事情的经过，肺都快气炸了，叫道："这帮混蛋，我就是把炼油厂关了，也不分给他们半杯羹！"

就在何鸿燊发火的时候，那帮人又来了，"何老板，我们又见面了！"何鸿燊强压怒火说道："你们居然还有胆子再来？我已经说过了，我的汤你们是喝不下去的。"

"这一次我们不是来喝汤的。"第一次要钱的那个小喽啰说。

"那你们来干什么？"

"我们老大说了，一是来看看你的炼油厂还在不在，二是来跟你谈判入伙。"

"笑话，要入伙也得由你们老大来谈，你们有资格跟我谈吗？再说，这炼油厂不是我何某一个人的，你们想吃肉也得看看东家给不给啊！"何鸿燊轻蔑地说。

"何老板，你吓唬谁呀，我们难道不知道澳府的门朝哪个方向开？

没有金刚钻，也不会来揽你这瓷器活。我们这次来只是先给你放个话，不让入伙就要你们散伙——"

何鸿燊听不下去了，打断对方的话说："那就请你回去跟你们老大说一声，只要有我何某在，他就别做这个美梦了。"

等那帮人走后，何鸿燊开始冷静思考，看来他们并不只是黑帮那么简单。对方肯定是摸过自己底细的，而自己对他们却一无所知，不如找朋友打听一下，看看他们究竟是什么来头。于是，何鸿燊找到何贤，让他摸摸对方的底。何贤是个路路通，在澳门神通广大，上至澳府官员，下至三教九流，都听他一声招呼。他喜欢主持公道，深为人所信服。他告诉何鸿燊，这伙人的老大原来是个海盗，他的一个姐姐嫁给了驻澳官员，他就利用这层关系拉拢收买澳府上层，有很深的官方背景。他们上结官府，下交地痞流氓，哪里有油水就到哪里捞。现在欺负何鸿燊是"香港鬼佬"，对炼油厂的生意是势在必得。正儿八经的生意人都不愿惹上他们，退一步才能海阔天空。

何鸿燊一时也想不出什么好办法来对付他们，何况有那么多生意等着他去处理，哪有精力跟对方纠缠下去。考虑到家人的安全和生意的顺畅，他向梁基浩和钟子光说明情况，退出了炼油厂的生意。

此后，何鸿燊又在几个行业尝试了一下，做过拆船、金银买卖、药品代理、火柴制造等生意。但他觉得这些都不是真正属于自己的事业，他必须重新确立一个目标，开创一项全新的事业，使自己的资产至少达到 1000 万。

第四章　商场情场皆得意

一、香港地产业的先行者

何鸿燊本以为主动放弃炼油厂，便能置身事外，消灾免祸，没想到他的死对头仍不放过他，对他的各项生意横加干涉。何鸿燊忍无可忍，决定与那位神秘的老大当面谈判。

1953年3月的一天，那个神秘的老大派人叫何鸿燊到国际酒店去。何鸿燊只身前往，赶到那里的时候，只见很多人围着楼下大厅的一张长桌，只有一个40岁左右、穿呢子猎装的人是坐着的。何鸿燊断定他就是那个老大。

何鸿燊走过去对他说："这位老大，我何某大小也是个老板，你总得给我个坐的地方吧。"

"你说得对，"那个老大说，"你是应该有地方坐，但不是在澳门，而是在香港。"

没有正式谈判，何鸿燊已经明白了对方的意思，他厉声说道："我在澳门打拼10余年，从来没有人把我当外人，即使是澳府的人，对我也是以礼相待。不知你是个什么角色？"

那人并不理会何鸿燊，直截了当地说："香港已经光复好几年了，该回去的人都回去了，只有你还赖在这里要人请。是不是这几年在我的地盘上捞到甜头了，不想走了啊？"

何鸿燊说："我来澳门这些年，从来就没听说过你这号人物，澳门怎么就成了你的地盘了?"他不知道,这个人做海盗的时候曾经与日本海军发生过一点摩擦,被日本人逮到中国济南的集中营关了几年,又流亡一年多,直到 1948 年才逃回澳门。

"这些年老子忙于抗日,地盘都被你们这些外来仔给霸占了。再说,已经给你机会捞得盆满钵满了,难道还不想归还?"那位老大恬不知耻地说。

何鸿燊知道这个人的背后有靠山。跟这种人没有道理可讲,与他们纠缠下去更没有好处,他干脆一口回绝对方,说自己绝不离开澳门。

在后来的各类谈话中,何鸿燊只提及双方谈判的内容,而对那位老大的姓名只字不提。有人说那人叫铁皮阿三,但那只是个诨名而已,因此,这位老大是谁,至今仍是个谜。

澳门华界最讲"陀地"(地盘),类似于 20 世纪三四十年代的上海滩。澳门就巴掌大的地方,卧榻之侧,岂容他人酣睡?这帮人是把何鸿燊当成黑道中人了。但这一切都是人们谬传,就因为何鸿燊过去干的都是一些冒险生意,人们都以为他发了横财。何鸿燊虽然不怕他们,但他心里清楚,他在澳门一直出入上流社会,以官商自居,几乎不与民间帮会、黑道交往,是个规规矩矩的生意人,挣的都是血汗钱。如果不离开澳门,就必然要发生争斗,即使能杀敌一千,也要自损八百,他不希望自己用血汗换来的成果在这种无聊的争斗中白白损耗掉。他开始征求亲朋好友的意见,从而决定是走是留。

亲朋好友自然不希望他出事,都劝他走为上策,留得青山在,不怕没柴烧。何贤也劝他说:"常言道,强龙不压地头蛇。以你现在的财产,到哪里都能发展起来,何必非要挤在这弹丸之地呢?他们说你捞过界了,不如就回香港去。香港是我生活过的地方,有机会我也想回香港去。"

何鸿燊考虑再三,终于下定了决心,他对妻子说:"婉华,我们还是离开澳门,去香港吧!"他担心家人的安全,不得不做出这个痛苦的决定。

黎婉华说："我的丈夫是一个连死都不怕的硬汉，怎么见了几个地痞无赖就退却了呢？这一大家子好不容易从香港折腾到澳门，刚站稳脚跟，却又要回去。"

"我正是为了大家才这样选择的，如今香港比澳门发展快多了。况且那里是我的老家，我一样可以安家立业。"

黎婉华知道丈夫也舍不得离开澳门，这个时候不应给他施加压力，影响他的决策，因此，她答应随他去香港。

1953 年春末，何鸿燊先行起程，揣着 200 多万港币悄悄回到香港。当年他离开香港时，身上只有 10 元，此时已是腰缠万贯的大富翁，这对于白手起家的何鸿燊来说，应该说是相当成功了。他之所以如此低调，一个很重要的原因是他认为自己是被迫离开澳门的，并非心甘情愿。与到澳门避难的港商不同，何鸿燊发迹于澳门，对澳门有着深厚的感情。况且，回到香港时，他还没有明确的发展计划和目标。

20 世纪 50 年代，香港经济开始复苏，人口增至 200 万，而澳门的人口则锐减到 10 万。生意人大都回到香港发展，香港外资洋行的数量增加到 100 多家。著名的洋行有英资的怡和洋行、宝顺洋行、太平洋行、沙宣洋行、太古洋行等。香港早期的外资洋行，主要业务是经营大宗货品的远洋转口贸易，包括鸦片、棉纺织品、洋货、茶叶、丝绸和中国的土特产品等，其中以鸦片贸易最为重要。随着转口贸易的发展，英商还将投资的触角伸向当时香港最重要的几个行业——航运（包括仓储码头、船坞业）、金融业以及地产业。这一时期，经营仓储码头的香港九龙码头及仓库有限公司、经营船舶修建的香港黄埔船坞和太古船坞相继创办，适应了香港航运业的发展。

面对这样的形势，何鸿燊一时不知道该从事哪个行业。他在航运方面倒是有经验，但若现在进入，与新兴的航运公司相比没有半点优势。到底做点什么呢？何鸿燊在香港本岛转悠了几天，先在西部港大周围转了一周，又沿太平山往东行，再经铜锣湾、湾仔，走到最熟悉的中环路。看着马路两边如雨后春笋般冒出来的楼房，他不禁感慨万千。曾经住过的工棚不在了，工厂也不在了，代之以高大的商厦和新式民宅。何鸿燊对这里的一切都感到很亲切，而巨大的变化又使他感到陌生。经过战火的洗礼，很多他熟悉的东西都被毁掉了，而战后香港的经济的复苏和发展又很快，产生陌生感也是很正常的。让他感到变化最明显的是香港的人口增长很快，有些地方的人口密集度都赶得上澳门街了。这使他产生了一个念头：衣食住行是人所必需，如今香港人口猛增，住房的需求必定大增，何不投资做地产生意呢？

想到这里，何鸿燊又抖擞起精神，一股豪情油然升起。他开始盘算自己投资地产业的优势，为自己找到了四大投资理由：其一，香港作为开放的港口，有发展成为世界贸易城市的趋势，这样人口还会继续增加，民居和商厦的需求量大；而香港土地有限，可建房的土地尤其紧张，现在占地即可称王。其二，自己手里攥着 200 多万的本钱，而且何氏家族中还有几个人在外资洋行和金融界任职，需要的时候可以得到他们资金上的支助。其三，伯公何启东与地产界大腕罗鹰石、霍英东、廖宝珊等人关系不错，说不定还能与他们合作。其四，自己对香港的每寸土地都很熟悉，对于该在哪里投资开盘心中有数。

何鸿燊很快在干德道 12 号高级住宅区买了一处公寓。初夏，他将妻子和家人接来香港。黎婉华在澳门社交界一直十分活跃，来港后，仍然与何鸿燊一起活跃在香港上层和商界的交际场所，结交了不少朋友。当时香港上层人物一般不去公共娱乐场所，而是在私人别墅举行聚会，客人也都是名流大亨。何鸿燊夫妇经常受到邀请，并以翩翩风度和优雅的舞姿成为其中的佼佼者。这为何鸿燊正在筹办的房地产公司疏通了各种关节。

1953 年底，何鸿燊与人合股开办的利安建筑公司在九龙半岛正式开业。何鸿燊自任董事长，他高薪聘请了几位英籍建筑师，开发建造香港太平山（洋人居住区）和湾仔区的民宅。

从 1953 年到 1956 年，利安建筑公司开发的楼盘一个接一个，无论是湾仔、铜锣湾，还是太平山，利安建筑公司的楼盘随处可见。整个

20世纪50年代是香港地产业蓬勃发展的时期，除了几家老牌的地产商，何鸿燊可以说是先行者之一。与他相比，郭得胜、李嘉诚、李兆基、王德辉等人只能算是后起之秀。

何鸿燊头顶着故乡的云，在幸运之神的眷顾下，在房地产业干得如鱼得水，兴建了一大批民宅和商楼，而且每个楼盘的销售都不错。同时，由于他善于和官方打交道，又承接了大量的香港三军宿舍。这是所有地产商都垂涎的生意。这种工程没有一点风险，盈利也有保障。到1956年年底，何鸿燊的身家从离澳时的200多万港元，增加到1000万港元。千万富豪在当时是一个如雷贯耳的称号。当时的香港，拥有千万身家的富豪寥寥无几。

何鸿燊生意做得顺当，家庭生活也很幸福。这几年，黎婉华又为他生了两个女儿，即三姑娘何超贤和四姑娘何超雄，此前在澳门已有长女何超英和长子何猷光。作为地产商，何鸿燊本人的住宅也增添了几处，一处是原公寓后面的新宅，另一处是清水湾4号的白屋（人称小白宫）。

20世纪50年代后期，一些急于寻求大发展的商人见房地产业红火，纷纷介入地产业，使得香港本岛的土地价格飞涨。为此，何鸿燊又转战九龙，开了几个新盘。黎婉华有些担心，因为不仅土地价涨了，各类建筑材料及工人工资也一起疯长，便劝他说："房地产现在是风高浪险，千万要谨慎。你现在拆借大量资金来投资开发，风险太大，可别在房地产竞争中栽跟头。"何鸿燊经过前期的经验总结，已是胸有成竹。他安慰妻子道："实力再强的商人，也不可能不向银行贷款。善于资本操作的人，都会让钱翻跟头，成倍增长，这正是我追求的目标。"

黎婉华很清楚何鸿燊在房地产方面的策划与管理才能，对他的资本运作能力自然不会有什么疑虑。她说："让钱翻跟头不易，但我相信你做得到，我是永远支持你的。"何鸿燊见妻子如此深明大义，心里感到无比欣慰。

这一期间，黎婉华还抽空回了一趟离别数年的山水园旧居，这里保留着她年少时期的美好记忆，她想念自己的亲人和这里的一草一木，于是找人把旧居重新修缮，打算经常回来住住。她更希望何鸿燊有朝一日能重返澳门，回到这片热土，开创新的事业。

二、邂逅蓝琼缨

1956 年秋，黎婉华第二次从香港回到澳门后，又特意去了一趟主教山的妈祖庙。她感觉自己生病了，经常呕吐腹泻，连高明的医生也搞不清她的病因。以前每次回澳门她都会上山去烧香，以表示虔诚之心，但这一次不同，她是真的有所求了，希望妈祖保佑她早日康复。但她没想到自己这一病就是好几个月，直到冬天病情也没有好转。被病痛折磨了几个月后，她变得形容枯槁，美丽不再。

这可急坏了何鸿燊，他不得不放下手头的一大堆事情，把妻子接到白屋，亲自照顾爱妻。他知道，自己的事业能有如此大的成就，全因为当初在澳门遇到这位贤惠而能干的妻子，自己每走一步都离不开妻子的帮助和支持。如今看着爱妻一天天消瘦下去，无药可医，而他又无能为力，心里不禁痛苦不堪。到 1957 年初，何鸿燊带着黎婉华跑遍了港澳所有大医院，但没有一个医生能对她的病症下结论。

正当何鸿燊越来越感到绝望的时候，一位好友提醒他："为什么不把你妻子送到国外去治治呢？听说伦敦就有不少专治疑难杂症的名医。"何鸿燊如梦初醒，赶紧安排好生意上事情，带着黎婉华直飞英国伦敦。

黎婉华病了长达半年之久，人早被拖垮了，瘦得不成人形，行走也很困难，下飞机后，只能用担架把她抬到医院。伦敦的医生经过几次会诊，终于得出结论：黎婉华患了慢性结肠炎。这种慢性炎症没有什么特效药，只能动手术。经过慎重考虑，何鸿燊同意进行手术。但手术只能控制病情，使其不至于进一步恶化，康复还是要靠长期护养治疗。回到香港后，何鸿燊将妻子安置在白屋，请了女佣专门照料她。

黎婉华与病魔进行着顽强的抗争，但病情仍是时好时坏。昔日风姿绰约、光彩照人的澳门街第一美人，现在面容憔悴，行动艰难，生活不能自理，偶尔走几步也需要女佣搀扶。何鸿燊对此感到十分难过，家庭生活的困扰使他失去了往日的笑颜和快乐。

为了排解心中的苦闷，他会时不时去舞厅放松一下。跳舞是他最大的业余爱好，加上生意和社交的需要，高级舞场常有他的身影。而且他还很会唱国语歌、粤语歌、英语歌、葡语歌，优雅抒情的古典曲、节奏强烈的流行曲也完全不在话下。

不久，在商会举办的一次舞会上，一个青春靓丽、活泼可爱的中国女孩吸引了何鸿燊。她俊逸优雅的仪态、清丽温婉的容貌、落落大方的举止，以及东方女性特有的柔情，给何鸿燊留下了深刻的印象。她的出现如一股春风，使何鸿燊心花怒放，盼望着能有再见到她的一天。

俗话说，无巧不成书。当年中秋节的一次慈善晚会上，何鸿燊再次见到了这个令他心动的少女。当晚她上台朗诵诗歌，节目主持人报出了她的名字——蓝琼缨。何鸿燊目不转睛地盯着台上的她，细心倾听她朗诵的诗：

风不动，树不动

被寒冷包围着

秋终于还是留不住

一缕阳光的余温

追逐着云彩的脚步静静飘落……

别说我憔悴

那是岁月厚重的慷慨

别说我残缺

那是抗风击雨的痕迹

别说我凋零

那是我大爱的回赠

春夏秋冬的轮回
不变的是世间真情
来吧，一双素华的手
恰似黛玉荷锄
让我躺在大地的臂弯
然后，从冬眠末梢
跃上枝头，再把欢乐散向整个春天

何鸿燊听得入了迷，当然不是因为诗，而是因为诵诗之人。他觉得蓝琼缨不仅人长得漂亮，而且能歌善舞，很有文才。如果有她作为帮手，他的萧瑟之秋很快就会过去。

晚会结束后，何鸿燊专门找到蓝琼缨，约她一起到海边走走。一路上，他对蓝琼缨赞不绝口，一会儿夸她善良，有爱人之心，一会儿又赞她貌美聪慧、才情兼备，是个才女。

何鸿燊一向善于搞笑，他搞笑的本领就连得了抑郁症的女人也会被他逗得开怀大笑。他一连串的溢美之辞让蓝琼缨不好意思起来，她羞怯地说："何老板的话让我无地自容，我本是小户人家的丫头，也没有读过几本书，只是喜欢诗词歌舞，算不上才女。"其实，蓝琼缨出身于军人之家，祖籍广东省大埔县，是客家人，她的祖父蓝荫南曾在潮汕任少将军官。蓝荫南退休后来到香港，在荔枝角道建了一栋连天台共5层高的房子，算是富裕之家。蓝琼缨的父亲蓝建仪在香港出生，中学毕业后到广州岭南大学读中文，后考入黄埔军校第7期，曾任骑兵大队长，参加过抗日战争。她的哥哥蓝铧缨名字中的"铧"字，正是为了纪念他在浙江省金华出生。她的母亲是普通的家庭主妇，除了做点家务，绝大多数时候是打麻将。蓝家于1949年搬回香港。战事结束后，蓝建仪仍领享原来的军职待遇，并在香港开了一家不太大的丝绸店。蓝琼缨共有兄弟姊妹9人，她排行第五，没有享受过家庭的特殊照顾。她在香港读书长大，英文名字叫 Lucina。

何鸿燊对她情有独钟，总觉得她与众不同，便问她："你的诗朗诵得不错，是自己写的吗？是不是特别喜欢诗词？"

"只有这一点是受家父的影响，但我写诗写得不太好，仅凭兴趣而已。"蓝琼缨谦虚地说。

"我很欣赏有才气的女孩子，特别是对文学和艺术有天赋的女孩，我是打心里喜欢。"何鸿燊乘机借题发挥，显然是醉翁之意不在酒。

蓝琼缨年纪虽小，但对这么直白的示爱还是听得出来的。她故意装作没听懂，只与他谈诗，提到了自己最喜欢的诗人歌德和他的诗《紫罗兰》。

枫叶正红，有一朵可爱的紫罗兰，独自生长在草原上，它是一朵可爱的紫罗兰。那年轻的牧羊女轻轻走来，活泼又愉快，在草原上歌唱。那紫罗兰它想，我将成为世上最幸福的花，在短短的生命中，等心爱的人儿来摘下，放在她的胸前。啊！多幸福的一刹那。但是啊，少女走来，并没有留意紫罗兰，却从它身上走过！紫罗兰虽然被践踏，但还在快乐地想，我到底由于你而死，死在你脚下。哦，可怜的紫罗兰，多么痴情的紫罗兰！

何鸿燊马上背诵了这首散文诗。这令蓝琼缨惊讶不已，她以前只听说何鸿燊是捞偏门起家、铜臭味十足的商人，却不知道何鸿燊曾是香港大学的高才生。她对他惊人的记忆力钦佩不已。这一天，他们谈诗也谈情，一直到夜深人静、月落星稀。

此后，何鸿燊与蓝琼缨频繁约会，出入各种娱乐场所和私人舞会，两人成了最好的一对搭档，被人们评为"舞帝"和"舞后"。

经过几个月的交往，蓝琼缨觉得何鸿燊不仅有财还有才，风度翩翩，气质不凡，对他产生了深深的爱慕之情。香港著名作家、资深音乐人黄霑与何鸿燊有过接触，对他佩服得五体投地："他的风度，连我这个没有什么同性恋倾向的男士也被迷倒了。"这么看来，作为妙龄少女的蓝琼缨陷入情网完全在情理之中。

何鸿燊经历了商场上的风风雨雨，对蓝琼缨的这份真情大为感动。1958 年新年快到来的时候，他们几乎同时提到了婚姻问题。

这个时候，何鸿燊仍深爱着妻子黎婉华，尽管她红颜不再，但不管工作多忙，也不管是不是要与新人约会，他总是先在家里陪妻子共进晚餐；如果妻子是在医院，他每天至少去看她一次。黎婉华生日，他都会给她举办一个小小的宴会进行庆祝。一有空闲，他就陪妻子玩纸牌，并故意输给她，以此哄她开心。正值壮年的何鸿燊一直受着自己良心的谴责，受着情感与情欲的煎熬。他向朋友诉苦说："我不能一辈子当和尚，况且我当时家大业大，工作非常繁忙，各种各样的应酬不少，需要一位女性来操持家事，并时常陪伴在自己左右。"

1958 年底，何鸿燊在香港渣甸山谷柏道为蓝琼缨买了一栋别墅，作为他们的新房。为了防止外界舆论的干扰，在准备第二次婚礼的时候，何鸿燊特意先到主教那里征求了意见，也算是一种宗教认可。几天后，按照中国人的传统习俗，36 岁的何鸿燊正式迎娶蓝琼缨为二太太。

婚后，何鸿燊经常往返于白屋与谷柏道之间，名义上是一妻一妾，但他决心要把一碗水端平。两位太太分而治之，关系也还算融洽。黎婉华一开始也很难接受这个事实，但经过近一年的心理调整和相互往来，她觉得二太太不仅容貌娇媚，还知书达理，很有才气，便接纳了她，主动与她来往。精神状态好的时候，她还会让人做些葡萄牙风味的美食，请二太太来品尝。何鸿燊后来说："我对两位太太都宠爱有加，所以两位太太和两房子女相处得很和睦。"当然，这种"和睦"是建立在适度的距离基础之上的。后来黎婉华那一房去了澳门，而蓝琼缨这一房则一直在香港居住，蓝琼缨为何鸿燊生了一男四女，他们是：超琼、超凤、超仪、猷龙。

蓝琼缨是一个独立自主的人，除了协助何鸿燊做一些工作外，她自己也学做生意，不想让自己变成职业太太。她也确实有生意头脑和能力，后来把许多生意都打点得相当不错。

三、半路杀出个程咬金——陌生人叶汉

迎娶二太太蓝琼缨，使何鸿燊的家庭生活又逐渐恢复了正常。而他也得以全身心地投入到自己的事业中去。这段时间，他在香港轰轰烈烈地发展房地产业，斩获颇丰。按这样的势头发展下去，他很有可能超越香港的几家老牌地产商而独占鳌头。然而，事情的发展往往不是按预先设计好的轨道运行，何鸿燊没做成香港的地产大王，却做了澳门赌场的赌王。

赌博，在中国历史上可以说源远流长，这里只从清朝末年说起。

在清朝的律例中，赌博是严令禁止的，犯者或笞杖，或徒流，或斩首，决不姑息宽容。事实上，中国历朝历代只允许赌博作为一种民间游戏存在，而不允许进行有组织的大规模的牟利活动，更没有官府开赌筹饷的做法。

但是，从1861年起，即清末咸丰十年，广东贡院因在太平天国战争中被焚毁，当局无力修复，而科举考试又必须照常举行。在万般无奈的情况下，广东绅士请求官府，批准他们承办缘科举而起的"闱姓"赌博两年，以其收入修复贡院，官府批准了这一请求。两年期满后便被禁止。

但这次"闱姓"赌博起了一个极坏的头，它使当局从官方开赌中看到了一条新的筹饷财路。此后20年间，"闱姓"或开或禁，完全看督抚的意思，大清律例被抛之脑后。

1884年（光绪十年），张之洞督粤，筹设钱局，自行制币。他的筹款办法也是在全省范围内开办"闱姓"，并由商人承饷。从此，赌饷便与广东的财政收入结下了不解之缘。

1900年（光绪二十六年），科举考试即将被废，为填补将失去的"闱姓"赌饷收入，两广总督李鸿章决定开放为害最烈的"番摊"赌博，以"海防经费"的名义征饷；后来又陆续开办了"白鸽票""山

铺票"等赌博。这使广东各地悬挂"海防经费"灯笼的赌馆遍地开张。

中华民国成立不久，从1913年到1927年，广东出现军阀割据的混战局面，军阀们更是大肆倡赌。比如1914年，龙济光窃据广东军政大权，借口救水灾，设立"水灾善后有奖议会"，招商承投"山铺票"，他的部下也立即在各自的驻防地开赌收饷。继龙济光之后，旧桂系入据广东。旧桂系先从省金库中提出12万元巨款，贿赂议员，通过了照办有奖议会的提案，以对抗南京政府发出的广东禁赌令。接着由广东政客和桂军军官组织了赌博公司，以"防务经费"的名义承办"番摊"，认饷600万元。接着又是滇桂军祸害广东，各军公开以驻防地区为包赌界线，各自招人领牌分设，所有赌博的名目，如番摊、牌九、鱼虾蟹等，应有尽有。

1932年，陈济棠统一广东，结束了长期以来军阀割据广东的局面，但他依然坚持旧军阀的做法，只做了一项革新。他委任心腹区芳浦主持财政，力求革除各地驻军和地方势力包办烟赌的习惯，对全省烟赌捐税公开招商投标。到陈济棠时期，广东省的赌饷收入达到2000万元，约占全省年财政收入的1/6。

1936年，蒋介石用金钱收买了部分粤系军官，促成"南天王"陈济棠倒台，从此，广东统一于南京中央政府的旗下。

从1936年到1937年，南京政府曾下过一番力气厉行禁赌，但自日本帝国主义者发动侵华战争之后，赌灾又开始泛滥。

何鸿燊之所以改变自己的事业发展轨迹，原因说来令人不可思议，对他的决策影响最大的竟是一个陌生人，他叫叶汉。

当时说到澳门赌场，何鸿燊对卢九、傅老榕等人倒是很熟悉，但对叶汉却一无所知。

叶汉祖籍广东省江门，于1906年出生在一个小商人家庭。他的父亲开有一间陶瓷铺，从经济收入来说，他家在当地算得上是一个中等人家。

当时的江门还只是个乡间小镇，镇子上走动的多是些衣衫褴褛的平民，只有为数不多的过往客商。小街上店铺杂陈，但货物匮乏，生意并不景气。空闲的时候，相互熟悉的人就聚在一起，进行各种自娱自乐的活动。其中有一项活动最为普遍，那就是赌博。他们称之为"小小娱乐"一下。

叶汉就在这种环境中长大。他身材瘦小，两颊的颧骨特别突出，大脑瓜上的两只耳朵嚣张地张扬着，面积几乎大过两颊，有些难看。叶汉的父母迷信，请来一个算命先生给他相了一下面，算命先生说他这耳朵是不"载财"的兜风耳。作为生意人，就怕不能聚财，所以他父母把他管得很严，生怕因他而破财。

叶汉幼年时期正逢清朝灭亡、民国初立、军阀割据的混乱局面，军阀们相互争权斗富，大肆开赌贩烟。一时间，整个广东被搞得乌烟瘴气，特别是赌博，风气日盛，泛滥成灾。江门镇上到处都是赌馆、赌摊。小叶汉整天无所事事，由于他腿脚勤奋，赌馆主人便用几分钱雇用他来帮忙传递消息，派发彩票。叶汉七八岁的时候，他的父母为其前途考虑，决定让他上学读书。

然而，他读书才月余，学校就派人来陶瓷铺告状，说叶汉不守规矩，在教室里脱掉衣服，赤膊上课，而且经常在教室里传递街上赌博的消息。一天，叶汉很晚才回来，父亲见他光着上身，便问他衣服哪里去了。他说在书包里，但他把书包翻了个底朝天，也没有找着衣服，只好改口说衣服掉了。父亲气得说不出话来，挥舞棍子把他臭打了一顿。还好，父亲并不知道那件上衣其实是被他输掉了。

这件事后，叶汉并没有吸取教训，他已经赌上瘾了。小赌档开到了校园的门口，叶汉自然是其中的常客。只要下课铃声一响，他就带头往外跑，第一个来到小赌档，占据合适的位置。

赌桌很矮，一尺来高，桌面布画成6格，分别描有葫芦、铜钱、螃蟹、鲤鱼、公鸡、河虾6种图案，赌客可随意在任何一格下注。接着，庄家摇骰，点数与鱼虾等对应，若开出是鱼，买鱼的赌客可得到两倍于赌注的现钱，其他的或一赔一，或不赢不输，或统杀皆输。

叶汉总是不动声色，眼睛盯着庄家的手滴溜溜地转，既不会抢头下注，也不会跟风下注。他自己有一套赢赌的诀窍。有时赢了钱，他高兴得连饭都忘记回家吃，越赌越来劲，越赌瘾越大。同时，他的经验也越来越丰富，技艺越来越娴熟，总是输少赢多。整个小学阶段，他都沉迷于赌博，学习成绩非常一般，把仅有的一点小聪明都放到赌台上去了。

起初人们以为叶汉只是手气好，后来发现他十赌九赢，便认为他有秘诀。有时一些大人赌输了，就请叶汉来帮自己翻本，叶汉几乎每次都能"不辱使命"，帮人赢回来。这些人就请叶汉吃饭或分红，然后让他传授秘诀。但叶汉从不得意忘形，对自己的独门秘技丝毫不露口风。

在叶汉从童年向青年过渡的 10 多年间，赌博之风越来越盛，广东有无数人深染赌瘾，深受其害。很多人把赌博当作发财的捷径，以及交际和消遣的方式。赌博的花样也越来越多。天九牌可以打天九、推牌九、玩牛牌、开十二位、扭天九等，变化多端；骰子可以打鸡、掷状元筹、作升官图、赶绵羊，层出无穷，自两粒、三粒、四粒、六粒，皆可以作为赌具。在这赌博的旋风中心，叶汉尽管痴迷赌博，但小学的门槛还是给他跨过去了，父母决定送他上中学。这所学校叫南武中学，校规很严，严禁学生参与赌博。在学校里和同学赌是很冒风险的，如果被老师发现，即使不被开除，也得背个处分。

离南武中学不远处有一家赌馆，每到深夜，赌馆里传出的嘈杂之声，便十分清晰地传到了叶汉耳中。他熬不住了，悄悄起床，翻围墙出校，然后大摇大摆地走进赌馆，换好筹码，朝最热闹的赌桌走去。如果赌赢了，他便用筹码换出现金；赌输了，则自认晦气。但无论赢输，他一般会在深夜 12 点前罢手，不会延至终局。在南武中学的 3 年，叶汉有许多夜晚都是这样度过的，他的学习成绩自然好不到哪去，勉强熬了3 年，他实在念不下去了，便退学回到了江门。

父亲早知道儿子不是读书的料，很无奈地问他以后想干什么。叶汉不假思索，脱口而出："赌博！"

父亲愣愣地看着他，压着一肚子的火，听他往下说。

"你别瞪着我，我天生就只会赌。赌博有什么不好？"叶汉飞快地说，"官府不正在倡导赌博吗？就算是坏事也只能怨官府。再说，开赌场绝对比你开陶瓷铺强。你别指望我会跟你开陶瓷铺，你要是逼我，我迟早把这陶瓷铺卖了，去开赌场！"

父亲一听，这儿子没救了，陶瓷铺绝不能交给他，还得自己才能把它保住。既然他铁了心，就随他去好了。父亲心里有了主意，便问他："既然你对赌博这么有兴趣，我替你找份差事。到澳门去，怎么样？"

"太好了，我去！"叶汉兴奋不已，满口答应下。

随后，父亲把叶汉托付给自己的叔伯兄弟叶作鹏。这个世叔倒很欣赏叶汉，说他是赌博怪才，其赌术之精，泣鬼惊神；赌运之佳，菩萨弗如。不久，叶汉便跟着叶作鹏踏上了澳门这块充满神秘色彩的土地。

经叶作鹏介绍，叶汉进了澳门的诚成赌场。由于初来乍到，按规矩他只能从最低等的职位做起。但他到诚成赌场的时候，恰好遇到了骰宝部的总管，总管把他分派到中央酒店 6 楼工作，担任骰宝台的"荷官"（负责摇骰的人）。叶汉得到这份重要的工作后，努力钻研，很快便崭露头角，一跃成为最出色的"荷官之星"。

叶汉风头正盛的时候，何鸿燊还是一个风华正茂的青年，正在香港大学念书。

之后十几年里，叶汉先后"侍奉"过卢九、傅老榕两代赌王。到20 世纪 50 年代初，因种种龃龉，叶汉斩断了与傅老榕的恩义，决定釜底抽薪、虎口夺食，染指傅老榕、高可宁两家垄断近 20 年的澳门赌权。1958 年、1959 年，叶汉两度与傅老榕、高可宁主持的泰兴公司争夺澳门赌牌，但都以失败告终。直至新澳督上任，叶汉重燃希望，组建了自己的"梦之队"，并拉来著名的花花公子叶德利加盟。叶德利又拉来另一个人壮胆助拳，这个人就是何鸿燊。

何鸿燊对澳门赌场的恩恩怨怨一无所知，叶德利只对他说，有个很神奇的人物邀请他回澳门合伙做一番宏大事业，至于是什么事业，叶德利卖了个关子，说要等他回澳门后再细谈。

何鸿燊听了有些心动，但又很矛盾。他回复叶德利说自己要考虑考虑再做决定。

叶德利是何鸿燊的妹夫，原籍广东梅县，出生于南洋。1940年在越南西贡与何鸿燊的妹妹何婉婉结婚，后来在香港英资国民收银机公司任职。他年少轻狂，是香港有名的花花公子。不久，他又去了澳门，因热爱赛车，在澳门创立车队，力促澳门赛车运动。叶德利在赛车圈很有名气，有"格兰披治先生"之称。他还是一个语言天才，通晓好几国语言。

何鸿燊对这位妹夫原本没有多大好感，为何被他几句话就说动心了呢？叶德利的口才真有这么好吗？

其实，倒也不全是与叶德利的游说有关，何鸿燊本人早就有杀回澳门的念头，想要一雪几年前被挤出澳门之耻。叶德利这次主动找上门来，正迎合了他的心意。

这天，何鸿燊回到白屋，兴奋地对黎婉华说："我想回澳门了，你不是也一直想着回澳门吗？我带你回去。"

黎婉华有些惊讶，也有些不解，问道："你是陪我回澳门休整几天呢，还是去发展事业？莫非是要兑现你的承诺，去主教山上为我修房子？"

何鸿燊笑道："你说得对，既要回去为你修房子，也要发展事业。"

"能回澳门，我很高兴。可是，澳门这个弹丸之地并不适合发展房地产呀。去了澳门，香港这边怎么办？"黎婉华为丈夫的事业感到担心。

"我将放弃房地产，在澳门发展一项全新的事业。"何鸿燊之所以这么说，是因为他对澳门的形势进行过细致的分析。当时澳门有两个最热门的行业，一个是倒卖走私黄金，另一个是争夺经营博彩业牌照。其中，最大的一块馅饼是开赌场，经营博彩业。报刊上天天爆炒赌牌争夺战的激烈状况，尽管叶德利没有说明是去经营博彩业，但何鸿燊已经猜到了七八分。叶德利在越南西贡时就曾涉足赌场，到澳门后也与人合伙开赌场，与叶德利合作，要么是开车行，要么是开赌行。从澳门当时的形势来看，开赌行的可能性最大。

对于博彩这件事，不仅何鸿燊极为关注，连平时几乎不出门的黎婉华也有所耳闻。她从报纸上得到不少信息，对何鸿燊即将从事的所谓新事业稍加猜测，心中就已经有了底。她问道："你是不是看中了现在争夺得最激烈的博彩业？"

"我的妻子真是聪颖过人呀！不过这是一件极不容易做的事情。"何鸿燊叹道。

黎婉华说："只要是你做出的选择，不管有多大困难，我都坚决支持你！"

何鸿燊轻抚着妻子的双肩，点了点头。他终于下定决心，杀回澳门去。

第五章　瞄上博彩业

一、博彩业风云

1961 年秋，何鸿燊带着一家人风风光光地回到澳门。想当年，何鸿燊遭到地痞无赖的嫉妒和排挤，被迫离开澳门，如今他以高姿态再度踏上澳门的土地。谁也没有想到，1961 年的这一天将成为他人生的又一个转折点。

很快，在叶德利的安排下，何鸿燊与叶汉见了面。何鸿燊原以为这个神奇人物有三头六臂，没想到这么其貌不扬，甚至有些丑陋。但他也一眼就看出了叶汉的与众不同之处，叶汉的耳朵是典型的"招风耳"，犹如两片芭蕉叶，支在颧骨高耸的脸颊左右，听人说话时会动，非常灵敏；粗眉毛，大眼睛，眼中偶尔会闪现一丝绿光。何鸿燊没有猜错，叶德利、叶汉的目的就是要拉他入伙开赌场，经营博彩业。

不过，何鸿燊还是不太明白叶德利为什么非要拉上他不可。叶德利知道何鸿燊心有疑虑，便直言不讳地说明原委，他们看中的是何鸿燊妻子黎婉华的葡萄牙国籍和他在澳门有生意这双重因素。因为葡萄牙当局有个不成文的内部规定，今后竞投澳门赌牌，有葡籍的人优先，同时必须在澳门有相当产业。

何鸿燊接受了叶德利所说的理由，但要进入一个陌生而冒险的行业，他不能不谨慎小心。他下了一番工夫，把澳门甚至香港、广州的赌场的历史和现状都仔仔细细调查了一番。

澳门赌业由来已久，但在 19 世纪 40 年代以前并未形成规模，不作为产业存在。鸦片战争之后，由于中国沿海通商口岸被迫开放，特别是香港的割让，使得澳门原有的对中国海外贸易的垄断地位被打破，经济出现严重困难，而赌博之风愈演愈烈。当时设立的赌种有"番摊""骰宝""铺票""字花""山票"等。1847 年，澳府颁布法令，宣布赌博合法化。自此以后，澳门以"东方蒙地卡罗"而闻名世界，赌业成为澳门经济的一个重要组成部分。到 19 世纪六七十年代，澳门的番摊馆约有 200 家。1872 年，香港严禁赌博，一些嗜赌的港人见澳门交通便利，都蜂拥而至，使澳门赌场的生意日益兴隆。1875 年，广东禁止"闱姓"赌博，"闱姓"赌商也转移到澳门，这更使澳门赌客云集，赌博业行情不断看涨。葡澳当局坐收"闱姓"赌饷，每年高达数十万元。

澳门赌业虽然有葡国政府管理，但毕竟不是很严格，也很不规范，政府除了收税外，对于赌场里的很多事情都管不了。当时各种赌档均为江湖人物开设或控制，各路人马明争暗斗，经常在赌档内外火并，流血事件时有发生。

20 世纪初期，澳门正常的经济活动和进出口贸易数量极少。赌博业富了少数开赌场的人，而澳府的财政状况却越来越捉襟见肘。基于此，澳府决定取消一部分赌档，对澳门赌业实行立例管制，方法是由政府发出赌牌，再由民间竞投，投得者必须按照与政府签订的合约，在指定地点开赌，并缴纳相当高的赌税。除此之外，民间的私自聚赌属于非法，政府将予以禁止和取缔。

澳门政府发出的第一张博彩牌照，由一个著名商人卢九投得。卢九是清末民初的大烟商，通过走私贩卖鸦片成为巨富。卢九的财富多到人们无法估算，据说他的私家花园叫"娱园"，规模庞大，即使现今的"卢廉若（卢九长子）公园"也只是原先娱园的一小部分。

当时，广东最大的烟赌商、广东银行行长霍芝庭在广东赌界的"赫赫业绩"，在澳门赌界广为流传。澳门赌业的前辈和同辈多叫霍芝庭的乳名"高佬裘"。霍芝庭在澳门有私邸，他每次回澳，都会去卢九的花园饮酒品茶。卢九也喜好结交大人物，他与孙中山还有着不算太浅的交情。霍芝庭倚财结交权贵，恃势牟财，势利心很强。卢九结交政要名士，更多的是为求名。当然，名气逼人，求财也就更容易了。

卢九的赌场刚开始只经营"白鸽票""铺票"和"搅珠彩票"等几种彩票，因赌式单一，生意比较冷清。卢九感到自己在澳门赌坛的地位岌岌可危，于是想起了霍芝庭。1930 年，卢九又找来朋友范洁朋、何十等人，联合组建了豪兴公司。在霍芝庭和香港康年银行创办人李声炬的支持下，他们再次投得赌场的经营权。

豪兴公司是卢九赌场的完全升级版，已经具备专业赌场的经营条件。中心赌场位于澳门新马路的中央酒店 2 楼和 6 楼，赌场内设置了戏台，请粤剧名伶前来演出，以吸引当地赌客。为吸引更多的外地人，尤其是香港人来澳门赌钱，豪兴公司还斥资购买了一艘退役驱逐舰，改装为豪华客轮，游走于港澳之间，使两地航行时间大为缩短，由此港客趋之若鹜。豪兴的赌博品种也在不断增加，除原有的"白鸽票""铺票""山票"之外，还开设了"番摊""骰宝"和"牌九"等新鲜玩意。

当时，叶汉在卢九的赌场当荷官，隶属于中央酒店 6 楼的骰宝部。在众多身手不凡的荷官中，刚投身赌博行业的叶汉很快便脱颖而出，受到老板和赌客们的赏识。他的拿手绝活是善于听骰辨点数，并能营造神秘气氛。他的骰宝台总能吸引最多的赌徒，从他的身形、动作、眼神中，人们目睹到他表演的精彩场面，有大开眼界之感。而且，骰宝一开，他能迅速报出谁赢多少，谁输多少，丝毫不会出错。叶汉最感得意的是他在关键时刻能摇全骰，全骰统杀四方。经过二三年的历练，叶汉已成为卢九手下最具实力的干将。

20 世纪 30 年代中期，傅老榕在深圳开了一家赌场。傅老榕出生于广东南海县西樵乡，原名傅德用，父亲是个穷困的五金匠。但傅老榕生来就不认命，想靠自己的奋斗改变傅家历史。由于没有门路，起初他只能行走江湖，做些冒险的事情。他生性胆大强悍，常靠武力来解决一些难题，渐渐在江湖上有了名气。据傅氏长孙傅厚泽忆述："祖父最爱玩枪械，几乎满屋都是各种类型的手枪，甚至手提机枪也有一挺。父亲满月时，祖父一手拿着机关枪，一手抱着父亲拍照。"

然而，傅老榕每次进入内地都会惹出事端，曾在内地坐过两次牢。出狱后，他在桂州、梧州、柳州等地从事各种非法贸易，结交了很多道上朋友以及达官贵人，其中就包括霍芝庭。

大半生过去了，已届不惑之年的傅老榕决心金盆洗手，做点正经生意。但他作为一个浪迹江湖的武夫，哪会做什么正儿八经的生意。后来，他听说开赌场本小利大，很赚钱，便想开赌场。不巧的是，这时很多城镇都在禁赌，只有广东军阀以筹措"海防经费"为名在几个城镇招商开赌。无奈之下，他只得选择到边界小镇深圳去。

1935 年，傅老榕在深圳开了一家赌场。实际上，这家赌场的幕后老板是霍芝庭。深圳临近香港，与广州、香港等地属陆上交通，来往比澳门方便，往来客人不少。

此时，叶汉已经投身澳门赌业 10 余年，干得也很顺手，但老板并没有给他相应的待遇，没有提成奖金，薪水是固定的，而且少得可怜。

这年冬天，叶汉工作的骰宝部来了几个陌生人，他们不赌钱，却挤到叶汉身边认真地看他摇骰子。叶汉觉得很奇怪，以为这帮人是来砸场子的，因而特别小心。骰宝部每天早晨 6 点歇业，那几个人一直站到那个时候。当叶汉走出中央酒店时，他们也跟了上来。叶汉见势不妙，拔腿便跑。那几个人紧追不舍，边追边喊："叶先生，别跑！"

叶汉心想，如果真的是赌客寻仇，跑是跑不掉的，他们称呼自己为"叶先生"，听起来不像是仇人。于是他站定了，提醒自己不论发生什么事都要冷静对待。

那几个人追上来后，压低声音对他说："你得跟我们走一趟，不要再跑了。"

叶汉心里直打鼓，跟着他们来到一家茶馆，只见为首的人 20 来岁，打扮得很有派头。他迎上前来，拱手笑道："叶先生，实在冒犯，恕谅！"

叶汉是个聪明人，又在澳门最大的赌场经过历练，见过各种各样的人物。他见对方没有什么恶意，便镇静地问道："你们是什么人？找我有什么事？"

为首的小伙子说："叶先生不用着急，我们坐下来喝茶，慢慢谈。"

原来，这个年轻人是傅老榕的侄子简坤，其余几人是他的手下，他们慕名从深圳而来，专程来挖他这个名角。

叶汉对大名鼎鼎的傅老榕也早有耳闻。他最为钦羡的赌界奇人有两位，一个是广州的霍芝庭，另一个便是深圳的傅老榕。相对而言，他更加佩服傅老榕，这里面有一个年龄因素，霍芝庭已年迈，而傅老榕只比叶汉大 14 岁。在 20 世纪 40 年代至 60 年代，人们称香港有四大家族，分别是何启东、罗文锦（也是买办家族）、高可宁、傅老榕。因此，叶汉心中把傅老榕当成自己的楷模。现在傅老榕求贤若渴，看中了自己，他自然求之不得，双方一拍即合，接下来的事情就好谈多了。简坤言辞谦逊，在茶桌上大谈特谈叶汉过去的惊人事迹，恭维得他整个人飘飘然，叶汉当场就决定跳槽到傅老榕的赌馆去。

很快，叶汉辞掉了卢九赌场骰宝部的工作，带着两个兄弟一起去了深圳。但是，傅老榕并没有马上会见他，只让人招待他们好吃好住，一直不谈工作之事。叶汉等了几天，不禁有些心急，便问简坤什么时候开始上班，简坤只以老板没有回来为由进行搪塞。又过了几天，叶汉的小兄弟也心焦起来，他们说："我们已经辞去了澳门的工作，来这里老板又不给安排，他们到底是什么意思？万一他们对我们不中意，那该怎么办？"

叶汉也在考虑自己的决定是否过于草率，但他转而一想，傅老板花那么大的心思挖自己过来，肯定不是儿戏，这里面可能有别的讲究。因此，他安慰两个兄弟说："以我们的本事，不怕丢了饭碗。既来之则安之，我们先去逛街好了。"

走在狭窄的街道上，他们发现街上还是挺热闹的，除了各种商铺摊点，最多的就是赌馆、烟馆和妓院。逛了一天，他们大致了解了深圳大小赌场的情况。当时，深圳除了几家大赌场外，还有很多小型的地下赌场，大小赌场间的争斗十分激烈。不仅要争夺客人，还要争夺赌场操盘手。大赌场中最具实力的有两家，一是人称郑六叔的深圳大赌场及其分部，二是大军阀陈济棠的小老婆莫秀英的深圳大饭店赌场。叶汉等人还特意到莫秀英的赌场中转了转。

等他们回来的时候，天已经快黑了，一进门就见简坤等在那里。"你们怎么才回来，老板等你们过去见他呢！"简坤连忙说道。

叶汉觉得有些憋闷，没好气地说："我们都等傅老板五六天了，他回来怎么也不到这里来见我们？"

简坤解释说，在赌场见面更方便一些。叶汉和他的兄弟们只得硬着头皮去了。在一栋豪华的办公大楼，他们终于见到了老板傅老榕。这位40多岁的老板很有派头，一见面他就开门见山地告诉叶汉一个坏消息：情况有变，他不想开骰宝台了。

叶汉大失所望，粗声粗气地说："在赌场，骰宝台赚钱最凶，怎么不开了呢？"

"因为大老板把这个骰宝台设在别的赌场了，我的场子里就不开了。"傅老榕轻描淡写地说。他说的大老板是指陈济棠。

"既然你不开骰宝台，那请我们来干什么？"叶汉把这个"请"字说得很重，强调不是他自己要来的。

"我原本和深圳大饭店的莫老板谈好了，但大老板不同意，我也没办法。要不我再跟大老板谈谈，开骰宝台试试？"

叶汉听傅老榕这么一说，终于明白了他的真实意图，他是想让自己感到山穷水尽，然后自降身价，任其摆布。他没想到傅老榕会用这么笨拙的治人之道，他看出其气量太小。但叶汉不想把话挑明，耐着性子说："傅老板既然想试试，那就尽快试，不行的话，我们就走人。"

傅老榕一听，不能再逼了，如果叶汉真的走人了就麻烦了。他赶紧顺水推舟地说："那好，看在你们远道来投奔我的分上，我就开间骰宝台试试。不过，试用期间你的薪水只能定为400元，合格后可涨到

600 元。"

叶汉心明如镜，自己是澳门最大赌场骰宝部的台柱子，试用只是借口。但不管怎样，总算可以开始工作了，因此，他没有讨价还价就答应下来，并暗下决心，绝不能让傅老榕再有机会贬低他。

好几天没有碰骰子了，叶汉一上班就干得很卖劲，这主要是他对赌博具有特殊的兴趣，同时也是为了拿出点真本事来让傅老榕瞧瞧。叶汉的工作热情的确很能感染赌客，加上他那张嘴无遮无挡，赢的时候哈哈大笑，输的时候什么脏话丑话都骂得出口，赌客竟然都很喜欢他的脾气，因此，同一个楼面上 3 张骰宝台，就数叶汉的生意最火。

1937 年，陈济棠倒台后，莫秀英放弃深圳的生意，撤回广州去了。与陈济棠关系密切、长期有生意合作的霍芝庭受到了一些牵连，干脆对外宣布退休，躲到了香港。于是，傅老榕的机会来了。他购入霍芝庭在又生公司的全部股份，成为第一大股东，当上了深圳最大赌场的老板，他的赌场完全可以与澳门豪兴公司相媲美。这样一来，他与卢九就产生了矛盾，双方为了争取香港和广东的客人，明争暗斗是必然之事。

傅老榕的赌场本来生意不错，但好景不长，国民政府控制了广东，出于政治需要，当局"严格禁绝烟赌"，蒋介石为此还亲赴广东督察。这项禁赌令在 1936 年就发布了，但真正执行到深圳，已经是 1937 年五六月的事，加上傅老榕上下打点活动，所以他的赌场又支撑了好几个月。但傅老榕觉得这样维持下去，经营成本大大增加，肯定比不过澳门的豪兴公司。他开始寻找新的出路，把目光投向了澳门。加上抗日战争爆发，广州危在旦夕，而澳门则成为中立区，傅老榕当机立断，卖掉深圳的所有赌场，携巨资前往澳门，准备与卢九一争高下。

二、叶汉的独门绝技

1937 年秋末，叶汉随老板傅老榕又回到了澳门。尽管傅老榕给叶汉的待遇并不高，但他已经见识了叶汉的本事，知道要争夺澳门的赌场经营权，少了叶汉这样的赌博天才可不行，所以叶汉在他心目中的地位是很高的。

傅老榕雄心勃勃，抵达澳门后，马上与有"押业大王"之称的富豪高可宁联手，组建了一家新公司叫泰兴，准备从豪兴公司手中夺得澳门赌场经营权。

卢九对自己的生意很有自信，但他犯了个错误，那就是低估了泰兴公司的实力。

傅老榕和高可宁，一个是赌王，一个是押业大王，在港澳的影响力还是很大的。高可宁出生于广东番禺，家道清贫，14 岁即外出做工，继而从商，由摊馆起家，后联合好友 10 人称"十友堂"，以有成公司之名，承接澳门的鸦片烟。财力壮大后，他又经营"押行"。"押行"是与赌业相配套的行业，也是赌场兴旺与否的晴雨表。当时澳门的押行不少于 30 家，而高可宁被称为押业大王，可见其实力之强。

那时的押店大都是小小的门面，门上高挂一个"押"字，门的两边写着"24 小时服务，香港起货"；店堂的布置也是千篇一律：用食指粗的钢条隔起，高高的柜台上只留一个小小的窗口，营业时只开半边门，给人一种神秘的感觉。来押东西的通常是急需用钱的商人和输光了本钱急于翻本的赌客。他们用身上值钱的东西作抵押，换得钱后或做翻本赌资，或做回家的路费，押店则赚取利息。押期一般为 4 个月，过期不来赎的物品由押行拍卖或者由金行珠宝行收购。押客越多，说明押行的生意好，赌场自然也兴旺。

但做押行生意，看似简单，实际上相当不易。因为抵押之物种类繁多，品质参差不齐，要做出准确无误的鉴定，必须有识货的行家，否则押行就要吃亏。押行负责鉴定的师傅被称为"朝奉"，这个职位和赌馆的荷官一样重要，要有一双"火眼金睛"，一口价必须叫准了，说低了客人会马上走掉，说高了押行又会赔本。高可宁能成为"押业大王"，正是因为他手下人才济济，管理经营有方。

傅老榕和高可宁这样两个颇具实力的人物组建公司，可谓强强联合，在澳门能与之争锋的人恐怕不会太多。1938年，泰兴公司以3倍于原来投标的价格，击败卢九，取得了澳门赌场的专营权，承包全澳赌业，分别在中央酒店、福院新街、十月初五街开设3间大赌场，经营番摊、骰宝、百家乐等品种。

卢九让出中央酒店赌场后，只剩下几个小赌场。傅老榕把中央酒店的赌场加盖了几层，用以完善赌场的配套服务。

叶汉在泰兴公司担任中央酒店6楼骰宝部主任，月薪涨到了令人眼馋的700元。中央酒店整修期间，叶汉闲来无事，便带了一个小弟去逛街。他们来到一间茶社喝茶，听到人们正在议论一件怪事：卢九的一间赌场来了一伙陌生的客人，他们什么都不赌，独好一味骰宝。他们的头儿被称为"金爷"，他每次走进赌场，就直接走到骰宝台前，一言不发地坐下，听一两次荷官摇骰后便开始下注。这个金爷每次下的注码都很大，奇怪的是，他每把必赢，从未输过，每次赢了差不多的钱数就拍屁股走人。金爷来过几次赌场后，人们对他产生了好奇心，有人开始吹嘘他的赌技，话越传越玄，说他具有特异功能，是很神秘和难以对付的"听骰党"。

叶汉听说了这样的怪人奇事，茶也不喝了，立即赶到卢九的一个小赌场。他对卢九的每间赌场都很熟悉，恰好"听骰党"就在其中的一间。走进酒店后，叶汉直奔二楼赌场。骰宝台当值的是一个漂亮的女荷官。起用女荷官是卢九的创举。由于赌场之间的竞争十分激烈，为了博取赌客欢心，他特意找一些年轻漂亮的姑娘来摇骰。她们年纪一般在20岁以下，不仅要求脸蛋漂亮，身材有型。这是因为卢九和一些比较迷信的商人都相信玉女可以辟邪。这位女荷官是叶汉过去的一个搭档，他们相互打过招呼后，叶汉在台前坐下来，问她"听骰党"是怎么回事。这位女荷官便低声给他讲了"听骰党"的一些事。他们正说着，赌场突然起了一阵小小的骚动，原来是"听骰党"来了。

"听骰党"一到，骰宝台上的赌客便纷纷往旁边站，主动把中间正对荷官的座位让给他们。其中一个微胖的男子，年约四十，鼻尖眼细，不苟言笑，表情阴郁，右颊有一个金钱大小的疤痕，看上去比较显眼。叶汉断定他就是金爷。

金爷见人们给自己让座，也不谦让，默默地坐下来，然后朝右边做了一个手势，示意换筹码。他并不急于下注，而是认真地静听了几把。

年轻的女荷官有些紧张，她一边用眼盯住金爷，一边使劲地摇动骰盅，似乎要开始一场拼杀。

整个赌场静悄悄的，人们都屏住气息，把目光投向金爷，看他押大还是押小，好跟着搭顺风车。只见金爷随手抓起一大把筹码，扔到了"大"那边，并不在意别人的目光。于是，他旁边的赌客也都一起押"大"。桌面上呈现一边倒，买"大"的筹码有四五万元。

"还有买'大'的没有？买定离手。"女荷官清了清嗓门，一边嚷着，一边掀起骰盅盖子。

赌客们都不像平常那样紧张热烈，镇定自如地等待开"大"，因为金爷给了他们自信。这时，荷官报骰了，她的嗓音非常清脆："二、二、三，七点开细（小)！"

她的话音未落，赌场顿时响起一片哀叹声。那些指望靠金爷来翻本的赌客都是孤注一掷，这一下可输惨了。而金爷似乎并不在意这一把的输赢，仍气定神闲地坐在那里，准备下第二把。

很大一部分赌客都没有筹码了，这时金爷开始下大注，一把扔出5000元，仍然是押"大"。这一次，那些还有筹码的赌客都不敢跟进了。

叶汉料定金爷会赢，便跟着下了100元。他把目光投向金爷，金爷冲他笑了笑。

"买定离手，试开！"女荷官叫着揭开盅盖。她愣愣地看了一下骰子，报出点数："二、四、五，十一点开大！"

按照当时一赔一的规矩，金爷赢1万元，叶汉的100元转眼也变成了200元。

第三把金爷投出300元在"大"上。赌客看金爷赢了一把，又纷纷跟着他下注，不料结果又是开"小"。如此几次之后，其他赌客都不敢跟着金爷下注了。叶汉发现，金爷每次押三四百元时就输，而赢的时候总是押数千元。他断定金爷每一把都能听出骰子的点数，输几把小的只是为了掩人耳目。

几个小时过去后，庄家已经输掉了几十万元。这样赌下去，再大的老板也受不了。就在女荷官汗流不止，手脚都在发抖时，赌场突然断电了，众人一阵慌乱。这时，卢九走过来说："大家不要慌，我们马上准备煤气灯。如果大家愿意，可以继续玩。"叶汉心里明白，这显然是卢九扛不住了，故意搞的鬼。

一盏并不太亮的煤气灯点燃了，金爷不慌不忙地站起来，兑换了筹码，又冲叶汉笑了笑，潇洒地离去了。大家一看金爷走了，只剩下几个没有多少筹码的赌客，都兴趣索然，纷纷散去。

客人刚走，卢九就大发雷霆，把骰宝部主任臭骂了一通。骰宝部主任当然知道失败的原因是什么，但为了推卸责任，把责任都推给摇骰的女荷官，于是，卢九立刻辞退了那个女荷官。

叶汉心里十分不安。中央酒店马上就要装修好了，等赌场重新开张，金爷这伙人就成了骰子部最大的对手，到时怎么对付他们呢？如果没有很好的招数，东家输钱不说，他这个大名鼎鼎的赌圣也会败在他们手里。

"听骰党"，想起这个词，叶汉不由得有一种毛骨悚然的感觉。他暗想：赌骰子，骰盅是由荷官控制，要出老千，也应该是赌场出千，怎么反而让赌客赢了呢？当务之急，必须破了他们这一招数！

几天以后，泰兴娱乐总公司如期开张。装修后的中央酒店共 11 层，气派非凡，楼上新设了"濠兴仕女娱乐场"，内有跳舞场、游戏场、天台茶室等设施。

开业前一天，傅老榕特意与叶汉谈了一次话，核心是要唱好开场戏，给赌客们一个全新的印象。

然而，有时候越担心的事情越容易出差错。卢九那边，为了捞回点本钱，他让骰宝部主任亲自上阵，没想到仍败绩连连，卢九只得将赌场关门大吉。随后，"听骰党"便来光顾傅老榕的中央酒店了，叶汉的骰宝部自然首当其冲。

金爷来到叶汉的骰宝部后，坐在正对荷官的赌客位上，沉默不语。开始几把，他照例不下注，只是目不转睛地盯着荷官的手，悠然自得地叼着一根没有点燃的雪茄。他的身后，站着五六个随从。

叶汉同样用女荷官，自己则装成看客，站在人群中仔细观察金爷的一举一动。赌过几把后，金爷开始下注了，第一把就是 3000 元，押"小"。叶汉示意女荷官不要紧张，像平时一样试开。旁边的赌客一见金爷下大赌注，也跟着押"小"，结果骰盅一开，真的是"小"。第二把，金爷继续押"小"，但只投了 200 元。赌客继续跟风，但这回开的是"大"。金爷的表现与在卢九的赌场时一模一样，反复几把后，金爷的筹码越积越多。

叶汉慢慢向金爷的座位靠近，终于注意到每当摇盅落骰之时，金爷的耳朵就会动几下。叶汉天生一对大耳朵，而且是"兜风耳"，对声音敏感得很，但他自觉不如金爷的耳朵。这一场赌结束后，赌场损失了 30 余万元。

傅老榕知道后气得直跳脚，命叶汉亲自上阵。第二天，叶汉亲自披挂上阵，担任荷官，与金爷搏杀。但他同样输多赢少，无奈之下，他只得拿出撒手锏：摇出全骰（豹子），全盘通杀。但这种办法只能偶尔为之，如果每把都通杀，赌客就要跑光了。而且，每当叶汉摇出全骰时，金爷下的赌注都很少，吃不到这块肥肉，只把那些小户害惨了。

赌了几个时辰，下注的人越来越少。叶汉又摇出一个全骰，然后请各位下注。他连叫 3 遍，都没有一个赌客下注。于是，他提高嗓门喊道："无人投买，那就收摊呀！"还好，没有出现不怕死的人出来叫板，否则赌场的损失就更大了。这场赌没到点就结束了。

叶汉这次的战绩虽然比女荷官好，但还是让金爷赢走了不少钱。

"老弟，你可要为我破了这个法术啊，否则骰宝部就得停业了。"

傅老榕对叶汉说，他的话既是一种请求，也是一种威胁，因为骰宝一停，叶汉这个骰宝部主任自然也就失业了。叶汉也不含糊，以坚定的语气说道："傅老板，给我 3 天时间，我定破了这妖法！"

尽管赌客们都把金爷的赌技称为法术，但叶汉心里明白，这只是一种炉火纯青的听骰技术。要破法就得针锋相对，先探其术之根本，然后找出其薄弱之处，一举破之。

叶汉没有了退路，只得苦练听骰技术。他一天到晚抱着骰盅在摇，侧着他那对异于常人的大耳朵，仔细聆听骰子落盅时每一面的声音。

每天起床还没洗漱，叶汉就拿着骰盅摇呀摇，听呀听。即使上厕所也骰盅不离手，过了吃饭时间不知肚子饿，摇到半夜三更。他先听一个骰子的声音加以辨析，原来骰子落在盅底玻璃上时，点数不同果真会产生不同的声音，这种声音非常微弱，要放大几十倍，常人才能觉察出其中的区别。叶汉发现，骰子跌在玻璃上的声响显得比较低沉，那么贴盅的一面点数会小，不是"一"便是"二"，朝天的点数不是"六"便是"五"。摇到"四点"落盘，声音暧昧，叫人难以捉摸，最迷惑人。这就是金爷为何有时会不下注或下小注试运气的原因。

另外，当 3 颗骰子同时旋转，先后落地的时候，判辨的时间会更短，难度更高。然而，一通百通，经过苦苦操练，叶汉终于掌握了全部诀窍，现场测试，命中率也很高。

3 天后，叶汉再战金爷。这次他依然让女荷官打头阵。这位艳丽的女孩一听顿时花容失色，她还不知道叶汉已经破了金爷的"妖术"，摇骰盅的手一直在微微颤抖。叶汉给了她一个鼓励的眼神。女荷官摇定骰盅落下，金爷投 5000 元押"大"。叶汉本想扮成赌客，混在人群中观战，但他已经和金爷交过手，藏不住了，便主动走近金爷。想到又可大赢一把，金爷满怀自信地朝叶汉笑了笑。

赌客们见"金爷"下的注不大不小，无法决定是不是跟风，只凭自己的判断随意押。女荷官开盅，无奈地报出点数："双五单六，十六点，大！"金爷赢了。这时，整个赌场都沸腾了，赌客们都后悔没有及时跟进。

女荷官见金爷首战告捷，心里更是发毛，她抬眼望向叶汉，但叶汉不动声色，像赌客一样坐在座位上静静地听下一把。女荷官受叶汉影响，终于镇定了一些，反正是祸躲不过。她摇定骰盅，请大家下注。金爷这回押"小"，而且毫不犹豫地投出了 20 万元。赌客们一个个目瞪口呆，惊讶之余也放手一搏，跟着倾囊押"小"。他们觉得这样的机会不多，稳捞这一笔再说。他们一捧场，桌面上押"小"的筹码已达 60余万。女荷官刚刚平静下来的心又开始怦怦直跳，她连声问："还有没有下注的，下定离手。试开！"

她不敢正眼看骰子的点数，只轻瞟了一眼，突然嗓音一变，高声唱道："四点、五点、六点，十五点，大！"

赌场顿时一片寂静，赌客们都不敢相信自己的耳朵，以为听错了。当他们望向骰盅时，又开始怀疑自己的眼睛——妈呀，"大"，死定了！赌场顿时又响起一片叫屈声、骂娘声。

一向泰然自若的金爷也不禁出了一身冷汗。20 万元他不是输不起，而是没有输的心理准备。作为职业赌徒，他随之而来的念头就是翻本，他相信自己一定能赢，不到最后一刻绝不认输。但接下来的几把，金爷买"大"现"小"，押"小"开"大"。女荷官笑靥如花，赌客们都大惑不解地看着她，不知她得到了什么法术。

金爷仍不甘心，不停地下注，输掉 1 万就下 2 万，输掉 2 万就押 4万，不过 10 把，他便把从泰兴赌场赢去的钱全数吐了出来，接着又把往日从卢九赌场赢的，也全都输给了叶汉主持的赌台。最后，金爷还输掉了自己的 30 万元老本！他脸色由白转青，一言不发地站起来，脚步踉跄地走出赌场。当他跨出门槛时，还回头狠狠地瞪了叶汉一眼，断定这个"招风耳"就是他的丧门星。

当时，两位老板都躲在一边观战。傅老榕深知内情，也相信叶汉应付得来，所以充满信心，而高可宁因不知情，不禁捏了一把冷汗。"听骰党"败走以后，傅老榕决定立即在中央酒店摆一桌丰盛的筵席，为叶汉等人庆功。

席间，高可宁好奇地问道："叶先生是如何破掉'听骰党'的妖法的？"

叶汉笑了笑，很神秘地拿出一块软玻璃边角料，说："听骰辨点是一种实在的功夫，我经过几天的苦练得知，要破其功，只有在骰盅上做文章，说简单点，就是要令人听不准骰子跌落盅底的声音。这一点不难做到，软玻璃和硬玻璃一样透明，只需要用它换掉骰盅的硬玻璃底垫就可以了。"两位老板恍然大悟。

当然，叶汉更了解一个职业赌徒的心理，不输个精光绝不会罢手，常胜的赌客心理上是输不起的，一旦输了，他就会孤注一掷。可惜金爷直到输光了，才知道上了叶汉的当，悔之晚矣。"听骰党"这次败走后，再也不敢到澳门赌场露脸了。

后来，为了防止发生类似的事情，叶汉特意改进了骰宝盅，在软玻璃下面又垫上一层厚厚的绒布，使声音更加低微，估计神仙也听不出点数来了。

三、赌场争霸战

这段时间，何鸿燊一直在了解澳门赌场的历史演变，以及赌场上几大风云人物的恩恩怨怨，他相信这对自己涉足赌场是有帮助的。当然，他对具有"赌圣"之称的合作者叶汉更是倍加重视，特意做了深入了解。因为叶汉是侍候过两代赌王的人，了解他就是了解澳门赌场的一段重要历史。

现在我们先回过头来看看叶汉与傅老榕之间的恩怨。

叶汉大破"听骰党"后，名气不胫而走，"赌圣""赌神"的桂冠一顶顶朝他飞来。但他为泰兴公司立下汗马功劳之后，并没有受到奖赏，待遇也没有提升，反而与老板产生了隔阂。

这里有两个原因：一是叶汉功高盖主，招来排挤；二是叶汉自以为功高，开始放浪形骸，不拘小节，并且在众人面前公开表示："没有叶汉，就没有泰兴的新生。"

傅老榕和高可宁因此对叶汉感到很不满，不过三人表面上仍一团和气。然而，叶汉很快便打破了这一平衡。中国有句俗话，看破莫道破，道破就是祸。叶汉对其中的深意一无所知，以致铸成大错。

这时，中国内地又出现了一个赌博泛滥的城市——上海。在日寇的蹂躏下，上海的赌博业迅速发展起来，吸引了广东、澳门的许多赌商前去开赌场或者直接参与下注。

一天，傅老榕找了个机会，把叶汉叫来，对他说："老弟，你对泰兴的贡献有目共睹，我早就想提拔你，只是苦于没有机会。眼下正好有一个绝佳的机会，上海大肆兴赌……"

高可宁知道傅老榕委派叶汉进军上海，还有一层用意：叶汉因自恃有功，越来越难"招呼"，他只是泰兴公司的骰宝部主任，但举手投足间，俨然总公司的三老板。高可宁佩服傅老榕走了一步妙棋。而叶汉对700元"旧薪"、骰宝部主任之"旧职"也越来越不满，聪明的他自然明白傅老榕是想把他暂时支开。不过，上海的赌场是澳门泰兴公司的分公司，自己可在那里独当一面，与其在君王手下做宰相，还不如远离朝廷做诸侯！因此，他一听傅老榕的提议，便满口答应下来。

很快，身负重任的叶汉便率领 10 多个手下，拿着傅老榕给的一笔钱，带齐赌具，走水路杀向上海滩。叶汉心想，自己大显身手、独当一面的大好机会终于来了。他办事一向高效，安顿好后，便马上去了解上海的赌博行情。

上海有澳门没有的储蓄彩票，有远甚于澳门的赛马赛狗，还有花样新颖繁多的博钱赌式。叶汉一时眼界大开，惊羡不已。正当他不知该从何下手的时候，恰好遇到了一个熟识的澳门赌徒，他给叶汉写了一份上海大赌场的清单，属于广东帮的有：王宝善开设的愚园路好莱坞赌场；朱顺林、王茂林开设的大西路（今延安路）的联侨总会及梵皇渡路（今万航渡路）的秋园赌场；梁培开设的愚园路百乐门舞厅则是一间集娱乐与赌博为一体的特别场所。除了这类赌场，还有跑马场、跑狗场等。

上海的大赌场戒备森严，不可随便入场，须凭俱乐部会员证入场，进场后至少得买 200 元泥码，方可开赌。这和澳门的赌场截然不同，澳门的赌场护卫恨不得当街拉行人入场参赌。

经过一段时间的探路，叶汉终于看好了地盘，办好了所有手续。他的新赌馆在上海愚园路 864 号隆重开张。这间赌馆算是泰兴公司设在上海的分公司，赌场规模中等，大堂设有轮盘赌 3 张，另有大小赌室 10 多间，开设的项目有扑克、牌九、麻将、骰宝、沙蟹（借用扑克牌的一种赌法）。叶汉的赌场不设门槛，小赌也不冷落，他在赌场的入口门厅摆了一排吃角子老虎机，路过的行人若有兴致，也可以把口袋里的角子喂给"老虎"，这种赌法很"便民"。在叶汉的努力下，新开的赌馆生意兴隆，风头强劲，一下子盖过了其他赌馆。

叶汉百尺竿头更进一步，加紧扩大赌馆规模。他仿照上海的风俗，在赌场里设有休息厅，备有名酒名烟，还有上等鸦片、中西大菜、点心等，即使普通赌客也可免费享用。他的赌馆还有一大特色，就是小姐特别漂亮，都是从苏州、杭州等地筛选来的美女。而且，赌场工作人员都统一着装，男的穿黑色西装、白衬衫，戴黑色领结；女的穿玫瑰色西服短裙，一律剪去民间流行的长辫，烫成西式水波浪卷发。可以看出叶汉确实下了一番功夫，一心想在上海建立起自己的赌业天地。

就在叶汉雄心勃勃想要大干一番之际，他的赌馆却被日军司令部派人给封了！这主要还是因为叶汉不懂为人处世之道。

原来，叶汉的赌场附近正是澳门大赌商梁培开的百乐门舞厅。20 世纪 20 年代，梁培也在澳门开赌场，与卢九在赌界的名气不相上下。后来，卢九依靠官府的深厚背景，逐步垄断了澳门的赌业。梁培不想两虎相争，便离乡到上海发展。他与广东帮的王宝善联手，以留法生的身份挟贿金与法租界当局拉上关系，在公馆马路（今金陵东路）开设了"利生""富生"两大地下赌场。后因流氓大亨黄金荣等本地帮想分一杯羹，梁培不答应，结果本地帮与法租界勾结摆了他一道。

不久，日军侵占上海，梁培与日本驻沪占领军总部攀上关系，在愚园路 1002 号开设百乐门舞厅。因为有日军做靠山，本地帮不敢再惹他了。

如今叶汉经营的 864 号赌场，全部照搬百乐门揽客的招数，而且门槛更低、小姐更漂亮。这样一来，光顾 864 号的客人增多，1002 号的客人则锐减，服务项目几乎一样，客人当然弃高就低了。

梁培非常恼火，但因为叶汉是老乡，他忍了一段时间，"心平气和"地与叶汉协商，建议双方合伙经营这条街的赌场，864 号可借用百乐门舞厅的金字招牌。但叶汉生怕自己这条小鱼被鲸吞了，所以敬辞不受。

梁培见软的不行便来硬的，再次谈判时，他一拍桌子，瞪着眼怒骂道："别不识抬举，你这小瘪三！今天给你摆出两条路，一是转到我的手下，二是关闭赌场，统统滚蛋！"叶汉气得跳起来与他对骂，结果付出了极大的代价。

梁培暗中疏通日军司令部长官，派人调查 864 号娱乐场，以涉嫌色情、聚赌活动为由将其查封。结果，叶汉赚的钱全都赔了进去，不得不自掏老本发放员工遣散费，最后只剩下 5000 元。

叶汉无法继续开赌场，而从澳门带去的十几个手下还要发工资。无奈之余，叶汉只得修书一封，向傅老榕汇报在上海开赌的情况，请求火速救援。一般来说，邮件一个星期左右即可到达。叶汉觉得信里讲不清楚自己在上海的困境，临时决定派专人送去。但不知是信未送到，还是傅老榕置之不理，半个月后澳门方面仍毫无音讯。叶汉哪里会知道，他的赌馆被封，手下十几个人生计无着，有"家"难回，这正合傅、高二人之意，他们又岂会大度地伸出援手？

叶汉等人待在臭虫、跳蚤成堆的下等客栈，每天下小饭馆充饥，眼看信已发出一个多月，却没有任何回音，手下越来越失望，都开始发牢骚："傅老板真不够意思，扔下我们不管。"

"澳门总公司再不拨款，我们就要饿死在上海滩了。"

"这样等下去是不行的，得想点法子啊！"

"跟这种老板真是没有干头！"

叶汉听到手下的议论，不耐烦地说："大活人还能被尿憋死不成，咱们靠本行吃饭。"

众人一听头儿这样说，顿时欢呼起来。他们受百乐门舞厅欺负，自然要去那里捞点补偿回来。不过，梁培早听说过叶汉大破"听骰党"一事，处处防着他们，所以去百乐门的次数不能太多。他们随后又去了荣生公司，没想到在那里竟遇上了那个金爷。

叶汉的一个小兄弟叫道："汉哥，那不是'听骰党'吗？中间那个正是金爷。"

金爷也认出了叶汉，还向他赔罪。大家既然走到一条道上来了，叶汉也不计前嫌，以礼相待。

这样的两个人混在一起还能出什么好招，叶汉想在金爷面前一展身手，他掏出仅剩的3000元换来筹码，一赌为快，结果一场没赌完，就输掉了2000元。

这时，金爷悄声对他说："叶兄，你在赌场待了这么多年，怎么也看不出这里的道道！听我一句劝，别把本钱稀里哗啦地抛光了，不如送给我们买口饭吃！"

叶汉冷静想了想，发现荣生的骰子确实有些不同，他不敢恋战，急忙住了手，跑到卖赌具的地方转悠，几乎跑遍了半个上海，才在永安百货公司发现了与那家赌场一样泛着油光的麻将，价钱比骨头麻将贵10倍。叶汉买回来开始研究，他摇盅听骰，试验了上千次，终于掌握了听骰要领。

两天后，叶汉拿着仅余的300元，到赌场做最后一搏，第一把他就押上300元赌注，买的是"斜"。

结果是"单一双二，五点开斜"。叶汉赢得了两倍的筹码。第二把他押上了赢来的600元筹码，一下子翻成1800元筹码。如此反复，赌到终场，他竟赢得了 100 余万元（银纸）。

在日占时期的上海，叶汉靠赌技在几家赌场赚得200万，"大眼眉""招风耳"的绰号一时威震上海滩。他的一帮手下，天天簇拥着他上酒楼花天酒地，将赢得的钱挥霍掉了一半。

日本投降后，上海被伪政府接管，为了做点表面文章，上海又开始禁赌。叶汉收手回到香港。他还在生傅老榕的气，但又想引起傅老榕的注意，便向与傅老榕关系密切的人放出口风：我叶汉回香港了。他以为傅老榕会主动约见他，还需要他帮忙在赌场打点撑台面，不料傅老榕并没有什么明确表示。

叶汉有些失望，现在去哪里？澳门、香港、广州，还是江门老家？他心中一片茫然，就这样在香港闲居了大半年。

在此期间，叶汉气积心中，不吐不快，当着朋友的面，常用粗口乱骂傅老榕。如此一来，两人恩怨相抵，以后谁也不欠谁，各走各的路。

不久，傅老榕也开始走下坡路了。随着"二战"的结束，澳门迎来了可怕的"大退潮"。来澳门避难的香港人、广州人归心似箭地重返故乡。对赌场来说，这些"目标客户群"的流失无疑给他们带来了巨大损失。赌场门前冷落车马稀也就罢了，让傅老榕这个黑道起家的"阿哥头"意想不到的是，他居然会被土匪头子"大天二"绑票。

1945 年的一天，傅老榕照例去澳门的普济禅院与老和尚谈玄交谈。由于身处佛门净土，枪法精湛的傅老榕把枪撂在一边。突然，从旁边闪出几条壮汉，傅老榕猝不及防，被他们擒住，带到一个秘密地点囚禁起来。事后，这伙人派人给傅家捎话，要傅家拿出巨资赎人，开价是 900万元。

傅老榕阴沟里翻船，懊恼不已，但他毕竟是从江湖上闯过来的，什么世面没见过，该死的怕也没有用。他知道绑他的人叫"大天二"，是个很凶残的家伙。他与绑匪周旋了 57 天。有一天，"大天二"让他亲手写下家书，要他家人快派人来交赎金，否则就撕票。傅老榕视死如归，拒不合作。"大天二"恼羞成怒，让手下调了一碗"毒药"摆在傅老榕面前，看他是舍命还是舍财。谁知傅老榕吃软不吃硬，抢过碗来，一仰脖全喝了下去，结果没有死成——碗里的不是毒药，而是凉茶！

"真是个小气鬼，竟然把钱看得比命还要紧！"傅老榕不怕死的壮举让绑匪们既胆怯又佩服。"大天二"只得降低条件，让傅老榕那边派人来谈判。于是，傅家找来澳门华商名士何贤出面，将赎金由900万元降到80万元，但必须割去傅老榕半只耳朵。这件事在省、港、澳地区反响极大，不仅使人看到傅老榕把生死置之度外的强硬个性，同时也看到了傅家拥有的巨大财富。

时隔不久，傅老榕的儿子傅荫权又遭绑票，仍是何贤出面调解，以赎金20万元赎回。

祸不单行，这年下半年，傅老榕到内地办事，又无端遭到国民党中央政府的通缉。傅老榕思前想后，始终搞不清其中原委，只好闭门思过，再也不到外面招摇了。

也就在这个时候，叶汉与傅老榕的矛盾开始公开化，此前的种种龃龉，最终导致二人恩断义绝。

本来，叶汉听说傅家几遭劫难，便打电话慰问，但傅老榕与他芥蒂已深，因此没有亲自接电话，也没有约见他。叶汉颇感无趣，回到香港家中闲居数月，后来应朋友之邀开了一家酒楼。酒楼生意刚有点起色时，他发现自己还是放不下魂牵梦萦的赌坛。于是，第二年他便辞别好友，退出酒楼，准备到中山石岐镇开一家赌场。

中山是广州到澳门的必经之地，石岐就在大路边上。叶汉选择这个地方开赌场可谓别有用心，直接截住了从广州到澳门去的赌客。他在这里提供黄、赌、毒"一条龙"服务，赌客到澳门能享受的一切服务，他都可以提供。他把在深圳给傅老榕主持赌档的经验全数搬来，等于在澳门赌场的财路上扎下了一颗钉子。

不过，叶汉这么做并非真要在石岐发展赌业，而是想把它当作跟傅老榕谈判的筹码，从而入股傅老榕的赌场。面对这一情形，傅老榕不得不装出要接纳叶汉的样子，并在一次赌界朋友的聚会上，透露出有意将叶汉重新招致麾下的想法。

叶汉听到这个消息后，主动去澳门与傅老榕会面，先是提出由他承包赌场，过了一会儿又提出做泰兴公司的合伙人并占有股份。他依然是那样心直口快，处事简单明了。但傅老榕却不置可否，他有自己的打算——稳住叶汉。他对叶汉说，这事要与高可宁商量，让叶汉先行回港，等待消息。

此时解放战争已经到了尾声，中国内地的有钱人纷纷逃往香港、澳门，这给赌场带来了好的客源，形势大为好转。赌场在顺风顺水的时候，谁愿意让他人进来分一杯羹呢？所以，信心十足的叶汉等了几个月，只等来了一个坏消息：傅老榕退休了，现在由他的侄子简坤坐镇澳门赌场（即担任总经理）。这实际上是把叶汉撇在了门外。

叶汉知道傅老榕、高可宁仍是真正的老板，但现在要入股还得重新跟简坤谈。简坤肯定是做不了主的，这事势必会被当作皮球一样踢来踢去。叶汉本来就是急性子，哪容得他们这般耍弄？他跳起脚来把傅老榕大骂了一通。

但骂是没有用的，还得想招来对付他们。叶汉左思右想，终于想到了一个人，那就是他在越南西贡认识的老朋友叶德利。于是，他决定先退一步，放弃石岐的赌场，又跑到西贡去了。

叶汉到了西贡仍然是干老本行，他与叶德利一拍即合。此时中国内地的战事渐渐平息，越南人向中国内地贩运紧缺的农产品，赚了不少钱，这些商贩业余时间都泡在赌馆里，当地的赌博生意很红火，但都是一些规模不大的民间赌场。二叶合伙后，经济实力雄厚，又拥有专业赌场的经验，将骰宝、番摊、字花等种种新颖的赌式带到西贡，一时西贡赌风大盛。

西贡的生意使叶汉实力大增。尽管如此，他念念不忘的仍是杀回澳门。这与何鸿燊的情形惊人的相似，澳门也是他魂牵梦绕的地方。20世纪50年代初期，叶汉与叶德利意见出现分歧，他在西贡实在待不下去了，无论赚多少钱，他都心神不宁，觉得无滋无味。加上天气炎热，性子火暴的叶汉一时冲动，便将自己的股权如数卖出，携带巨款回到香港，经过短暂准备后便只身奔赴澳门。

此番回到澳门，叶汉不再天真地找傅老榕要求参股，而是直接向这位澳门赌场霸主挑战。他急着回来，就是要虎口夺食，把澳门赌牌从傅、高两家手中抢过来！

四、鹬蚌相争，渔翁得利

了解了叶汉的经历后，何鸿燊发现他实在不简单，有目标、有雄心、有斗志，但为何又两度落败呢？他又开始仔细分析叶汉两投不中的原因，这样才好想办法突破。

原来，叶汉是个急性子，回澳门后，他几乎没有做任何铺垫和准备，就向老赌王举起了长矛。他在傅老榕眼皮子底下磨刀霍霍，傅老榕当然知道他来者不善，但并没有把他当作真正的竞争对手。这是因为，傅老榕毕竟把持澳门赌坛近 20 年，早已成为澳门赌场的王者：既是泰兴公司铁打的总办（名义上简坤是经理，但傅老榕仍大权在握），又是澳门德记船务贸易公司、大来轮船，以及澳门最出名、最新型、最佳地段的 16 号码头的大老板，同时又是澳门中华总商会的名誉顾问。就在叶汉公开宣布向傅老榕挑战时，即 1952 年，傅老榕又获得葡萄牙基利斯督荣誉勋章，由此可见，傅老榕与澳督以及里斯本当局关系之密切。

叶汉拿出了"赌"到底的决心，但他还是有些天真了，因为澳督政府办事没有多少透明度，而且他与澳府官员素无交往，所以，尽管他极尽钻天入地之能事，也没能探出个眉目来。澳门赌牌的竞投其实是一场官商勾结的暗箱操作游戏。叶汉想要釜底抽薪，第一步是要搞清楚如何通过内线搞到竞投的内幕消息。之后两三年，叶汉开始着手调查傅老榕在澳门经营赌业的各种资料，做了不少准备工作，但进展并不大。

叶汉的一切活动虽然都是以非常秘密的方式进行，但仍然没能逃脱傅老榕分布在各处的"耳目"，很快就有人向傅老榕报告了此事，可以说叶汉的各种活动和计划都在傅老榕掌握之中。

当时，傅老榕身体状况欠佳，正在家卧床休息。他听说此事后，轻蔑地笑道："蚍蜉撼大树，让他折腾去吧！"这话没多久就传到了叶汉耳中，而且传来传去慢慢就变味了，叶汉听到的是："'招风耳'太不自量力了，惹火了泰兴，就让他去死吧！"叶汉顿时怒从心头起，骂道："我叶汉不拱倒泰兴誓不为人！"

几番周折，叶汉终于弄清了赌场合约的基本条款：赌博专营权以两年为期，期满前半年开始承投，但开投消息公布范围仅限于葡文政府宪报。

叶汉家在香港，他频频在澳门神出鬼没，为的是探消息找门路。不久，叶德利也重返香港，在英资的国民收银机公司任职，并且醉心于赛车，所以再也不提开赌场之事。叶汉本想拉上他做合伙人，但叶德利并不怎么搭理他。

到 1958 年，叶汉总算逮着了一个机会。老赌王卢九有一个手下叫邱六，对叶汉一向比较敬佩和尊重。邱六听说叶汉想自己竞夺赌牌，便自告奋勇说要帮他一把。邱六有个朋友在澳府正好负责这方面的事务，可以通过这个朋友提供一些有用的情报。

这使叶汉找到了一条"内线"，通过这条内线，他得知傅、高竞标赌饷出价为 120 万元，于是抬高标价为 180 万元，志在必得。但叶汉的底细早被人透露出去，傅老榕在澳门耳目众多，党羽如织，什么事情能瞒得住他？而且，财大气粗的傅老榕哪会心疼这区区 60 万元？他同样将标价提到了 180 万。叶汉通过内线也探到傅老榕的投标实情，如果两人标价相当，他就难以取胜。于是，他一咬牙，又加了 30 万元，这次对外绝对保密，一直拖到"截投"前一刻钟才提交标书。他本以为万无一失了，但结果却令他大惊失色：投标截止前 5 分钟，傅老榕的最后出价也是 210 万元。

澳督府宣布，泰兴公司继续取得赌业专营权。大惑不解的叶汉怒气冲冲地跑到澳府责问，得到的答复是：赌约规定，投标出价相同时，原持牌人优先。

"汉哥，人家财大势大，手眼通天，曾有多少人想夺这张赌牌，结果都知难而退，你现在单枪匹马，失败是必然的，还是趁早放弃吧，免得劳神破财！"邱六事后宽慰叶汉道。

1959年，不死心的叶汉从香港秘密潜回澳门，早早筹备下一次的赌牌竞投（即竞投1960—1961年的经营权）。第一次吃了"没文化"的亏，他觉得眼下最要紧的是务必把澳门赌场经营权合约的条件弄清楚。他自己是办不了这件事的，必须找人帮忙，为此他不惜重金，在香港请了两个外籍律师，仔细研究赌约条款，最终制定了一份报告书和一份备用报告书。

随后，叶汉又找来莫昌做内线。这个莫昌是什么人呢？他其实是给澳门监狱的罪犯做饭的厨子，因为包下了监狱的伙食生意，他必须定期向澳府财政厅要钱，因此得以经常出入澳府，跟一些官员混熟了。叶汉对他寄予厚望，正说明叶汉太缺少官府人脉。

不过，莫昌确实为叶汉搞到了不少情报。泰兴公司已经失去了当年的活力，经营作风老旧，管理方式死板，很多赌博玩法已经不合客人的胃口，尽是原来的老一套，像回力球、吃角子老虎、赛马车、百家乐、二十一点之类的新鲜玩意都没有，竞标也完全靠澳府的关系，做法和以往一样。

叶汉对莫昌说："兄弟帮了我不少忙，我不会忘记给你好处的，但这些还远远不够。竞投赌牌要履行不少法律手续，没有可靠的文字材料是不行的。你再帮我一次，把傅老榕经营赌场的合约，弄一份完整的副本给我。"

莫昌感到有些为难，因为这么重要的文件都是锁在保险柜里的，财政厅厅长虽然可以调阅，但要拿走恐怕没有那么容易。

叶汉见他迟疑不定，又说："千里做官，无非是为名为利。你只管放手活动，钱，汉哥有的是！"他决心不惜血本，一定要把情报搞准了，"傅老榕已经六十好几了，将来澳门赌场必定是汉哥的天下！"

莫昌也坚信这一点，但他毕竟能力有限。

泰兴公司开业之初，向澳府交纳的赌税是 180 万元，因生意不错，后来又增加到 210 万元，但二十几年后，赌税反而减少到 120 万元。如果不是叶汉参加竞投，把赌税抬回到 210 万元，现在肯定还是 120 万元。如今两虎相争，抬高赌税是必然的。通过叶汉上一次的竞标抬价，傅老榕和高可宁每年要向澳府多缴纳 90 万赌饷，但也不能一味抬高，否则赌场无利可图，而且竞标还需缴纳三分之一年税的押金，这就需要搞清对方的底细。

叶汉的朋友叶北海、高海林为了助其一臂之力，主动提出参与竞牌。

叶汉请的两位律师也很尽心尽力。竞标书详述泰兴公司承赌多年的不合理现象，同时提出诸多建议和承担条件，比如增加竞投透明度、取消原持牌人优先权、政府根据赌场盈利增长逐年增加赌税、持牌人获利的投资应重点用来发展澳门的公共事业等。

叶汉把报告附在投标申请书内，递交给了澳门政府，然后耐着性子等待消息。然而，这次竞投依然是叶汉败北。费尽心机为澳门政府献计献策依然是这个结果，叶汉百思不得其解。他仰天长叹，胸中一股怨气实在难以倾吐！

这时，澳府总督白理觉 3 年任期届满被召回葡萄牙，由一个名叫马济时的葡国官员出任澳门第 119 任总督。新任总督走马上任后，派人到赌场了解情况，似有改革决心。这让心灰意冷的叶汉看到了一线生机。他原以为自己那份随竞标书一起呈交给澳府的报告被原总督白理觉弃之一旁了，没想到对方把它带到了里斯本，又通过葡国首相之手将报告转交给了新任澳督马济时。至于为什么没有引起重视，其原因就不得而知了。

就在叶汉不知道下一步该如何行事的时候，又传来一个对他来说不算太坏的消息——傅老榕因病去世了。对于这位恩人、上司、对手的离世，叶汉不知是喜是悲，抑或兼而有之，他隐约感觉到泰兴公司将会改变策略。双方的力量对比起了微妙的变化。

叶汉顿时来了劲，立即奔赴澳门，在泰兴公司的中央酒店、福隆新街、十月初五街、新花园等赌场进进出出，希望有机会面见新总督。但是，他连续到澳门几次，都没有遇到总督，倒是遇到了泰兴公司的二老板高可宁，两人进行了一次非正式的谈判。

高可宁说："叶汉，过去老傅对你是做得过分了些，恐怕有些令你生气；现在他已经死了，谁对谁错已经不重要了，你不要再耿耿于怀啦！生意人嘛，和气才能生财。"

"我不像你们那么有财有势，但也有人格尊严。过去的事情，我心里有数。还是谈正事吧！"叶汉依然是快人快语。

"恕我直言，以你各方面的实力来说，夺取赌牌实在是勉为其难。其实，你过去提出入股的事情，还是可以谈谈的。"

"我现在对入股已经失去了兴趣，你知道我想得到什么。"

"你这又是何苦呢？我们争来争去，只会让澳府得了便宜。我已经在新澳督那里看到了你的报告，其实我也想改变一下经营方式，把个别赌场租出去，让公司以外的人经营。"

叶汉忙问道："那你打算出租哪间赌场？"

高可宁笑了笑说："这要看租赁的人是谁。如果是你租，看在老朋友的面子上，十月初五街、福院新街，甚至中央酒店，都是可能的，只要你按规矩来。"

叶汉谑笑道："你们的算盘打得很精啊，无非是想把我稳住，免得有人和你们争夺赌牌吧？我可以明确地告诉你，现在我已经铁了心啦，我这后半辈子就想做成这件事情——把澳门的赌牌拿到手。这可由不得你们摆布了。"

话说到这个分上，两人都很尴尬。沉默了一会儿，还是高可宁先开了口："硬气话谁都会说，你跟泰兴也斗了这么多年了，结果怎样呢？想必你也尝到一些滋味了。为你着想，你还是别硬撑下去了。这不仅对泰兴没有好处，你自己也折腾不起啊！"

叶汉摇摇头道："如果坐在你的位置上，我也会讲你这种漂亮话。我今天来只想说一句话，那就是如果你是出于好心，那就让我们公平竞争，别再耍什么花样。"

高可宁一听这话，有些耐不住了，嘲讽道："竞争各凭本事，谈不上耍花样，你有什么本事尽管拿出来。今天我已经把话说尽了，下一步怎么想、怎么做，是你自己的事情。"

两个冤家对头不欢而散。就在叶汉与高可宁谈判的同时，新澳督马济时正在准备向里斯本当局提交有关发展澳门经济及改革赌场经营模式的书面报告。在有关澳门博彩业的史书中，对于马济时都持很高评价。他因痛恨贪腐，在葡萄牙享有盛名。他抵澳第一件事，就是调查澳门的经济状况。他审时度势，发现澳门受地理条件和自然资源所限，工业不可能有太大发展，但旅游业却大有可为，尤其是赌博娱乐，更有可能成为最大的经济增长点。叶汉在报告中提出的建议，每一条都对马济时的胃口。但尴尬的是，葡萄牙于1896年宣布禁赌，而澳门却没有真正禁过，甚至从1937年起出现了专营性质的赌场。名不正则言不顺，洋人当然也知道这一点。马济时由此上书里斯本当局，计划将澳门辟为旅游区，准许澳门以幸运博彩作为一种"特殊的娱乐"。

1961年2月13日，葡萄牙海外部正式颁布第18267号法令，定澳门为旅游区，明确宣布澳门将成为"永恒的博彩区"。最后一道法律束缚解除了，澳门的博彩业正式合法化。无论人们如何评价博彩业，仅凭这一点，马济时无疑是澳门赌业历史上最重要的人物之一。

老赌王傅老榕归天，新澳督马济时锐意改革，既然机会来了就不能放过，叶汉又开始跃跃欲试。澳门政府随后公布了新的竞投办法，除了依然是价高者得牌的原则外，其中关键性的一条，就是取消了原有持牌人的经营优先权。这让叶汉顿感拨云见日，信心大增。他总结自己前两次的失败经验，认为主要是自己势单力薄，因此这次必须寻找一个有力的盟友，才能与傅、高一争天下。由此，一场交友结盟、组建财团的行动展开了。

第六章　进军澳门赌界

一、欲成大事先造势

1961 年 7 月 8 日，考虑到泰兴娱乐总公司承办的澳门赌博娱乐的专营合约将于 12 月到期，澳门政府公开招商承授赌牌，并取消现赌场牌照持有人的专营优先权。

此时何鸿燊已对澳门赌场的历史、现状及方方面面的人物都有了详细了解，心中有了一定把握，因此决定加盟竞牌。这个联盟的主要成员有叶汉、叶德利、叶北海、高海林。但这次加盟不是一般的入股，所以何鸿燊相当慎重，回家与妻子黎婉华认真谈了自己的计划和措施。

黎婉华虽然同意他加盟，但对他涉足澳门赌界感到有些不安，一是澳门赌场是非多，容易招惹麻烦；二是担心他天天与赌博的人打交道，会像叶汉那样染上赌瘾；三是怕葡国政府政令多变，一旦禁赌，严厉取缔，必然损失惨重，大伤元气。因此，她对何鸿燊说："阿燊，博彩业与你从前干的押船生意一样，是个很冒险的行业，不论是当年广东巡抚郭嵩焘下令禁赌，还是葡国政府禁赌，都有人遭殃。进入一个陌生而风险大的行业，你自己要考虑周全啊！"

何鸿燊笑着说："我也知道这条路风险大，但最多只是赔钱，不像以前那样要冒生命危险。我重回澳门，依然处于创业阶段，若想在现有的基础上有大的发展，在商海中一鸣惊人，必须另辟蹊径，走一条艰险的路。"他怕妻子担惊受怕，又安慰她说："不用担心，即使生意不成功，赔点本钱也无所谓，但一旦成功，就是财源滚滚。再说，澳府已经将博彩业合法化，博彩业可能成为澳府税收的最大来源。澳府要将它办成全亚洲最大的赌业，这也正是我所希求的。如果你希望我有一天能发大财，这是个很不错的选择，最好的生意就是控制澳门的经济命脉！"

何鸿燊用一双犀利而明亮的眼睛望着妻子。黎婉华从他坚定的眼神中看出了他的决心和信心，知道他喜欢迎难而上，不好再多说负面的话，只能鼓励他说："阿燊，你的心意我懂，只是我没想到你有这么大的胆略和气魄。你以后更加要受苦受累了，我现在病魔缠身，自己都照顾不了自己，更谈不上帮你太大的忙。如果澳门政府方面有什么障碍，我可以尽力帮你去疏通关系。但那些老赌王还在，你要竞牌就得战胜他们；还有当年的那帮无赖，尤其是黑皮阿三，他们必然会出来搅局。这些你不能不提防，要谨慎应对。"

"夫人放心，这些我都想过了，我会小心的。过去我是孤身作战，势单力薄，在混乱中挣了点小钱。然而今非昔比，我要做就组团做，规规矩矩、大张旗鼓地做。请你相信，我何某人一定会在澳门扎下根，不会再当逃兵了。"

黎婉华听罢，苍白的脸上泛起红晕，望着他深深地点了点头。

何鸿燊在澳门做好一些基本的准备工作后，便带着妻子到主教山工地转悠，似乎并不急于竞标。他要兑现对妻子的承诺，在山坡上建筑豪宅。黎婉华知道，何鸿燊虽然表面不动声色，内心其实时刻都在想着赌场的事，她打算尽力助丈夫一臂之力。

几天后，何鸿燊和黎婉华一起到澳督府做客。新任澳督马济时在里斯本的时候就是黎家的老朋友，黎婉华的祖父和父亲都与他有交往。总督夫人也曾是黎家的常客，所以黎婉华的拜访自然很受欢迎。马济时也听说过何鸿燊是个很有名气的富商，他知道自己若想对澳门实行经济改革，必然需要一批有经济实力的人支持。小小的澳门没有什么产业，博彩业在政府税收中占据十分重要的地位，除了发展商品贸易和服务业外，继续支持并规范博彩业，无疑是一条出路。

但澳门赌场纷争不断，原赌王傅老榕虽已去世，但傅氏家族成员和高可宁还在，并且与原澳督关系密切。马济时赴任不久，就接到了好几个人的邀请，他对傅氏家族和高可宁等人的经验及实力都十分肯定。而何鸿燊的联盟相对来说都是新手，叶汉虽然个人赌技了得，但毕竟没有当过老板或真正的管理者。这就使得竞牌更加激烈。马济时表示，听说何鸿燊也要来澳门介入赌业的时候，他既高兴又有些踌躇和忧虑。他非常欢迎何鸿燊参与竞标，但不会因为黎家的关系而给予他特殊关照和政策优惠。何鸿燊说："我们并不是想要总督优惠，而是想要一个公平竞争的环境和条件。"马济时说："这一点我应该可以做得到。"其实他内心还是倾向泰兴公司的原班人马。

回到家里，黎婉华觉得自己没帮上什么忙，轻叹一声说："阿燊，我很难开口向总督提出额外要求，看来我们不能对他寄予太大的希望。马济时确实想改革体制，但他首先要考虑的还是如何在旧有的基础上发展赌业。傅、高两家经营赌业多年，没少给原总督好处；加上他们做这一行太久，结交的黑白两道人物都不少，关系网错综复杂。你们的对手很强大，得有心理准备才是。"

"夫人已经给了我很大的支持和鼓励，只要总督能按照他说的来做，就是给了我们机会，剩下的事情我们自己来解决。"何鸿燊信心满满地说。

何鸿燊这样说既是安慰黎婉华，也是激励自己。他现在对竞标可以说心里根本没底。

就在这时，何鸿燊又遇到了一件麻烦事，那就是他引起了当年将他从澳门挤走的那伙地痞流氓的注意和挑衅。他们都是些什么人呢？细说起来他们与港府有关。

这帮人除了黑皮阿三等人外，又多了一些被香港政府递解的黑帮。比如"三合会"（香港黑社会的统称）成员。这些帮会大佬，有的金盆洗手，改做良民；有的重操旧业，在澳门开坛设舵。十四K、和安乐、和胜和、和胜义、新义安等先后在澳门设立堂口。

澳门法律长期宽容黑社会的存在，不像香港那样有专门的反黑法。在澳门，只要不是"刑事案犯"，即使摆明你是黑帮首领也不会受到拘捕。这成为"过江猛龙"在澳门落地生根的主要原因，最终形成了香港帮在澳门"喧宾夺主"的局面。

当然，黑帮也不是成天杀人放火，各帮也讲其道。在澳门，帮会势力渗透到了社会的每个角落，但你又会觉得澳门依然是那样的宁静祥和（至少表面是这样）。这是因为，帮会为了长远利益，会"力保"一方"平安"。各派之间发生纠纷时，以谈判取得"谅解"，极少打斗。武力只是起个威慑作用，并不作为家常便饭。经济利益是他们生存的根本，港澳帮会有个明显的特征就是商业化。堂口以商行商铺的名目出现，既有非法生意，也有合法生意。堂主、香主、舵主本人可能就是某某董事长、总经理、娱乐场老板、赌厅承包商等。

赌场是澳门的大肥肉，若想一个人独享，赌场便会三天两头有人闹事，让你独享不成。何鸿燊很能体谅他们的求财之心，尽可能予以关照，但是他绝不会屈服。他个性坚强，喜欢接受挑战，无论问题多棘手，也不会轻易说"不"，并坚持找出解决问题的方法。

也许是受了某些赌业人士的暗中挑拨，几路帮派决定向何鸿燊开火，其中以黑皮阿三最为积极。"黑爷我盘踞澳门十几年，从来没有人敢这么嚣张地挑衅我，这一次，我绝对不会容许他（指何鸿燊）卷土重来。如果他胆敢在澳门设立赌场，我就让他站着进来，躺着滚出澳门！"黑皮阿三拍打着自己的胸口，上面依旧肌肉发达，看起来就跟30多岁的强壮男人差不多，实际上他已经50多岁了。

当一个朋友把黑皮阿三的话转告何鸿燊时，他只是轻蔑地笑笑，说："他们想吓唬我，可笑！他们应该知道我何某人也是喝过海水的，难道他们比日军还可怕吗？这一行我是干定了，誓死不悔！"

何鸿燊最美好的青春年华是在澳门度过的，他的耻辱也同样铭刻在澳门。十几年前他就立下誓言：只要我有一口气，就一定要杀回澳门。现在机会终于来了，他又岂会被几个无赖所吓倒？

　　为了回应地痞和黑帮的挑战，何鸿燊经常独自一人出入各种鱼龙混杂的娱乐场所，既不带保镖，也不用司机。黑皮阿三就派人跟踪盯梢，总想给何鸿燊制造点麻烦，但他们的图谋都被何鸿燊一一化解。

　　黎婉华从丈夫的种种言行知道他已下定了在澳门杀出条血路办赌场的决心，因而也积极支持并尽一切可能帮助他。她说："阿燊，既然你已经向澳府、泰兴以及各条道上的人挑明了要争夺赌牌，不如直接大张旗鼓地造势，提高你的知名度和影响力。有了舆论界的支持，投标的时候才会有更大的胜算。"

　　何鸿燊觉得妻子说得非常对，欲做大事先要造势。不久，他在澳门山水园召开了一次记者会，有10多家媒体的记者与会。当记者们提出各种问题时，何鸿燊时而用英语，时而用中文，时而用日语从容应对，让人惊叹不已。

　　其中也有不怀善意的当地记者问他："现在有人说你从香港回到澳门，就是看别人开赌场眼红，想回来大捞一笔。请问何先生是否被人言中了？"

　　何鸿燊当即回道："不，回澳门发展是我的梦想！如果只想捞钱，我在香港现在就有个获利相当可观的利安建筑公司，我在香港的房地产业就有捞不完的钱财，何必还要回到澳门，舍近求远呢？"

　　"你认为开赌场能给澳门创造财富吗？"又有记者问。

　　何鸿燊坦率地回答说："是的。大家知道，政府对博彩业、电信业、公共汽车、供电、供水等实行专利税制，政府保障此类公司的生存与发展，进行监管并课税，其中博彩税占专制税的97%以上。今年（1961年）2月13日，葡萄牙海外部正式颁布了第18267号法令，批准澳门为旅游区，准许澳门开设特殊的娱乐业，强调赌博娱乐对澳门经济发展的重要作用，明确宣布澳门将成为永恒的博彩区。而且澳府下决心规范博彩业，要使之成为亚洲规模最大、收益最好的特殊产业。这也正是我的目标。如果我在澳门真能得到博彩业的经营权，我每年不仅要将可观的税金毫无保留地上缴，同时，我还会将新集团赚来的丰厚利润大部分用在澳门的经济建设上！"

何鸿燊讲完这番话，会场立刻爆发出一阵雷鸣般的掌声。第二天，澳门和香港报纸都刊载了何鸿燊的大幅照片，新闻的标题是《香港巨子何鸿燊发誓振兴澳门赌业》《何鸿燊发展博彩不为一己之利》等。报道说，何鸿燊从前在澳门是被黑社会赶走的"小秘书""打工仔"，现在是千万富翁，将在澳门发展博彩业，竞争赌牌，志在必得，这将给澳门赌界带来了新的活力。从报上登载的照片来看，何鸿燊精神焕发，西装笔挺，潇洒风流，一表人才。

从这时开始，从前一直保持低调的何鸿燊，忽然成了澳门家喻户晓的知名人物。

二、新集团一举夺标

对于澳门赌牌志在必得的何鸿燊，开始了一步步地布局。

成功造势之后，他开始认真思考一个问题：他"不是一般性的入股，而是领衔挂帅，担任申请人和获胜之后的法定持牌人"，这是叶德利当时跟他谈到的入伙条件。但是，作为发起者和投资者之一的叶汉会怎么想？叶北海和高海林都是叶汉的帮手，叶德利可以说是两边不靠，而自己是单枪匹马，在这个新联盟里能当家做主吗？

何鸿燊明白，叶汉是迫于无奈才找人合作的，其本意是一统澳门赌业，并不希望出现另一个和他同样有雄心壮志的人。推荐自己的人是叶德利，这已让叶汉有了戒心。在这种情况下，叶德利不方便为自己说话，即使能说公道话，由于叶德利和自己的亲戚关系，到时也可能不好开口，更何况叶德利也有自己的小算盘。最好再有一个第四者……而这个第四者很快便在何鸿燊的头脑中浮现了。

经过一番深思熟虑，何鸿燊找到叶德利，对他说："我经过这些日子的仔细调查分析，觉得我们'三驾马车'竞投还有点问题，必须再加一个人。"

叶德利有点不明就里，问道："为什么？我们三个人已经具备了所有条件呀！"

何鸿燊解释说："你我是亲戚关系，这会让叶汉感到有压力，如果加一个中间人，我们这个联盟的关系就比较好处理。"

叶德利知道，何鸿燊从未涉足赌场，甚至没有进赌场玩过，但基于赌场的惊人利润和专营权开赌的好处，以何鸿燊的性格，要做就得挂帅来做，为独霸赌界打基础。叶德利倒不担心这个，因为他没有野心，真要加一个中间人进来，他也好说话一些，于是问道："你打算加谁？"

何鸿燊直截了当地说："霍英东。"

何鸿燊为何要拉霍英东入伙呢？

霍英东祖籍广东番禺，从他的祖父开始，全家长年居住在舢板上，被人称为"舢板客"，甚至被贬称为"水流柴"。1922年秋天，霍英东就出生在这样的舢板上。他最初的名字叫霍好钊，后来改叫霍官泰。抗日战争爆发后，年轻气盛的他给自己改名为英东，意思是要"英姿勃发于世界的东方"！但在他年幼时，他的父亲霍耀容遭遇风灾翻船被淹死了。仅仅过了50多天，霍家的小船又一次翻在大海里，两个哥哥葬身鱼腹，连尸体都没有找回来！母亲刘氏死死抱住一块船板，侥幸被过路的渔船救下一条命。霍英东当时因为在海边找野蚝，不在船上，所以躲过了这场灾难。从此，霍英东开始了苦难的童工生涯。

霍英东找到的第一份工作，是在一艘旧式的渡轮上当加煤工。但他的身体实在是太单薄了，顾得上铲煤就顾不上开炉门，刚上岗几天就被辞退了。之后，他听说太古船坞需要苦力，便到太古船坞干了一阵子打铁工，接着又到船坞的风炮铆钉处干活，因身子单薄、体力不支，很快又辞职了。不久，日军公开征召大量劳工，扩建香港启德机场，霍英东又到机场当苦力。这是一项临时工作，却让霍英东付出了很大的代价。有一天，为了搬一只大油桶，他的一根手指不小心被压断了。没办法，他东拼西凑弄了一些钱，开了一间名叫"有如"的杂货店，学做生意。

"二战"结束后，日军投降丢下不少机器设备，价格很便宜，稍加修理就能使用，可以卖出不错的价格。正在苦觅生财之路的霍英东灵机一动，发现了商机。此后，他专门注意报纸上拍卖日军遗留物资的消息，一得到消息就马上赶到现场，以内行的眼光挑选出那些有价值的东西大批买进，迅速修好后卖出。有一次，他看准了一批机器，并且在竞买中以1.8万港元中标。有个工厂老板也看中了这批货，愿意出4万港元从他手中买下，于是，霍英东净赚了2.2万港元，这是他在那几年中赚到的最大一笔钱，为他积累了最初的资本。

挣得第一桶金后，霍英东又像他的父亲那样做起了艇户，但不是一般的小艇户，而是远洋运输。在这期间，他也曾做过偷运战略物资等冒险的生意。朝鲜战争爆发时，美国商务部宣布对中国实施全面禁运，造成香港和内地战略物资的巨大差价，不少港商铤而走险，将"违禁物资"运往中立区澳门或内地。霍英东也加入了这场"走私"的冒险行动，将汽油、橡胶、轮胎、药品等物资偷运到澳门。20世纪50年代中期，他以敏锐的商业眼光发现了地产业的光明前景，于是投资商业及住宅楼的开发，成为香港第一批"土地爷"。同时，他又进入淘沙业，创办了立信置业有限公司和有荣有限公司，担任董事长。至20世纪60年代初，霍英东拥有的财产已经过亿，在当时的华界首屈一指，在香港的地位也远远高于其他富豪。

何鸿燊之所以拉霍英东入伙，正是看中了他的财力及地位。于是，叶德利又与何鸿燊一起去跟叶汉商谈。

叶汉心想，何鸿燊主张让霍英东加盟，可见霍英东与他的关系一定不错，这便构成了三比一的合伙关系，情况对自己是越来越不利了。但他不能表现出小心提防的样子，身为赌圣，没有一点胸怀可不行。于是，他问道："何先生是不是认为我们三人的财力还不够，要拉一个财神爷进来？"

何鸿燊把自己对叶德利说的理由重复了一遍，反复强调是为了平衡关系，叶汉才相信他说的是实话。

商讨完毕，何鸿燊决定立即回香港搬兵。回到浅水湾大宅以后，他马上给在香港皇仁中学读书时的好友霍英东拨了电话。霍英东对办赌场毫无兴趣，而且极为重视自己的社会声誉，总觉得开赌场是一门不光彩的"偏业"。但他理解何鸿燊的心思，知道他在澳门确实遇到了无法解决的困难，于是爽快地答应下来："既然你看得起我，把我当朋友，我还有什么理由说不呢？我入股，那就轰轰烈烈地干一场吧！"不过，霍英东是凡事都很认真的人，既然参与，就绝不会三心二意，而且每做一件事情都要做好做大，这就必须让他在新的联盟里占据重要位置。

何鸿燊在香港和霍英东初步商议了一下如何入股成立新集团。不久，联盟的主要成员叶汉、何鸿燊、霍英东、叶德利、叶北海、高海林等在国际酒店开会，并向外宣布新集团正式成立，霍英东为董事长，何鸿燊为总经理。叶汉、叶德利都是股东，而对赌场干将叶北海、高海林则没有提及。这个新集团最后确定在 10 月 15 日参加博彩竞标的所有事宜。

不过，新集团从成立之日起就产生了一些内部矛盾。做梦都想称霸赌坛的叶汉，因求胜心切，犯下了一个他认为不可饶恕的大错，那就是同意何鸿燊加盟，而何鸿燊又把霍英东拉来做靠山，这使得联盟的关系更加复杂化。霍英东对办赌场并不太热心，却当了老大；何鸿燊从未涉足博彩业，也成为未来赌场的最高管理者；而大半生耗在赌场、几度争夺赌牌未得的叶汉却只是个小股东，他能甘心吗？叶德利虽然表露出无所谓的态度，但他毕竟是发起人之一，他的角色又该怎么安排？

尽管联盟内部各人心事不一，但为了赢得竞投胜利，他们不得不暂时放下内部矛盾，一致对外。两大营垒的一场赌界争霸战即将开始。

何鸿燊积极进行着最后竞争夺标的准备。他让黎婉华在澳门租用酒店和聘请律师，以便起草竞标法律文书，但这件事被急先锋叶汉抢着做了。

澳门政府这次规定"暗标竞投、价高者得"，公布的最低底价为300 万元，也就是从 300 万开始往上加，看谁出价最高。

竞标需讲求策略和技巧，何鸿燊在这一方面很有经验。标底价不能低于对手，否则就竞不上；也不能过度高于对手，那样自己会吃亏。分寸要把握得恰到好处，就必须依靠准确的情报和判断分析，做到知己知彼。

何鸿燊一直在寻求有关泰兴公司方面的信息。他知道叶汉前两次向澳府提交的申请，都是在对方尚未抛露底牌之前就贸然出手，以至于报出的底价悄然外泄，而竞争对手仅仅报出微高于叶汉的报价数目，就轻易获胜。因此，何鸿燊故意将报价的时间往后拖，不到最后关头不轻易出手，这是保密的最好办法。但是，这最后时机也得把握好，否则就会错失良机。

投标截止日的前一天，新集团终于探听到了泰兴公司的底细，想修改投标文件，不料却联系不上律师。叶汉聘请的律师叫卢巴度，关键时刻人却不见了。霍英东和叶德利在旅馆等候，没多久，叶汉和何鸿燊回来了，仍然没有找到卢巴度。叶汉一进门就骂道："卢巴度肯定是被泰兴的人给藏起来，或被黑皮阿三干掉了！"

霍英东忙追问原委，随后分析道："大家不要着急。我认为卢巴度不可能被泰兴藏起来，更不可能被暗杀。因为，其一，一般情况下，此时代理律师的职责已履行完毕，如果要绑要杀，也会提前进行，不会拖到现在；再说对手也不知道我们现在要修改投标书，怎么可能会害卢巴度？其二，泰兴的人肯定不会干这种蠢事，虽然他们对新集团大肆封锁，派地痞对律师进行过恐吓，但还不至于要绑架或暗害卢巴度，否则，一旦被我们查出，他们便会不战自败……肯定是卢巴度自己害怕，躲了起来。"

大家都觉得霍英东说得对，毕竟他与道上人物打交道比较多。于是，他们又兵分两路去寻找卢巴度。叶德利总算有了一个立功的机会，他让自己车队的队友驾10多辆车，把澳门各条街从头至尾搜了两遍，终于找到了卢巴度。

为保密和安全起见，最后的修改工作是在何鸿燊家里做的，而且只有卢巴度和何鸿燊两人在场。

　　泰兴公司当时的掌门人是傅老榕的儿子傅荫钊。他和高可宁此前已对新集团的霍英东、何鸿燊、叶汉和叶德利 4 个股东的投资底数进行过多次预测与评估，认为何鸿燊可能出 100 万、霍英东 100 万、叶汉和叶德利各 50 万，总共不超过 300 万澳元底数。如果高、傅两家共同出资 400 万，形成压倒优势的标额，即使何鸿燊准时到来，新集团也肯定要败在泰兴公司手里。

　　而何鸿燊也没少对泰兴公司的实力进行分析。他认为，澳府已经将上次的标底加了一倍，即使泰兴公司想故意提高标额来打压新集团，但以他们一心想获取暴利的习惯来推断，怎么也不会超过 400 万，否则，泰兴公司的利润就难以保证。基于此，何鸿燊等人决定把标额定在 400 万元，加上何鸿燊的其他一些优越条件，夺标应该没有问题。

　　就在何鸿燊和律师最后修订标书的时候，黎婉华忽然来到何鸿燊的房间，她想给丈夫提点建议，但又不好明说，因为她从不干预何鸿燊的工作。于是，她委婉地说："阿燊，我昨天晚上做了个梦，好像看到傅、高他们的泰兴又占了优势！"

　　何鸿燊不解地问道："夫人怎么会有这样的预感？我们对泰兴已经分析得再透彻不过了，他们虽然财大气粗，可能会下大赌注与我们竞争，但他们贪婪的本性是改不了的，肯定不会冒着亏本的危险来和我们相争。再说，他们从来没有把叶汉和我放在眼里，认为我们几个没有多大实力，更做不起亏本生意，所以他们不会将标额抬得太高，充其量是 400 万，而我们首次报价就是 400 万，这是他们无法预估到的。我们完全有机会赢他们。"

　　黎婉华又说："我相信你们的判断是正确的，但如果他们也是 400 万标底，加上他们是原赌牌持有人，那你们赢的机会不是太小？为了更稳当一些，我把自己的私房钱 5 万元拿出来投资，算是对新集团的一点支持。"

　　"谢谢你，婉华，你的心意我领了，但你的私房钱是不能随便用的，你的身体又一直不好，该多为自己想想，公司的事我会处理好的。"

为了增加胜算，何鸿燊等人听取了黎婉华的建议，决定将标底再加码，所以新集团上交的投标书里的标额是 405 万。

到了 10 月 15 日那一天，何鸿燊决定在报名截止的最后一个小时前，才将与律师共同草拟的申请书提交澳门政府。这是与老赌王一派斗智斗勇的过程。

何鸿燊对叶汉和叶德利说："你们准备好汽车，我们在距最后提交申请截止时间 20 分钟前保证到达总督府就可以了！"

叶汉性子急，沉不住气，他说："万一汽车在路上耽搁几分钟，那可就要失去申报的最后时间了！我们是不是该提前点或多准备一份报告？"

叶德利也觉得这事有点悬，即使计划周密，也要以防万一。他说："如果出现堵车或者汽车抛锚，那就麻烦了。我们还是马上就出发吧。"

何鸿燊笑了笑说："你不是飙车高手吗，就算堵车了，我相信你也会飞过去的，是吧？我们对自己要有信心。"

当离截止时间还差 50 分钟的时候，何鸿燊才说了声："上车！"叶汉、叶德利和律师急忙随何鸿燊上了一辆小轿车，朝澳督府疾驰而去。不出众人所料，途中果然出现一点状况，有人开枪朝飞驰的汽车扫射，随着砰砰几声枪响，一颗子弹穿透玻璃，从何鸿燊的耳边擦过。

"他们竟然下黑手，太可恨了。"叶德利愤愤地说。

"幸亏我们早有防备，要不然就吃大亏了。"叶汉说。

原来，黑皮阿三派了几个人准备在街口拦截何鸿燊他们，但等了几个小时也没见人影，以为他们不会来了，但又担心他们悄悄从别的小巷过去，于是只留下一个人在街口守着，其他人都撤了。如果他们再多点耐心，几个人坚守街口一起开枪拦截，即使要不了何鸿燊等人的性命，至少也能把他们的轿车截下来。一旦拖过了下午 3 点，一切就无法挽回了。

也许是天意，半个小时后，何鸿燊等人终于登上了总督府的台阶，不由得长长地舒了一口气。当他们把标书交给澳府竞标负责人时，离截止时间不到 20 分钟。何鸿燊相信，这次就算泰兴公司在澳府有内线，也来不及把他的标底透露出去了。

当然，标金是死的，投标双方对中标后经营赌场的承诺才是活的。这就要靠投标人来阐释、说明，然后再由澳府竞投小组评议，最后确定谁中标。

对标书阐释及对经营赌场的承诺是由何鸿燊负责的，因为他是新集团的总经理。之前，新集团成员的目标并不完全一致——叶汉主要是想借势成事，把澳门所有的赌场控制在新集团名下，然后发挥自己的专长，把澳门赌场办成门类最多、亚洲规模最大的赌场，成就自己赌王的霸业。霍英东是香港名流，当时正受到外界舆论的质疑，很多人认为他是靠走私起家的，钱的来路不正，有的人因此不愿意买他开发的楼盘，甚至闹到几乎要被港府递解出境的地步。霍英东想证明自己的清白，并不想下深水来捞偏门，不想新集团的赌场以圈钱为目的，所以，他提出了一个口号，响应澳府号召规范赌场，"立足澳门的繁荣"。

何鸿燊最初对霍英东的空洞口号有些反感，他分析霍英东的心理后认为，霍英东没有长期投资博彩业的打算，只是被人扶上虎背，骑虎难下，能有机会下去就会立刻下去。至于两个小投资者叶北海、高海林，他们是急于赚钱的。如果开赌场不为了赚钱，争这个赌牌干什么？成员中唯有叶德利比较从容，与办赌场相比，美女、跑车对他更为重要。对他来说，赌场是有之不为多、无之不为少，他不会把主要心思花在竞标上。

这样一来，要阐述赌场的经营方向并做出相关的承诺就很困难。何鸿燊全面考虑，并将众人的观点进行综合后，对大家说："叶汉过去的那份报告给了我们很大的启发，我们竞标就得有的放矢。正如叶汉所说，要投其所好。我认为马济时总督的喜好，就是澳门的经济发展和社会繁荣。竞牌仅靠标金高于对方取胜，而不着眼长远，可能只让做一期；反之，则有可能长久做下去，期满再续约也有希望。"

他的话里，基本上包含有叶汉的长远之计，又有霍英东"立足澳门的繁荣"的宗旨，还暗示着只要能长久经营下去，就一定有钱赚的期望。所以，大家都倾向于先投其所好，夺得赌牌再说。

何鸿燊根据众人的意见，归纳成文，向澳门政府展示了一幅美好的蓝图：除每年上缴的税款外，公司将每年利润的 10% 用于澳门的慈善事业，90% 用于发展澳门经济、工商事业；兴建一间具有国际水平的博彩娱乐场、三间一流酒店，繁荣新口岸地区；购置水翼船，改善港澳交通；为保障内港畅通，每年浚深水道 100 万立方米。他所说的每一个项目都十分具体，对澳府有着不可抗拒的诱惑力，完全打动了澳府官员的心。

经过几天的等待，10 月中旬，赌界人士盼望已久的投标结果出台了——新集团以 405 万标额获得赌牌。两个月后，新集团又投得了白鸽票、铺票的专营权。

1962 年 1 月 1 日，新集团的第一间赌场——新花园赌场正式开张。原持牌公司泰兴公司的中央酒店等赌场于同日宣布停业，正式结束了其长达 24 年的专营开赌史。

三、第一把交椅之争

赢得澳门博彩业的经营权仅仅是一个良好的开端，就在赌场刚开始运作的时候，新集团面临的各种矛盾也进一步显露出来。这些矛盾既有来自于内部的，也有来自于外界的。

对内而言，实际参与新集团运作的只有何鸿燊和叶汉两人。叶汉自恃投标有功，又精通赌术，身兼常董、赌场总管要职，便时时处处以"赌王"自居，举手投足间总要表现出自己的不凡。娱乐公司成立之初，港澳媒体多称叶汉为"赌王"。何鸿燊也十分谦虚，张口闭口叫"汉哥"，但在气势上却压倒了叶汉，二人之间的合作关系相当微妙。

叶北海、高海林与叶汉相识多年，他们是澳门赌场的常客，知道叶汉赌博功夫了得，就有意与叶汉走得很近，希望叶汉在赌艺上点拨他们一下，为他们提供一些赌坛信息等。手痒的时候，他们三人还会赌上几把。从这方面来说，他们与叶汉趣味相投，但这并不意味着叶汉就对他们充分信任。

　　早在第二次参与竞标之前，叶汉就已经看出叶北海和高海林二人并非自己真正的同道。论名望，叶北海和高海林充其量是在澳门赌场小有名气，并非真正的港澳名士，如果新集团只有他们两个成员，显然不足以与泰兴公司抗衡；论能力，他们在赌博上还算是内行，但其他方面就很一般了；论财力，叶汉觉得以他们三人之力，仅能按期缴纳本次投标的押金，一旦竞投成功，用于赌场开张的启动资金就没有着落了。

　　万般无奈之下，叶汉才找上叶德利。叶德利不但是个语言天才，交游广泛，而且头脑精明，擅长商务，比叶汉更会玩、更善于周旋于情场。但他爽直的个性和洒脱的为人与叶汉颇具相似之处。从根本上说，叶汉需要一个具备实力而日后又不至于与他争权夺利的搭档。所以，在1961年大好时机到来的时候，叶汉一下子便选中了叶德利。叶德利自然也有自己的考虑。他对赌博这种事的确兴趣不大，因此很难激发出热情来，而且开赌场投资巨大，一旦竞标成功，资本抛出去之后，其他事情便暂时干不成了。叶德利本人并不想在赌场管太多具体事务，但这样一来，资本便几乎全掌握在叶汉手中……基于这种考虑，叶德利决定把何鸿燊拉进来。

　　由此可见，叶汉与叶德利的出发点和目标都不同，叶汉原来坚持的标准是：新的合伙人一定要有雄厚的财力，又要有过人的能力，既得能说会道，甚至精通包括葡语之外的外语，又不能太聪明，否则不利于控制。但经过几个月的相处后，叶汉发现自己的算盘打错了，有引狼入室的味道，于是不得不想办法来补救。那怎么个补救法？

　　叶汉的思路是：第一步，不管几个合伙人，各自的心态和目标怎样，先把赌场专营权拿到手；第二步，等新公司开张后，利用自己管理赌场的经验和特殊的本事去争得"头儿"的位置。他认真分析过新集团4个主要投资者的条件和个性，觉得机会很大。

　　叶汉知道，霍英东不会在这一行当里待太长时间，他只是起到一个送人过桥的作用；叶德利根本就不懂赌务，而且他心里只有女人和赛车，让他窝在公司里老老实实地搞管理，会把他憋死！叶汉认为，最难搞定的人只有何鸿燊。

竞投获胜后，叶汉的主要工作是为新公司招兵买马、购置设备，这方面他比何鸿燊内行。他把原泰兴公司的伙计分批约出来吃饭，自掏腰包，并信誓旦旦地拍胸脯向他们保证："要有什么事，我叶汉养你们一世！"俨然他就是老板。在设施上，傅、高家族对新集团实行全面封锁，只要是赌场需要的东西，市面上一律拒绝供应，或是将为数不多的赌具都抢购下来，不给叶汉留一样有用的东西。由于时间紧迫，叶汉只得找来一批职业工匠，夜以继日地赶制赌具。他吩咐这一切必须秘密进行，到时给泰兴公司及恶势力一个"惊喜"。

在此期间，叶汉事事处处以新集团首领的身份自居，频频与政府的有关官员应酬，疏通关系，从泰兴公司挖角，请客吃饭，不惜动用个人积蓄，结果律师费、调查费、应酬费，总共花掉了 12 万元。叶汉以为投得赌业专营权后，其他股东会补回这笔钱给他，把它作为先期投入的股本。谁知当他把账目列好报上去后，何鸿燊等人却极力反对，不肯将其纳入股金，说："新归新，旧归旧，两笔数怎能扯到一起！"

若按以往的火暴性子，叶汉早就闹翻天了，但这时他已经 50 多岁了，脾气多少有些收敛，想到大家以后还要合作，没必要为了几个小钱撕破面子，也就不再争了。

叶汉在这个时期十分活跃，可以说新集团能在澳门站稳脚跟，他功不可没。何鸿燊一度很担心叶汉的安全，想给他配备保镖，但叶汉却说："我又不是大老板，要保镖有何用？一伙人跟着我，还不把客人都吓跑了？"

1962 年 3 月 1 日，新花园赌场试营业。慑于旧势力的威胁，赌客寥寥无几。何鸿燊等人深为担心，唯有寄希望于赌场总管叶汉，对他说："是死是活，全在你了。"叶汉自信地说："我开赌没有不旺的道理！"

果然，在叶汉的努力下，生意日渐转旺。一个月后，刚好是农历正月初一，叶汉引进了轮盘、二十一点等西洋玩意，生意更是兴旺，每日进账 10 万元以上。

　　叶汉为赌场尽心尽力，其余三人却对他不放心，派人去查他的账目，结果被叶汉狠狠奚落了一顿。

　　此时，竞投落败的高、博家族仍未死心，毕竟霸据赌场几十年，这次失败，显然是他们轻视了对手。他们看出新集团最活跃的人物是叶汉，想对他进行利诱。他们通过澳门一位颇具名望的富商约叶汉赴宴，在酒桌旁，他们和叶汉讲条件："如果你肯退出，站到我们一边，股东照样有你的份，不仅不要你出股资，而且由你任总经理，负责所有赌场的管理，你看这样是不是更好？如果你现在能答应下来，我们可以再安排时间，商谈具体方案。"

　　叶汉丝毫没有动心，还嘲讽道："说得倒挺好听，如果是在五六年前，我也就信了。可如今这种时候让我背叛自己的合伙人，真要遭天打雷劈！尽管我输给你们几次，但我的信念不变。我不敢说自己是个正人君子，但我行得端，坐得正，出卖朋友的事坚决不干！"

　　"我们要提醒你，跟你合伙的那几个人一个比一个精，你在新集团永远不可能坐上第一把交椅，还不是受人指使的帮工？难道你就这点志向吗？"

　　这话像钢针一样扎到了叶汉的痛处，但他不想让别人看出自己的心思，便故作轻松地说："那是我们集团内部的分工，谁来牵这个头都没有关系。"

　　作为赌圣，叶汉用了 20 多年的时间想圆管理赌场之梦；何鸿燊也知道叶汉的心思，但觉得没有必要一语道破，否则合作起来就不太顺当了。何鸿燊知道叶汉已经在赌场摸爬滚打 30 年，而他的赌王生涯才刚刚开始，是叶汉将他带入了博彩业，赌场的正常运作没有叶汉这样的将才可行不通。因此，拿到赌业专营权后，何鸿燊并不想高枕无忧地坐收渔利，而是把赌业作为一项产业来经营，自己做老大。

　　从叶汉的角度来说，他早就听说过何鸿燊，不好糊弄，软硬不吃。见面后他也深有感触。何鸿燊不仅身材高大，气度不凡，谈吐稳重而不乏机锋，单是他三言两语之间透露出来的霸气，已足以让接触他的人感到震撼。因此，他有点后悔听叶德利的话，把何鸿燊吸纳进来。但夺得赌牌是对外战略胜利，有了这个基础，对内就简单多了。叶汉反反复复地说：

"何老板，反正你不懂开赌，在香港又拥有大宗生意，竞标成功后，还是由我来镇守赌场吧！"

"何老板，不论香港还是澳门，很多大佬和富豪都要参股进来，他们答应只出钱不管事，我都没答应他们。"

"何老板，你如果嫌住在澳门多有不便，就尽管待在香港好了，照做你的地产生意，这边赌场赢了钱，你坐着分红就是。你尽管放心，我是不会亏待你的！我发誓！"

……

听话听音，何鸿燊岂会不明白叶汉的意思。但如果这样的话，他就成了被人临时用一下，然后一脚踢开的傀儡！

何鸿燊可不是甘心做傀儡的人！在这种情况下，如果不想点办法，听任叶汉折腾下去，事情只会越来越麻烦。

不过，眼下他又能怎么办呢？和叶汉公开叫板？论经济实力，他远非叶汉所能比。他是千万富豪，叶汉不过是一个做着发迹美梦的瘟三而已！但现在他们是合作，是要将澳门博彩业在规范化的道路上发展下去，如果把矛盾公开，不仅大家面子上不好看，尤其叶德利更是难以做人，将来还会严重影响新集团的发展，到时傅、高家族正好向他们反扑，说不定澳府官员还会乘机剥夺他们的专营权。理由非常简单，他们公司尚未正式起步已经起了内讧，又如何能够保证夺得赌场经营权后，为澳门的发展和澳门民众谋利益！

何鸿燊是一个目光远大的人，他告诫自己一定要尽快找到一个更好的方式！何鸿燊在思索，叶汉也没闲着。大家都看得出来，他们两人实际上已经掐上了。

这段时间，何鸿燊步步为营，长袖善舞，日渐占据上风，稳坐赌界霸主之席。叶汉亦非鼠辈，针锋相对，屡出奇招，整得对手焦头烂额，不愧为一代"职业赌圣"！

四、见招拆招，以狠对狠

新集团夺得赌牌之初，泰兴公司不甘心失败，鼓动和联合澳门的各种反对势力，发动了一次反扑，企图将新集团扼杀于摇篮之中。

在竞投结果刚刚公布时，便有人明里暗里放出话来，要新集团趁早罢手，否则后果自负。面对内外夹击，何鸿燊将精力花在了新集团的战略规划上。为了广招客源，他投资建立了来往于港澳的现代化船队，同时又投资兴建直升机场和澳门机场，吸引世界各地的游客。他提出把旅游与赌业结合起来，以赌业为龙头，带动澳门的交通、酒店、饮食和旅游的全面发展。他一改过去赌场由江湖人士把持的局面，重用懂得现代企业管理的知识分子来担任赌场各级管理人员，使赌业由传统的带有江湖色彩的行业，逐步向现代化的企业经营管理方式迈进……

与此同时，叶汉不断接到线人的报告，说："这几天澳督府的电话响个不停，有些是从葡国打来的，都叫马济时不要发牌给新人，要保留给旧人做。马济时压力很大，你要好自为之。"

又有人说，旧公司施展车轮战术，宴请有地位、有势力的各界人士替其游说，还派人前往里斯本拉拢政府高级官员。在里斯本海外部的官员中，不少人与傅家关系密切，自然不想换人，这些人便转而向澳门施加压力，企图以此镇住马济时。各种恶势力联合起来对付新集团，傅、高两大家族是先锋，黑皮阿三充当干将，以各种方式与何鸿燊对抗。

何鸿燊对此依然采取不理不睬的态度。不久，他们找到何贤当传话人，正式提出了八大条：第一条，要取何鸿燊的性命；第二条，要令澳门原有的酒店停业，让香港的赌客无栖身之处；第三条，要港澳船全部停航，香港赌客要过澳门，只能自己扒艇去；第四条，要派叫花子每天坐在新赌场门口，让所有赌客望而却步；第五条，要所有私人楼宇不敢租给何鸿燊等人做赌场，令新赌场无法开张；第六条，要将原来的赌场伙计、荷官通通包养起来，让新公司无兵无将，无法开赌；第七条，要在新赌场掷手榴弹，制造爆炸事件；第八条，要在一切有关部门活动，无论是澳门还是里斯本，利用一切关系，千方百计地将新合约扼杀了事。这"八大条"，几乎条条都可置新公司于死地。

面对种种威胁和恐吓，叶汉不禁暗自庆幸，如果此时真是自己当"头儿"的话，恐怕受不了这般压力。何鸿燊这次又扛住了。何贤向他传达对方的意思后，请何鸿燊慎重考虑，是不是放弃算了。但何鸿燊只是淡淡地一笑，对何贤说："多谢老兄的好意！请你转告对方，如果换了别人，我还可能知难而退，但现在对手是他们，我就要一斗到底。不管有什么招数，叫他们尽管使出来！我决不会做缩头乌龟！"

何贤了解何鸿燊的个性，想当年他初闯澳门，枪林弹雨的场面见过多少次，死里逃生的经历有多少回，始终都是不屈不挠。作为传话人，何贤也不好强劝他，最后只说了一句："真要如此，恐怕代价太大，我们毕竟是生意人。"

何鸿燊回到总公司，开始认真思考对策，他要一条一条逐个拆招：首先放出风声，出价100万："如果我被打死，在48小时内，谁能把凶手杀死，这100万就归他所有。"

叶德利见何鸿燊这么"横"，十分担心。因为何鸿燊是被他拉下水的，真要出了什么事情，他也脱不了干系。因此，他劝何鸿燊说："对方来势凶猛，我看你还是先回香港暂避一下风头，过一段时间再说吧！"何鸿燊坚决地说："所谓邪不压正，我行得端坐得正，死都不怕，还怕什么？"

霍英东有跟黑白两道打交道的经验，深深领教过江湖上的险恶，他直言不讳地说："何老板，我知道你什么都不怕，但做生意讲究和气生财，跟他们斗下去，双方都会损失惨重，如果搭上性命，那就更不合算了。我看是否考虑各退一步，我们让出部分赌场，他们也让我们经营黄金买卖，这样也算两全其美。"

何鸿燊知道澳门的黄金生意被几个大家族所控制，走私黄金是黑道的主要财源之一，别说插足进去不易，就算对方真的以此作为谈判条件，他也不会改变态度。他说："霍先生还不了解我吗？在我的字典里没有'半途而废'这个词。再说，有你们作为后盾，我将义无反顾，绝不回头。"

何鸿燊决定以狠对狠，以牙还牙，绝不放弃初步取得的胜利。接着，他开始拆解第二招。他游说澳府同意把政府的物业——爱华酒店及赌场租给新公司，解决赌场和赌客住宿的问题。这一期间，叶汉也要了一条诡计，气得傅家又羞又恼。当时，傅家计划卖掉一些物业，但肯定不会卖给澳门旅游娱乐公司。不久有人接洽傅家，表示想收购旧赌场名下的一座物业，傅家的人很警觉，仔细查问了收购的用途和买家的来路，经调查确认是用来做制衣厂，才答应以 6 万元成交。事后，傅家才知道他们上了大当，背后其实是叶汉在搞鬼。

由于双方都办事果敢、麻利，使得何鸿燊和叶汉对彼此的看法都大为改观。叶汉当着众人的面夸道："行船走马三分险，何先生不仅有胆识，也有才干，能办事。俗话说得好，没有金刚钻，不揽瓷器活！何先生有勇有谋，我坚决支持他干到底。"何鸿燊走上前去，将手搭在叶汉肩头，使劲捏了几下。两人四目相对，充满了坚定和信任的神采。这是何鸿燊与叶汉之间最为深刻的一次沟通，他们之间的关系首次超越了生意合伙人。

前述两大威胁似乎解决了，但最大的问题是航运。没有航运，就没有客源；没有客源，赌场开着也是白开，只能亏本。对方以炸船相威胁，迫使港澳间所有的客船停航！这一招连澳督马济时也着急起来，因为这意味着澳门的一切商业活动都将停止。他非常焦急，把何鸿燊和叶汉叫来，下最后通牒说："何先生，你必须保证至少有一艘港澳客船继续航行，否则，我不能让你的赌场开业。"

回去的路上，叶汉一直哀叹："完了，完了！"何鸿燊却没有叶汉那么悲观，宽慰他说："天无绝人之路，办法是人想出来的，放心吧！"

为了解决这件事，何鸿燊考虑再三，想起了"佛山轮"，他是"佛山轮"的永远董事。在他竭力争取召开的董事会上，他陈述了新公司的困难，恳求各位董事支持。两位德高望重的董事邓肇坚和周埈年从港澳间往来的大局出发，也力主通航。随后，何鸿燊又去见经理人梁昌，请他尽快执行董事会的决议，以维护港澳水上交通秩序为己任，保证"佛山轮"正常航运。何鸿燊的努力没有白费，"佛山轮"终于开航了。紧接着，港澳间的"德星"号、"大来"号等客轮也先后恢复客运。"船禁"顷刻间瓦解了。

这三招化解之术，让新集团的其他成员看到了何鸿燊的决心和能力，他们显得空前团结，一致对敌，对手的其余各招也纷纷被化解。

对付乞丐相对比较容易，叶汉对何鸿燊说："如果到时乞丐真的涌上门来，无非是被他们用钱收买了。这好办得很，他们可以用钱请叫花子来，我们照样可以用钱请叫花子走！"他找来几个以前认识的小混混，让他们和那些叫花子待在一起，暗中买通他们的头儿，几天以后，一个叫花子的人影也没有了。

对付手榴弹，何鸿燊想出了更狠的招法。他一方面向澳督求助，出钱请军警保护，另一方面又通过熟人找葡国驻澳水师买来一筐手雷，把它放到门卫那里，并吩咐说，如果有人敢往这里扔一颗手榴弹，就用这一框手雷回敬他，炸死人了我抵命。风声放出去后，对方没敢来真格的。大家无非是互相恫吓，谁能比何鸿燊的胆子大呢？

经过一番斗智斗勇，何鸿燊的名字开始在澳门被人们当英雄一般传播。黑白两道的各色人等都为之折服，无论是傅、高家族，还是黑皮阿三，都不敢公开挑衅他，赌业界几乎把何鸿燊、叶汉视作威震群雄的江湖霸主。

就在何鸿燊等人全力解除八大威胁的时候，马济时被调回里斯本，澳督一职由罗必信接任。他们的对手又借机大肆活动，对澳府官员行贿。为此，何鸿燊亲自前往里斯本，与葡国政府的相关部门交涉，争取到了海外部官员的支持。直到 1962 年 3 月 30 日，也就是新花园赌场正式开张后两个月，新集团公司才正式与澳府签订了合约。其主要内容包括：签约 60 天后成立新公司，资本额不少于 300 万澳元；尽快兴建一间拥有 200 间客房的酒店；参与澳门市政、水道、码头的建设；公司纯利的 10% 用于慈善事业，90% 投资于澳门工商业。定标之后，澳府同意把赌场专营一期的 2 年期限放宽到 8 年。

履行合约的第一件事就是新集团将经营赌场的公司命名为澳门旅游娱乐有限公司（后文简称澳娱），霍英东任董事长，叶汉、叶德利任常务董事；何鸿燊作为股东代表人和持牌人，出任董事、总经理。

在赌约签订前后的几个月里，信任危机如瘟疫一般在新公司蔓延。何鸿燊一边要与黑社会斗，一边还得稳住霍英东这个"动摇分子"，并处理好其他几位股东对他放弃太多利益的不满。

叶北海、高海林两人对合约内容大失所望，当场大骂何鸿燊，认为赌场"没得做""不赚钱，还不如待在香港的家里"，不久便选择了退出。对此，泰兴公司的傅荫钊说："北海、海林才是聪明人，叶汉那帮人要输光身上最后一件衣服才会清醒。"

何鸿燊虽然嘴硬，其实心里也不是很踏实。亲朋好友都断定澳门开赌没有前途，"合约对我们太苛刻了，真担心难以履行"。但认准了的事情，何鸿燊就要干下去，他是个不轻易言败的人。

从 1962 年 5 月起，澳娱除了在新花园开赌外，又先后在新马路的中央百货公司、十月初五街、七妙斋等地开设赌场；同年底还订购了一艘花舫，置放在澳门内港 16 号码头，作为浮动赌场，于 1963 年初试业。这就是后来被澳门市民戏称为"贼船"的"澳门皇宫"。"贼船"赌场由于款式新颖，时常"爆棚"。何鸿燊在花舫内设酒家、夜总会，并请来粤剧名伶捧场，"上贼船"一时成为时髦，"贼船"后来又经过改造装饰，成为澳门的一大景观。

澳娱公司的运营，标志着澳门的博彩业跨进了一个全新的时代，也标志着新一轮赌界争霸战的开始。这一轮争霸的特点，是发生在同一营垒的内部，集中表现为叶汉与何鸿燊之间无休无止的恩怨情仇。

第七章　收紧权力大网

一、十姑娘助阵

1963 年，澳娱的经营渐入佳境，加上港澳经济经过几年的恢复，呈现出蓬勃发展的态势，香港有钱人越来越多。为了吸引更多的香港人来澳门赌钱，叶汉提出增加新赌式和新赌具，首先是摆放吃角子老虎机。20 世纪 40 年代叶汉在上海开赌，曾经营过老虎机，老虎机投注额虽小，却能激活人气，起到旺场的作用。叶汉是赌场的台柱，他想干什么，何鸿燊等人一般不会反对，因此，增设老虎机马上提上了日程。

叶汉为此专门去了一趟美国，回港途中他在夏威夷停留了两天，发现了比一般的小客轮快得多的水翼船，这正是澳娱与澳督府的合约中提到的。他见识了水翼船的优势，回来便向何鸿燊提起此事，澳娱的董事们开了一个碰头会，都同意购买小翼船。何鸿燊的信德集团有这方面的业务，水翼船便以信德船务公司的名义购置。信德船务公司成立于1962 年，何鸿燊、霍英东、叶汉、叶德利都占有股份，具体负责人是何鸿燊。1964 年，价值 1000 万港元的"马嘉伦公主"号从欧洲开到澳门，改名"路环"号，下半年正式投入港澳海上客运。这是一艘当时最先进的水翼船，用的是美国波音飞机的发动机，功率大，价钱昂贵，航速达到 37 节，港澳的航程由过去普通轮船的 3 小时左右缩短为 1 个多小时。这也是全亚洲最早投入运营的一艘水翼船。"路环"号开通后，果然吸引了不少香港人前来澳门赌钱。

有一天，新花园赌场走进来一位身穿浅咖色旗袍的年轻女子，乌黑的头发从她那满月似的脸庞边垂下，遮住了脸，只露出面颊、下巴和眼睛，一头黑发使她的脸颊显得更加白皙，眼睛更晶莹透亮。她身材高挑，步履轻盈，走进赌场大厅时的矜持举止，让门卫感觉到她气质不凡，来头不小。过了一会儿，有个服务生上楼去向何鸿燊报告："大佬，从香港来的女大款可真是赌场上的行家。她一进赌场，就直接找二老板和三老板玩起了二十一点，真不得了呀，这女人竟然赢了二老板。两位老板恐怕是遇到真正的高手了！"这个服务生说的二老板指的是叶汉，三老板是叶德利。

何鸿燊一听不由得愣住了，香港来的赌客中还没有人能真正赢过叶汉，除非他出于礼节承让。这个女人是什么来路？叶汉是故意礼让，还是真的不敌对方呢？何鸿燊准备下楼去看个究竟，刚出门就迎面遇见了叶汉。叶汉首先开口道："何先生，我有个意外的消息要告诉你。请你先猜一下，楼下赢我的那个年轻女子是何人？"

何鸿燊见叶汉说得这么轻松，料想是个朋友，这才稍稍放下心来："对方是何方高人呀？我倒要见见。"何鸿燊继续往前走，叶汉也转身跟着他。

何鸿燊来到楼下，看见叶德利正在跟那个美女聊天。他定睛一看，心里不禁大喜，一边迎上前去，一边说："十妹是你呀，哪阵风把你吹到澳门来了？"叶德利嘴快，抢着说："十妹技艺高超，我都不是她的对手。她要是来抢咱们的场子，恐怕没有人罩得住。"

被称作十妹的女子站起身来，笑道："小妹贸然来访，九哥不会不欢迎吧？"

何鸿燊说："十妹怎么突然有兴趣来我的场子试试手气？"

十妹一听，嗔怪道："我可不是来碰运气的，九哥，我是来投资的，想在你的手下混碗饭吃。"

"投资？十妹，你好好的阔太太不当，到这个小场子投什么资？"

这个十妹到底是什么人，怎么突然想到澳门来投资呢？

　　原来，十妹名叫何婉琪，是何鸿燊的同胞妹妹，因排行第十（女孩中排行第五），人称为十姑娘。第二次世界大战时期，香港沦陷，被日军占领，十姑娘被迫停学。当时，何世光已经带着何鸿展、何鸿威在越南河内做起了生意。为了找到父亲，十姑娘在叶德利和 Peter 杜的带领下，从香港出发，辗转澳门（此时何鸿燊只是澳门联昌有限公司的一个小职员）再到广州，又从广州湾乘坐法国货船到了河内。

　　当时，叶德利正在追求十一妹（女孩中排名第六）何婉婉，急着去西贡，而 Peter 杜则在追求十姑娘，他们到河内后没有作任何停留，坐火车直奔西贡。

　　叶汉在西贡开过小赌场，与十姑娘何婉琪也算是老朋友了。Peter 杜是香港永安公司家族的后人，算得上富庶之家。但 Peter 杜不想靠家族的荫庇，而是自立创业；十姑娘不仅漂亮而且聪慧能干，又会交际，他们在西贡开了一间娱乐场，举办一些娱乐兼小赌的活动。场子虽小，但很赚钱，十姑娘在自家的娱乐场不仅学到了一些管理知识，也掌握了赌博的本领。之后他们又拿到了西贡的一个赌牌（十多块赌牌之一）。十姑娘与当地的宝大皇交情不错，拿到赌牌后就找人合伙承包了当地有名的大世界赌场。

　　叶汉在西贡没待多长时间就回香港了，而十姑娘他们的大世界赌场生意却越来越好。十姑娘虽然不是赌场的大老板，但也积攒了不少钱。几年后，叶德利、十姑娘、Peter 杜等人也回到了香港。不久，叶汉、叶德利先后去了澳门。十姑娘本想回香港发展自己的事业，不幸的是，Peter 杜家族的公司被人骗了，一夜之间倾家荡产。Peter 杜和十姑娘只能从铜锣湾搬到罗便臣道上一间破旧的"笼屋"里居住。当时何鸿燊正与黑皮阿三发生摩擦，无暇帮助他们。何鸿燊被赶回香港以后才得知，十姑娘受到何鸿章的帮助，经济状况大有起色，十姑娘也在叔伯公何启东的一家公司工作。至于 10 多年来他们到底好转到什么程度，何鸿燊并不知情。

　　十姑娘见何鸿燊疑惑地望着自己，知道兄长的意思。她微笑道：

"我真是来投资的。听说你们澳娱最近准备扩张股本，招商入股，我特意来看看有没有投资的机会。"

"你的消息是从哪里来的？你准备投资多少？"何鸿燊惊喜地问道。

十姑娘立刻伸出两根指头，消息来源她就不必解释了，不用想除了话多又管不住嘴巴的叶德利外还能有谁。

"200万不是个小数目，我确实很需要一笔投资，但我更希望小妹你能留下来，帮我打理赌场的一些事情，这方面你比我有经验。"何鸿燊爽快地说。他的话看似顺口而出，实际上，他早已开始考虑一个问题：如何把澳娱的中上层管理者一步步换成自己的亲信。

叶汉听懂了何鸿燊的意思，刚才的高兴劲儿一扫而光，但他并没有明显地表露出来。他暗想，十姑娘要是答应了，对自己的地位绝对是一个不小的威胁。

不过，叶汉的担心是多余的，十姑娘并没有到澳娱任职的打算。她在何启东家族的公司做得很顺手，表面上是总经理秘书，实际上是行政总监。但是，她的到来更加坚定了何鸿燊扩张股本的决心。扩张股本是公司的发展大计，增股是肯定的，但怎么处理十姑娘的200万倒令他颇费心思。何鸿燊想，十姑娘近几年一直没做生意，她真拿得出200万吗？难道是堂弟何鸿章资助她的？而且，接受十姑娘的200万后，是将她纳为澳娱董事，还是将这200万以自己的名义认购新股？

何鸿燊最后是怎样处理这件事的很少有人提及，十姑娘的200万资金是什么时候到澳娱账上的也无可稽考，最后到账多少钱也各有说法。但十姑娘入股澳娱这一事实，后来被当时的澳娱董事长霍英东证实，只是他无法确定具体时间和数额。

十姑娘在澳门待了一段时间，对何鸿燊的各个赌场进行了参观考察，并向他提出了一些管理方面的建议。此时何鸿燊的管理还停留在宏观上，赌场的具体事务基本上是叶汉在管理。叶汉在澳门赌场资历深厚，赌场上的骨干几乎都是他的心腹，包括新花园赌场的荷官，甚至服务生都是叶汉安排的。这些人彼此间称兄道弟，尊叶汉为赌王。如果任其发展下去，稍有疏忽何鸿燊就会被架空。对此，十姑娘也不无担心地对何鸿燊说："九哥，你和叶汉到底谁是总经理？据我这几天的观察，如果你不把叶汉的一班人马换下来，你的新花园赌场很快就会变成一个空壳了。"

何鸿燊没想到十姑娘和自己有着同样的感受和看法，她初来乍到便能发现这个问题，说明问题已经很严重了。由于澳娱需要叶汉这样懂得中西赌术又善于管理赌场的人来开发先期市场，所以他对新公司的经营状况和具体事务过问较少。叶汉也乐得大权独揽，赌场一间接一间地开张，尤其是海上皇宫新赌坊的开张，使叶汉在澳门赌界的声誉达到了顶点。何鸿燊的地位一时受到了严重威胁，但是，既然是联手创业，合作者必须要有一定的默契和信任。不管是谁的人，只要齐心为公司利益着想，也没有什么不可以。再说，叶汉使用的人都是业务方面的干才，不是说换就能换的。不过，若有两全其美之策，也可以考虑采用。因此，何鸿燊问十姑娘道："依十妹之见，我应该怎么做？"

"有两种方式，一是大刀阔斧，上下大换血；一是循序渐进，从下至上做起。公司要发展得快，选择第一种方式；公司要发展得稳，选择第二种方式。"十姑娘直截了当地说。

何鸿燊觉得十姑娘不但懂赌技，而且懂管理，是个难得的人才，她的作风泼辣，很有魄力，迟早得把她弄到澳娱来。因此，他说："话说得不错，可十妹你哪知道我的难处啊，公司要大步发展，既缺资金又缺人手，还是一步步地走稳为好。"

"不可否认，叶汉作为赌场老将技艺很好，管理上也有一套，只是他的管理太拘泥于传统了。九哥有时间的话，不妨到欧美国家走一走，考察一下著名国际赌城的经营管理方式，尤其是可以学习一下美国拉斯维加斯大赌城和蒙特卡罗国际赌城的规范化、现代化的管理模式。"十姑娘颇有兴致地说。其实她本人也没去过那些地方，只是常听业内人士说起，正准备出国去见识一下。

何鸿燊听了十姑娘的话，深受启发，决定尽快去欧美学习，借鉴别人的经验，努力把澳娱办成一个规模较大的规范化赌场，让澳门也成为一个国际化的赌城。

事实上，澳娱经过不到3年时间的经营，就大大超出了投资者和澳府官方的预期，也刷新了过去几届赌王的创利纪录。

二、八面讨好，步步维营

从经营澳娱开始，何鸿燊的人生道路开始发生变化，然后一直沿着一条曲折的轨迹艰难行进，开始了长达40余年的澳门赌王争夺与卫冕战。

赌场正式运营之初，由于盈利太微，新集团的成员考虑到发展前景不明朗，做出了董事成员股份不增不减的决议。一年多以后，即1964年11月5日，澳娱与澳门政府第一次修订了合约内容：延长专营期限为25年，从1965年起，税额每年增加516.7万澳元，其中7成交港币，其余交澳币；另交税额5%作为旅游基金及公务员互助费；从1970—1975年的5年间，每年加税100万澳元；从1980年到期满为止，每年加税50万澳元；每5年投资澳门繁荣事业费不少于500万澳元；除扩建爱都酒店，要新建一座宏伟的夜总会酒店，投资不少于3000万澳元，于1967年8月前建成。这给澳娱带来空前的资金压力。当然，澳府的政策支持也给博彩业的发展创造了良好的外部环境，使得赌客与日俱增，赌场盈利滚滚。

澳娱的股值大增，股利十分喜人，但新的问题也随之而来，新集团开始考虑增股的问题。

董事长霍英东主持召开了第一次董事会议，何鸿燊提出把公司股本扩增至1000万元。澳娱成立初期，4位董事只是职务不同，股权则是均等的。事实上，当初竞牌每个股东交给澳府的100万押金，只是债权。除此之外，霍英东投入的现金（这才算是真正意义上的股份）最多，有40万。现在增股，霍英东首先表示可以认购。叶汉没有同意。

由于会上没有形成决议，接着又召开了第二次董事会。霍英东在会上重申股东协议：凡是公司的重大决策，不能由一个人说了算，也不能因为一个人反对而不算，必须由董事会全体成员表决。霍英东强调说，何鸿燊作为董事总经理，应该多给200万股（当然要拿出现钱来认购）。在4个常务董事中，叶德利是何鸿燊的亲戚，霍英东是何鸿燊的好友，叶汉没有任何办法。加上十姑娘的入股，使股本形成七比一的巨大悬殊。叶汉完全失去了控股机会，也根本不可能成为公司的挂帅人物。

这让叶汉很不甘心，似乎命中注定了他要与人争斗一辈子。前半辈子，他主要与傅、高两大家族斗；后半辈子，他又要与何鸿燊等人斗，而且从一开始，他就处于劣势地位，屡战屡败。正因为如此，就更充分地表现出了他性格中倔强的一面。面对无力抗衡的竞争对手，弱者可能会变得聪明。叶汉坚信，强者未必一定强，弱者未必一定弱，观念上的胜利，不是俗人可以领悟的。

就在叶汉与何鸿燊争权夺利斗得日益激烈的同时，赌场的生意仍在各种利好的刺激下，日益走高。但是，股东们对叶汉这个赌场总管始终不放心，还专门到各间赌场查账。

几个外行看了一天的账本，看到的都是盈利，形势大好。他们想找点漏洞出来，但又不具备这样的能力，或者说是叶汉在管理中并没有犯下什么差错。查过账簿后，他们又看了一会儿骰宝赌，发现庄家赢多输少。

随后，3个股东来到写字间，其中一个又喜又忧地问叶汉："我们赌场天天杀赌客这么多注钱，怕不怕日后无人来赌？"

叶汉本来就对他们查账很反感，这是对他的不信任，他们什么都不懂，还在这里指手画脚，现在他终于找到了一个发泄报复的机会。他发出一阵冷笑，继而神色一敛，以嘲讽的语气说道："我想问问你们这些高手，每天都有那么多人死，怎么不见你们担心人会死光呢？你们真是越活越聪明了。"

3个股东一时掩口不语。沉默片刻后，叶汉觉得他们还没明白自己的意思，又接着说："10 个人进马场，9 个全输，照你们这么讲岂不是没人去赌马了？不是我倚老卖老，今天告诉你们，赌钱这事，越赌越想赌，越输越有人想要翻本。这就好比吸鸦片，沾上就脱不了身，倾家荡产也要吸个痛快！亏你们还是赌场的常董，说出这样的外行话，以后不要不懂装懂，省得叫人笑掉大牙，哈哈！"

叶汉这一席话，把 3 个常务董事全得罪了。何鸿燊本来心情不错，被叶汉这般嘲弄，心里很是不爽。其余两人没有参与日常管理，让叶汉图个嘴巴痛快也不打紧，毕竟他年长。何鸿燊却不一样，他既是公司的决策者，也是执行者、管理者，把他当外行，他能服吗？他暗下决心，一定要巩固自己的地位，绝不能有半点的犹豫和彷徨。

不久，何鸿燊又提议召开第三次董事会议。会上，何鸿燊站起来帮霍英东说话："霍先生是董事长，理应多加 200 万股。"如果公司盈利，增持股票是有好处的，这是常识。但股东增股还需拿出现金来认购，这不是所有股东都能做到的。叶汉当然想增持更多的股票，但他的财产不到 200 万，竞投时的 100 万算入股了，各种费用花掉了几十万，公司又不认，他很难再拿出钱来增股，因而十分气恼。霍、何都增了一次，他们拿得出钱，这次又要增，他终于忍无可忍了，说："你们这样一次又一次地加股，不就是为了间接摊薄我的股份吗？你们很划算，对吧？你们也太见利忘义，太见钱眼开、没有人情味了！"

霍英东倒也心平气和，说："老叶，话不要讲得那么难听，我们主要也是从公司发展的角度考虑。我这人做事有个特点，要么不做，要做就要做好、做大。眼下澳娱还百业待兴，干什么都要钱，哪怕是多增一个场子、多加一套设备。你也不愿意公司慢腾腾地爬行吧？"

何鸿燊则很不高兴地说："所有股东都可以增加 200 万。你也一样，只有一个要求，那就是拿出现钱来！还有叶德利也要拿钱。"

叶德利原本就舍不得拿钱开赌场，现在他只指望赌场帮他赚钱，钱没赚到，还要再投钱，那可不行。因此，他一听就急了，抢着说："算了，我拿不出钱来，还是你们优先吧。"他对增不增股没有太大兴趣。

老年的叶德利曾自我评价说："没有美女、没有跑车，我的一生便没有意义。我体内流的不是血液，而是电油（汽油），要不断燃烧。我 10 岁就迷上赛车，每年都参加澳门赛车，直到 66 岁那年，早上照照镜子，猛然觉得岁月催人老，体力已今非昔比，再赛车可能随时死掉，这才专心只搞车队的幕后工作。"

最着急的自然是叶汉，他气愤地对何鸿燊说："你这不是摆明了要整人吗？明知我拿不出来还故意逼我！你们打着公司发展的幌子，实际上是想排挤我，大家都心知肚明。当初我极力拉你们入伙，你们还不愿意，我是自找罪受、自找苦吃！现在眼见生意好了，你们就想过河拆桥，这说得过去吗？再说，我比你们任何一个人都更关心公司的发展前景，并且为公司的快速发展想了很多办法，这是有目共睹的。"叶汉大声叫骂着，大家干脆都不出声，任凭他去骂，反正骂又不疼。

话说回来，叶汉说的也不是没有道理。打下这片"江山"，他算是立了大功，现在大股东的做法就是以钱压人，用钱将他这个功臣淹没。两次扩股后，叶汉的股权不断被稀释。到兴建葡京大酒店赌场时，公司已完成 3 次扩股，叶汉的股份被摊薄到 10%。

会后，何鸿燊对霍英东说："叶汉拿不出钱来，当然会恼火。不过，现在甩开他虽然可行，但道义上却不太好，不管怎么说，这毕竟是他起的头。走一步看一步吧！"霍英东赞许地点点头，微笑道："有人说你是'笑面虎'，这样看来你的心地也一样慈善。我的看法和你相同，有叶汉在很好，我们 4 个人中只有他算得上是专业人才，开赌场不能没有他。"

1970 年 6 月，澳娱斥资 6000 万元建造的葡京酒店首期工程竣工，举世闻名的葡京娱乐场便附设在葡京酒店的翼楼里，并正式开业。开业前，有两件不太大的事情使何、叶的矛盾终于公开化。

第一件事是，为了保证葡京娱乐场正常开业，叶汉早就在物色相关的管理人才，其中有一个是叶汉第二次竞投时在澳府为他探取情报的莫昌。过去，莫昌因与财政厅厅长拉上关系，在澳门监狱当了个伙食总管，出入澳府很方便，给叶汉提供了不少帮助。后来因澳府上层官员换届，莫昌失去靠山，连伙食总管也做不成了。叶汉感念旧恩，承诺在赌场给他安排个主管职位。现在葡京娱乐场即将竣工，人手缺乏，正是个好机会。但叶汉刚开口跟何鸿燊提出此事，就被他一口回绝了，因为何鸿燊早已有了合适人选。叶汉气得说不出话来，好几天不到葡京娱乐场去。这不但让他觉得失去了人事管理权，而且让他在朋友面前很没面子。何鸿燊派人去叫他，结果他当着传话者的面，把何鸿燊大骂了一通。他们两人之间的矛盾就这样被传开了。

第二件事更为明显。葡京娱乐场的装修一直是由叶汉具体负责的。由于几天没去葡京娱乐场，叶汉担心装修出问题，这天，他一脚踏进葡京娱乐场大厅，便立即大喊大叫起来："有没有搞错？一楼大堂是葡京的脸面，是谁这么装饰的？天花板、灯光、墙面的颜色全都不对！"

这时，大厅装修的负责人过来说，这是何鸿燊的安排。叶汉听说何鸿燊插手这件事，更加怒不可遏，丝毫不给面子地大声吼道："简直是一帮饭桶！全部撤了重搞！"

叶汉不知道这个负责人是何鸿燊的一个堂兄，随后，这个堂兄马上把叶汉的话添油加醋地告诉何鸿燊。何鸿燊的面子挂不住了，没好气地说："要改就让他自己动手，只要不花公司的钱，他想怎么改就怎么改！"

何鸿燊就是这么个倔性子。霍英东后来曾用开玩笑的口吻说何鸿燊是"死不言输的德性"："何鸿燊敢讲敢做，甚至知道错了也照做，错了也死不言输。比如他和别人下棋，照棋局，他形势不妙，注定要输了，我们说死棋了，劝他认输，但他就是不认输。那好，不认输就继续下，但他却一动也不动地坐在那里，等到吃饭时，有人叫开饭了，他就站起来，说大家吃饭了，这盘棋就不算数了。有时他从澳门来香港，找王新永下棋，照棋局，他明明是要输的，他却一直不动棋子，坐在那里一两个钟头，做出思考棋路的样子，实际是在磨时间。等到要开船时，他就说有事要赶回澳门，这盘棋没有下完，他也就没有输。"

　　叶汉一肚子气憋得太久了，正愁没机会出气，这次大堂装修之事摆明了是何鸿燊理亏，这下他可算逮着机会了。他怒气冲天地走进何鸿燊的办公室，严词质问。何鸿燊的办公室里没有别人，他不想让叶汉太过难堪，便低声对叶汉说："你这几天都没过来，这事又不能拖，我才过问这件事情。现在木已成舟，就不重头再来了吧！"

　　叶汉挽回了一点面子，气鼓鼓地离开了。他还要负责其他楼层的装修，便带着一帮工人，径直奔上二楼，让工人把二楼装修好的设施通通拆掉，忙活了一夜，然后重新按照他的要求装修。

　　装修完毕后，葡京娱乐场如期开张了，到澳门来赌钱的港客见到叶汉，谈起室内装修时说："哇，你们新公司的赌场好新潮呀！这么多西洋赌法，连鬼佬都进你们赌场。"叶汉得意洋洋地说："除了一楼大堂，其他楼层都是我一手弄的。"他要当着朋友的面，彻底撇清他与何鸿燊的关系。

　　叶汉愈来愈喜怒无常，这正表明了他内心的忧虑和绝望，有何鸿燊在，他便不可能登上澳门赌业的霸主地位。但是，他对自己的本职工作依然兢兢业业，丝毫没有怠慢。葡京娱乐场投入营业之后，博彩品种逐渐加到了17种，特别是在一楼大厅安装吃角子老虎机以后，生意日益兴隆。澳门政府曾一度禁止开设吃角子老虎机，但叶汉认为吃角子老虎机是积聚人气的最简易可行的方法，他反复与澳督府交涉，官方最终默许了这一做法。

　　何鸿燊也热衷于引进西洋赌博，但心中却无底，他曾向叶汉建议直接从摩纳哥或拉斯维加斯引进赌具和专才。叶汉将他大大奚落一番，大言不惭地说："我要是像你这样会洋文，摩纳哥国王和美国总统都要请我去开赌。"

　　叶汉虽然爱吹牛，但在他的潜心经营下，葡京娱乐场的生意日渐转旺，无论民间还是传媒，都称叶汉为"澳门赌王"。

　　从"赌"的角度讲，叶汉确实无愧于"赌王"称号。他精通中西赌术，也善于管赌，把赌场打理得有声有色。赌场的赌博品种及数量虽然需要政府批准，但计划却是叶汉一手制定的。豪客厅与大众厅的比例，放置什么赌具，各占多少，都十分有讲究。

但称叶汉为"赌王"，是何鸿燊最忌讳之事。叶汉也满以为赌技超人、经验丰富，便可以指点和摆布何鸿燊，却不知道赌技对开赌场并不是最重要的，重要的是管理经验和领导艺术。如果是一间小赌坊，老板雇不起荷官，得自己兼做荷官，那么不懂赌技必败。若是大赌场，尤其是大集团架构的赌博公司，老板懂不懂赌技已无关紧要。何鸿燊从大处着眼，认识到具有领导才能的人，才有可能成为所有行业的霸主；能够管住有本事的人，才是最大的本事。因此，他始终掌握着两大权柄：人事权和资金支配权。

澳门《华侨报》曾这样评价何鸿燊的为人："善于处世，更善于处人，能礼贤下士，智而不傲，富而不骄，谦恭自处。"何鸿燊也总结了管人的6个经验：待人以诚，处事以勤，亲力亲为，罗致人才，精打细算，公道交易。他用管理现代化公司的方法，为赌场建立起严格的规章制度，连工作人员的服装、语言等都受到制度约束，比如不准大喊大叫，不准口出粗言，不准到处吐痰……但在叶汉看来，这一切好像都是针对他而制定的。

与此同时，资金更是叶汉心中永远的痛。几次扩股他都没有增持，而何鸿燊依靠其信德公司不断输入资金，让叶汉只能望其项背。此时，霍英东持有澳娱约30%的股权，叶汉和叶德利大约拥有11%，其余59%的股权由何鸿燊以及何启东家族的投资人何婉琪、新马师曾分别占有。何鸿燊一步步地成为整个娱乐公司的最大股权拥有者。

一天，叶汉在澳门西望洋山的海滨碰见叶德利，叶德利正和一个红头发洋妞在一起。叶汉一贯不爱搅和别人的美事，但这次不同，他吼道："飞车仔，过来！"

叶德利跑过来后，叶汉劈头盖脸地大骂他是"祸根"，如果不是叶德利说什么竞投赌牌需要葡国国籍和澳门生意，澳门赌场怎么会"引狼入室"，现在何鸿燊大权在握，甚至想把打下赌业江山的大功臣赶出

"庙门"！

叶德利愧疚地说："汉哥，我对不起你。不过，不是该不该叫何鸿燊加盟，而是我一直没有向汉哥面传处世秘诀，对何鸿燊这种人，就不能累死累活为他干。你什么都不干、都不管，他就会对你放心，就不会动你的位子，夺你的权。"

叶汉长叹道："你说得有理，可我就像你喜欢赛车和美女一样喜欢赌博，要你放弃你喜欢的东西，你做得到吗？我更加做不到，我生来就是劳碌命。"这也注定了叶汉与何鸿燊的争斗仍将继续下去。

当时，外界也总喜欢把何鸿燊和叶汉放在一起比较，在谈到何鸿燊时说，此人善于利用权谋造势，长袖善舞。这主要是说他善于利用各派的力量，充分照顾强有力的利益集团。

在澳门，何鸿燊发挥自己善于交际和交易的才能，织起了一张笼罩政经界上层的关系网，时不时地奉上甜头。他在赌场中大量起用土生葡人，这正符合澳督的施政方针。土生葡人在当地很有势力，对他们的任用，反过来又巩固了何鸿燊在澳门的地位。

何鸿燊不仅懂得八面讨好，造势生财，更懂得毫不留情地击垮对手。在拥有了强大的势力之后，叶汉便成了他排斥、打击的主要对象。

1972 年 6 月 3 日，澳娱与澳督府第二次修订合约。新合约规定从 1973 年 1 月 1 日起，每年共缴加征税款 100 万澳元；1976 至 1980 年再加征 50 万澳元，即每年缴加征税款 150 万澳元；1981 年再加征 50 万澳元，即每年增缴 200 万澳元；公司负担稽查费每年 20 万澳元；准许在特别场所内增设 100 台吃角子老虎机，每年另缴 25 万澳元税款；公司可以拥有 4 个（附设博彩）娱乐场；公司负责在凼仔建 4 座徙置大厦，必要时建更多的徙置大厦，以安置新口岸区的全部徙置居民；每年缴交的繁荣费用提高到 125 万澳元，其中 100 万用于繁荣工程，25 万用于社会工程。

这个合约的签订，给澳娱带来了更大的压力。何鸿燊也感到十分头疼。他尽量不招惹叶汉，但频繁的工作接触又是不可避免的。在这种情况下，他不得不顾全大局，在许多地方表现得极为大度。比如大年初一，总督要光临中心赌场，并首开"年赌"，以表示政府对博彩业的重视，祝贺赌场财源广进。叶汉就以澳门赌王的身份，恭迎澳督，陪同澳督玩新年第一手牌，还带澳督巡视赌场。

霍英东曾责怪何鸿燊当初不该与叶汉合伙，并且在第二次扩股后，再也不愿多管澳娱的具体事务，除了例行董事会之外，他完全把重心转移到了香港，几十年来一直如此。

叶德利作为董事只管拿钱，不参与管理。他常对媒体开玩笑说："我在娱乐公司不做事是很出名的，因为你们（指记者）老是把我泡妞的照片弄到报刊上去，好像我的职业天生就是嫖女人。其实，我在娱乐公司做了30多年，做董事长也好，做董事股东也好，都做得让老板满意——Stanley（何鸿燊）每次见到我都表扬我，'Teddy 叶（叶德利的英文名），做得不错呀！好好做下去！'"事实上，他什么也没做。4个董事中有两个人不管事，所以澳娱的内部矛盾就完全集中在了叶、何之间。

三、福祸相依

1973 年初，何鸿燊的信德集团在香港挂牌上市，使他在筹措资金方面有了很大便利，这无疑是一大喜事。接下来最重要的事是在人事方面进行调整。

叶汉由于受不了何鸿燊的气，借故去了欧洲，何鸿燊便开始直接插手赌场人事，他以赌场管理人员年纪偏老为由进行裁减，大量起用年轻人和土生葡萄牙人，使他们成为自己的心腹，同时又得到澳府官员的赞赏。历届澳督都极为关心出生于澳门的葡萄牙人的利益，何鸿燊此举算得上是一箭双雕。各赌场基层管理人员和工作人员的调整都比较顺利，只有高层管理人员的任用还是个未解的难题。

叶汉虽然放弃了管理大权，但他还是公司董事之一。为了避免不必要的麻烦，何鸿燊快刀斩乱麻，很快完成了公司自成立以来最大的一次人事调整。

这段时间，何鸿燊比谁都忙，而且还要常年奔走于港澳之间。因为他有两个家，他的二太太蓝琼缨一直住在香港，几乎不去澳门。

工作上的事情他大都如愿以偿了，对两个家也要照顾好。其中，最让他担心的还是大太太黎婉华的病情。

1973 年春，何鸿燊借去葡萄牙里斯本给黎婉华治病之便，悄悄离开澳门。

到达里斯本后，何鸿燊先为黎婉华安排好了医院，留下几个人照顾她，然后自己乘飞机前往美国。他是特意去赌城拉斯维加斯考察学习的，因此，他行前已发电报约好了身在美国的十姑娘何婉琪一同前往。

拉斯维加斯建市和发展赌业其实还没有澳门早，不过四五十年时间。但自从 20 世纪 30 年代赌博合法化后，这个城市几乎一夜之间就变成了赌城，是赌业发展最快的一个典型。其中，查尔斯顿娱乐区和死谷国家博览馆最具代表性。何鸿燊之前已经去过欧洲摩纳哥的世界赌城蒙特卡罗，相比之下，拉斯维加斯更具有现代化特色。各个赌场都以金碧辉煌、奇形怪状的建筑物来吸引游客，所有赌场 24 小时营业，赌博玩法五花八门，赌场内从小赌怡情到一掷千金的赌客都有。而且，只要付款，招手就有人给你送餐，从普通热狗到豪华大餐应有尽有。机场的班机通往世界各地，任何私人飞机都很容易在拉斯维加斯降落。博彩业带动了拉斯维加斯旅游业和娱乐业的发展。这些让何鸿燊大开眼界，同时也令他做出了一个决定：请十姑娘何婉琪回澳门，协助他对澳门赌场进行改革。

何鸿燊带着十姑娘回到澳门，还没来得及安排工作，又匆匆赶往里斯本，因为黎婉华的病情出现异常，他要将她送往伦敦治疗。

1973 年夏，黎婉华在伦敦医院病情明显好转之后，大女儿何超英和二女儿何超贤双双飞到伦敦，将母亲接回里斯本度假。黎婉华可以自己走路了，也想在祖国的首都与儿女们度过一个愉快的假期。而且还有一件令她高兴的事情，那就是儿子何猷光和其女友苏洁正式确定关系，即将结婚。

当黎婉华看到儿子带着女友站在自己面前时，在医院里的郁闷情绪一扫而光，她拉着苏洁的手说："真是个漂亮聪慧的姑娘，已经做好心理准备了吧。你们订个好日子，就在里斯本为你们举行仪式吧！"

何猷光望着母亲难得的笑脸，不好意思地说："这事还没跟阿爸讲呢，不知他同不同意。"

"这对你阿爸来说是一件大喜事，怎么不早点告诉他呢？虽然他比谁都忙，不过你们的婚礼他肯定会来参加的。"黎婉华又看着苏洁说："放心吧，我一定要将你们的婚礼办成中西合璧的最风光的婚礼。"

因夏天天气炎热，黎婉华提议和孩子们一起去游泳，但附近没有水清而流动的河道，他们准备到稍远一点的一条河去，这样就必须驾车从里斯本出发，沿公路行驶几十公里，才能到达河边。次日，天气晴朗，微风习习。黎婉华带着何超英、何超贤、何超雄、何猷光及苏洁，很早就赶到了美丽的河畔。天蓝水碧，在这里尽情畅游，无疑是夏日里最惬意的享受。一家人在水中嬉戏，玩得特别开心，直到下午3点才驾车返回。黎婉华坐在第一辆轿车的前面，葡国女佣充当司机，后排坐着何超英、何超雄和何超贤。后面的一辆车上坐着何猷光和苏洁这对恋人，他们紧跟前面的轿车而行。就在车子刚驶进里斯本市区的一个十字路口时，一辆装满货物的大卡车从横路上飞驰而来，驾车的葡佣发现有可能撞上这辆违章的卡车，立即做出紧急反应，向右猛打方向盘。一场猝不及防的车祸就这样发生了。黎婉华乘坐的轿车一头栽进了路边的泥石沟里，葡佣当场毙命，黎婉华腰部和头部受到重创，当场昏迷过去。她的3个女儿都重重地撞在轿车椅背上，所幸都没有受伤。

当时，何鸿燊正在葡京大酒店开董事会。黎婉华出车祸的消息传来，他立即终止会议，乘飞机赶赴里斯本。黎婉华躺在医院里，一直处于深度昏迷状态。何鸿燊见到她后大哭了一场，一边哭一边诉说着一些往事，似乎想以此唤醒她，直到声音嘶哑得说不出话来。他发誓要不惜一切代价救治黎婉华。

然而，医生告诉他，黎婉华治愈的可能性微乎其微，即使醒过来也可能变成植物人。何鸿燊懵了："什么，植物人？不，不会的！她一定会好起来的。医生，无论花多少钱都行，只要能救活她。"

"有些问题不是钱能解决的，也不是我能解决的，不必求我，祈求上帝吧！"医生无奈地说。

也许是何鸿燊的诚心感动了上帝，奇迹发生了：两个月后，黎婉华清醒过来了。经过葡国医生的精心治疗和护理，又过了一段时间，黎婉华可以在别人的搀扶下走路了，只是记忆力出现了一些障碍。

此时，公司的改革刚刚开始，何鸿燊分身乏术，忙得不可开交。这时，二太太蓝琼缨建议把黎婉华送到伦敦的医院去治疗，因为那里不但神经科专家多，而且他们对黎婉华原来的病情比较了解，更利于治疗。于是，在新的一年到来之前，何鸿燊和蓝琼缨一起把黎婉华送往伦敦。

医院神经科的专家诊断后对何鸿燊说："病人的记忆神经受到严重损伤，有的人可以恢复，有的人也许一辈子也难以恢复，你们要有心理准备，治疗得慢慢来……"

"不行，医生，什么事情都可以慢慢来，唯独治疗我太太的病不能慢点来，请务必想尽一切办法，帮她早日恢复记忆。"何鸿燊一再恳求道。他决定留下来陪黎婉华一段时间，他每天用推车把她推到医院后面的院子里，反复跟她讲他们的往事，试图唤醒她的记忆。

令何鸿燊伤心的是，黎婉华总是呆呆地看着他，什么表情都没有。几个女儿担心父亲留在这里耽误工作，一再催促他回去；坐镇澳门赌场的十姑娘也多次来电催促，何鸿燊想不出更好的办法，只得先回澳门。临行前，他一再叮嘱两个女儿："你们要每天陪妈咪说话，多谈一些她可能记起的往事，帮她早日恢复记忆。"之后他才依依不舍地回澳门。

第八章　暗战与明斗

一、两大赌王决裂之战

在十姑娘何婉琪的帮助下，数月下来，何鸿燊便摸透了经营赌场的一些窍门，渐渐地，他开始不满叶汉那一套陈旧的管理方式，开始对赌场进行大刀阔斧的改革。他对十姑娘说："叶汉无论是年龄还是管理方式都老了，你实习了这么久，应该可以替代他了。你有信心吗？"

十姑娘笑了笑，说："仅仅替代他还不够，更重要的是要超越，当然只是管理上的超越。我会很努力的，我有信心！"

何鸿燊知道，眼下赌场的荷官太少，还有一部分是叶汉早期的原班人马以及从泰兴公司转过来的，带有浓厚的封建习气，彼此之间称兄道弟，叶汉是他们心目中的"老大"。为数不少的高级职员，也只听从叶汉的指示。

何鸿燊担心十姑娘指挥不动他们，决定将他们全部裁减，尽管这样做，公司会暂时遭受损失，但势在必行。

同时，何鸿燊又以澳娱公司的名义，赞助创办澳门《星报》。该报大力介绍澳门的博彩娱乐以及其他吃喝玩乐场所，既方便了游客，又吸引了陌生的香港客人来澳门赌钱。

这让叶汉看着眼红，但他没有再与何鸿燊面对面地叫骂，而是通过大众传媒对骂，从而引发了一场高层的口水战。

这场口水战的爆发，实际上是向外界宣告了他们关系的彻底破裂，其核心内容包括两个部分：一是对叶汉过去功过的认定，二是对叶汉即将开办的赛马车项目的论辩。

叶汉认为，几个董事中，数自己对澳娱公司的贡献最大，无论是竞标、引进项目、聘用人才，还是对赌场的管理，他都功不可没，尤其是引进水翼船，他更是眼光独到，建议公司抢先购买。因此，他率先在媒体上发表言论，强烈指责何鸿燊独霸澳娱公司董事会，为所欲为。"不是水翼船接来源源不断的赌客，今天澳娱公司的赌场哪会有这么旺？何某还说我不肯引进水翼船，其实最初买水翼船是我的主意！"叶汉重提旧事，在一些赌友中怒斥当年何鸿燊冷落他进口水翼船的建议。

他还讲了当时的经过，说他去美国考察回来，立即向公司提交了一份报告，建议引进新的赌博项目，并通过改善客运条件来增加客源。但何鸿燊知道他想买水翼船时，认为这与其信德客运公司的业务相冲突，因此只哼哼了一下，并不太热心。之后叶汉才去找董事长霍英东据理力争。

何鸿燊显然不同意叶汉的说法，他在另一个公开场合回应说："我在地中海坐水翼船时，叶汉还不知道世界上有水翼船。我跟霍先生早就商量好要买水翼船，只因一时筹不到那么多钱，所以才拖到1964年。一艘水翼船要上千万元，叶汉哪有那么大的气魄？而且购置水翼船是商业秘密，不能让港澳客运的其他公司抢在我们前面，所以除了我和霍英东两人，其他股东包括信德股东都不知道。我不像叶汉那样好表功，做事张扬。如果不信，只要看看1962年我与澳府签订的合约就可以弄清楚。"

外界都知道，1962年的赌场专营权合约是何鸿燊亲笔签字的，其中有一条，就是3年内必须改善澳门的旅游交通条件，包括引进耗资巨大的水翼船。但澳娱公司一时拿不出太多的钱，何鸿燊为此连续3次赴里斯本与相关官员交涉，要求放宽条件和政策。为了搞清楚水翼船到底是何物，他又亲赴地中海北岸的摩纳哥，考察蒙地卡罗赌场，并特意乘坐水翼船。在亲身体验乘坐水翼船的快感后，何鸿燊下定决心努力筹钱，尽快购置水翼船。

　　叶、何二人各有说法，那么，水翼船到底是怎么购置的呢？这件事实际上比他们说的还要复杂。

　　购置水翼船的确是在签订合约之时就提了出来，但因资金紧张，澳娱公司并没有立即按计划实施。后来想了很多办法，也觉得不可行，何鸿燊便提议由霍英东的有荣船厂来仿造。这是个很大胆的想法，因为霍英东的有荣船厂只是中等规模，技术和生产设备都未必跟得上。不过霍英东倒有心一试，他认为，只要买来一艘瑞典的水翼船，再依葫芦画瓢就行了。何鸿燊与霍英东已经做好计划引进，并向美国通用电气公司缴了定金。通用电气公司是世界上最好的喷射发动机生产商，美国波音公司飞机上的发动机就是通用电气公司的产品。叶汉这个时候也开始关注喷射式水翼船，并到美国考察了一番，回来后向何鸿燊提出了这一建议。何鸿燊为了迷惑业界的竞争对手，故作惊讶地对叶汉说："有一般的水翼船就够了，喷射式船速度那么快，有哪个赌客敢坐呢？"

　　事后，叶汉在他的朋党面前，大骂何鸿燊"保守""拒绝新事物"。实际上，他们的观点是一致的，只是没有坦诚沟通，产生了一些误解。后来时间长了，大家都忘了这件事。

　　糟糕的是，事隔数年后，一位英国记者在他的一本新书里，写到了世界上最会赚钱的6个人，其中就有何鸿燊。在介绍何鸿燊时，为了更加突出何鸿燊的成就，这位英国记者专门把何鸿燊和叶汉做了一番比较，认为叶汉代表老一代赌王的传统，属于保守一派，并说叶汉在娱乐公司时把赌场搞得一塌糊涂，又不肯引进新技术和新的管理方式，他手下的荷官对客人毫无礼貌，时常逼客人给小费，等等。相反，何鸿燊代表新一代赌王，大胆改革，对叶汉提出过批评，但是叶汉自以为资格老，经验丰富，对何鸿燊那一套不理不睬，所以两人才闹到公开决裂的地步。

　　叶汉看了这本书，顿时火冒三丈："写的什么狗屁，胡说八道！何某也太不要脸了，尽往自己脸上贴金。他以为我不懂英文？踩我来抬高自己，休想！别人做熟了饭，他来坐享其成，还用棍子把饭庄老板打出去！何某最初不就是捞偏财起家吗？他有什么真本事？他现在赚钱的门道都是我给他先打通的，他做扒钱仔倒很合适！"叶汉一肚子怨气没处撒，当面骂他倒骂得出口，但要在媒体上骂，他又不是何鸿燊的对手，因此他请了个律师，把何鸿燊告上法庭。

法庭认为，英国记者是何鸿燊的代言人，书中确有诋毁叶汉名誉的言辞，讲话失之客观公正，因此判何鸿燊败诉。

何鸿燊见叶汉动真格的了，也有些惊慌，这事传出去毕竟对自己的名声不利，于是，他请朋友邓肇坚爵士做中间人进行调解。叶汉提出的条件是，何鸿燊要向叶汉公开道歉，并赔偿50万元律师费，以避免可能引起的一场舆论风波。

一向硬气十足的何鸿燊不怕多出点钱，但要他"屈尊"给"冤家"写道歉信，肯定办不到。叶汉又对外界说："如果3天内收不到信，就将法庭的判决刊登到报纸杂志上，我也不在乎他的几个小钱。"

至于何鸿燊是否写过道歉信，人们在何鸿燊那里肯定得不到证实。但叶汉却得意洋洋，对很多关系密切的朋友说："何鸿燊当时正要树立好名声，所以写道歉信了，他知道自己讲了错话。"

叶汉赢得了一场口水战的胜利，但接下来的一件事却让他大伤脑筋。当时，叶汉正在筹备赛马车协会，他爆出一些内幕，声称早在嘉乐庇总督任内，已向澳府申办赛马车，但在新总督李安道上任后，计划却被何鸿燊蓄意破坏，几乎要流产。

叶汉对赛马车产生兴趣始于1973年。当时，由于与何鸿燊处处合不来，赌场失意的叶汉数次周游列国，既为考察，更为散心。有一次，他在北欧发现那里的赛马车场特别红火，每场赛事都有几万人捧场，不由动了心，想把这种博彩新花样引进澳门。

作为澳娱公司常务董事、赌场总管，叶汉认为自己不能单干，而且也干不起，但他又不愿再给何鸿燊献计献策。因为他付出的心血和汗水，都被何鸿燊拿去给自己脸上贴金，而且，何鸿燊不仅不感激他，还处处打击、排挤他。所以，在事情还没有眉目之前，他准备一切都秘密进行。

1974 年，嘉乐庇总督卸任，11 月 19 日李安道总督来澳述职。1975 年春节，澳门富豪宴请李安道。以往遇到这种场合，何鸿燊都会让叶汉与澳督同席，华人领袖何贤也尊重澳娱的意见安排席位。但这次叶汉的席位却远离澳督，何鸿燊与李安道坐在一席，谈笑风生。

叶汉不敌疏于赌术但精于权术的何鸿燊，便想靠自己的实力做澳门的"马车王"。叶汉的目的，除了重温赌王的旧梦外，还想要冲击澳娱赌场的生意！

在亚洲，赛马的引进者是 100 多年前的英军、英商，而赛马车的引进者则是叶汉。所谓赛马车，是由一匹标准种马拖着双轮车，骑手坐在车上驾驭马匹奔跑的比赛，最先到达者为第一。马迷可向选中的马投注，化娱乐为赌博。

叶汉精心拟定了一个在澳门离岛凼仔岛开设赛马车会的计划。在向澳府提交申请书的同时，为了争取政府支持，他还向政府提出投资南湾填海的计划。

何鸿燊通过澳督府的内线关系，很快获知了叶汉的计划。

他想，叶汉想出这一绝招，何不拿过来为我所用？现在他的赛马车专营权还没有弄到手，我不如给澳督府上一份有更多附加福利的报告书，抢先申办。于是，何鸿燊向澳督李安道提出反对建议，将赛马车改为赛马，并声称有香港大财团投资，而且有更庞大的澳门公益投资计划。

何鸿燊找来一些业内人士商议此事，完全没有考虑这样做是否有悖商德，只是关注赛马适不适合澳门，有无充足的客源。大部分人信心不足，有人说："叶汉搞赛马车，我们就搞赛马，与他对冲！"

为了抢先叶汉一步，何鸿燊很快拿出了一个新方案：计划联合香港大财团在澳门新口岸兴建一个大型赛马场，并进行一系列繁荣澳门的投资项目。

　　两份报告一先一后摆在了澳府要员的案头。澳门原有赛马活动，已经停赛数十年，当然是叶汉的赛马车较具新意，而且何鸿燊以上种种项目后来都未兑现，可见他是别有用心，目的只有一个，那就是拖延、破坏赛马车的开办，以垄断澳门赌业、扑灭叶汉的合理竞争。

　　但叶汉是认真的，他办赛马车协会的决心很大，可以说是孤注一掷，因此，他使出了浑身解数，又与何鸿燊进行了一场唇枪舌剑的较量。

　　何鸿燊通过媒体谴责叶汉违反董事会在 1962 年订下的协议，自办新的博彩项目，抢澳娱公司的生意，并嘲弄身为澳娱股东的叶汉"吃里爬外""吃饱了撑得难受，给自己开一些毫无意义的小灶"。

　　叶汉也通过媒体向外界宣称，何鸿燊只会说空话、大话，根本不会下功夫创办赛马协会。

　　两人在报上公开对骂达数月之久，除了增加港澳两地市民茶余饭后的谈资外，还加深了他们之间的怨恨。

　　1975 年，澳娱公司与澳督府所签的合约期满，叶汉趁机拉拢香港地产、珠宝界巨富郑裕彤合作，向澳门当局提出以增加赌税为条件，企图夺取赌业专营大权。

　　可是，在澳娱的三大股东中，霍英东是何鸿燊的"死党"，叶德利是其妹夫，股权大事岂会轻易换手？争霸的结果仍以何鸿燊胜利告终。

　　何鸿燊为表明自己才是澳门博彩界的总代表，更为表明自己与新澳督的关系非同一般，在宴请新澳督之前，打电话给何贤，请他叫人把叶汉的席位名取下，让自己坐在李安道一席。接着，何鸿燊与澳督及澳府官员进行了一系列幕后活动。数月后，澳府批准了何鸿燊的赛马计划，而将叶汉的赛马车计划束之高阁。

　　叶汉怒不可遏，破口大骂了何鸿燊一通。随后，看似心灰意冷的叶汉宣布正式退休，把辛辛苦苦创下的江山拱手让给了何鸿燊，只保留自己原有的股权。这一年，叶汉正好七十寿辰，他年事虽高，精力却十分旺盛。因此，他的退休既有心灰意冷的成分，又是以退为进的策略。他从来不服输，更不服老，他还要与何鸿燊大举较量。

1977 年 8 月，由于何鸿燊的投资项目一直没有动静，澳督府承受不住舆论的压力，正式批准授予叶汉赛马车专营权，合约规定 20 年期限，每年向政府缴纳专利税 450 万元。

何鸿燊频频向叶汉施加压力。这时，摆在叶汉面前的只有两条路：一是继续做澳娱公司股东，保证不做任何有损澳娱公司的事情（实际上就是放弃赛马车）；二是继续做他的"马车王"，放弃澳娱股东身份。叶汉不假思索地选择了后者。

这一回，叶汉终于可以甩开膀子大干一场了。他邀来澳门华人代表何贤、香港电影业巨子邵逸夫、香港超级富豪利铭泽等人，出任澳门赛马车会的名誉主席，他本人则领衔挂帅，充任主席。一时间，港澳两地万人瞩目，赛马车会搞得声势浩大，沸沸扬扬。

据称，赛马车兴起于 1806 年的美国，后在欧洲、澳大利亚、新西兰等地区推广开来。叶汉经营赛马车，是首次将此项活动带入亚洲。

叶汉开始筹资在凼仔岛填海兴建赛马车场，耗资 1.5 亿元，于 1980 年建成，共计占地 21.3 万平方米，车道全长 2110 米，5 层看台大楼的建筑面积达 3.5 万平方米，全天候跑道可容 8～12 辆马车出赛。场内有世界第一流的巨型电子影像显示屏幕，还有电子派彩机。场内设有电话投注服务，另设"合法外围投注站"。投注分独赢、位置、连赢、三重彩和六环彩等。这是亚洲第一座赛马车场，也是东南亚最大的赛马车场。

叶汉有赛马车手 40 名，都是澳大利亚人，次年起用澳门人。根据参赛马的步伐不同，分为"对蹄马"和"边蹄马"两种。澳门采用的是"边蹄马"，参赛的马匹原来有 500 匹，后因业务不佳逐渐减至 300 匹。

1980 年 9 月 6 日，赛马车会在新建的赛马车场举行了盛大的揭幕典礼和首次赛马车博彩。港澳不少政要商贾名流前来祝贺捧场，新澳督伊芝迪主持了开幕仪式。1.5 万马车迷和观众云集场内外，平日人烟稀少的凼仔岛，一时间人山人海，热闹非凡。

作为赛马车会主席的叶汉，这次算是扬眉吐气，大出了一番风头。开幕典礼之后，举行了第一场马车比赛。这一项全新的博彩赛事，给沉闷的澳门博彩娱乐业注入了强大的活力，也使一度在赌坛失意的叶汉再次风光起来。

可以说，这场赛马和赛马车之争，叶汉战胜了何鸿燊。整个 20 世纪 80 年代，澳门的博彩业出现了两大赌王，一个是掌管澳娱赌场的何鸿燊，一个是掌管赛马车场的"职业赌枭"叶汉，两人几乎平起平坐，不分伯仲。

二、珠宝大王横插一脚

叶汉能够靠赛马车场获得一片天地，其中有个人功不可没，他就是香港珠宝大亨、地产大亨郑裕彤。1975 年，澳娱与澳督府签订的合约期满时，叶汉曾鼓动郑裕彤联手夺取赌场专营大权。

何鸿燊担心生出意外，决定首先瓦解"叶郑同盟"，他用以利诱之的办法，一方面对郑裕彤许诺：只要郑裕彤放弃竞投赌牌，将来有机会让他参股，股份不会少于叶汉现在所持的股份；另一方面，他又动用澳督府的关系，在政策上加以限制，以防万一。何鸿燊在澳门政府、在港澳的关系密如蜘蛛网，几招下来他便化险为夷，不仅瓦解了叶郑同盟，还与郑裕彤交上了朋友，称他为彤哥，两人成了生意上的亲密伙伴。

不过，叶汉与郑裕彤的关系也非同一般，他们虽然没有继续竞争赌牌，但也没有放弃在博彩业界的发展，决定开办赛马车场。何鸿燊对叶汉的步步紧逼，终于把叶汉逼上了"马车王"的宝座。而郑裕彤在叶汉的游说下，也对经营赌场产生了浓厚的兴趣。

赌场对当时的郑裕彤来说是十分陌生的，作为珠宝大王，郑裕彤有过一段打拼事业的不平凡经历。

1925 年 8 月 27 日，郑裕彤出生于广东省顺德县（今佛山市顺德区）一个贫寒的家庭。他年幼时全家人仅靠父亲开的小店勉强糊口。他的父母原本希望他专心学业，但在他13岁时，日寇侵华，他被迫辍学。由于日本侵略军进犯广州、香港，百万市民受到战火纷飞的侵扰，衣食无着，性命难保，纷纷出外投亲靠友。万般无奈之下，年仅15岁的郑裕彤也被父亲送往澳门，到其挚友周至元开的"周大福"金铺当伙计。

金店里分大伙计和小伙计，小伙计就是当杂役。郑裕彤开始在店里只是个打杂的小伙计。对于郑裕彤在澳门的第一份工作，很多媒体报道说他首先在一家金铺里做学徒。他自己则很严肃地说："这是很多人的一个误会，事实上不对。学徒是打金器，学习怎么做黄金首饰。我是扫地、抹台，偶尔抽空出去学习人家怎么做生意。"

金店算是一个特殊行业，不知底细的人，老板是绝对不敢乱用的。周郑两家交往密切，懂事的郑裕彤初来乍到就给周家人留下良好的印象，周家人都叫他小阿彤。

郑裕彤勤奋，肯吃苦，他从杂役干起，哪怕是扫地、擦灰尘、洗厕所、倒痰盂等里里外外的清洁工作，都做得一丝不苟。一切准备妥当后，他再和姗姗来迟的大伙计们一起开店门学做生意。对于一个只有十五六岁的孩子来说，这份工作显得十分忙碌辛苦，但懂事的郑裕彤却一心想着不要辜负老板的"不弃之恩"，始终老老实实、勤勤恳恳地工作。

周大福金铺因入行较晚，在当时名气并不大。入店不久，郑裕彤的勤劳和在工作中表现出的聪明能干逐渐受到周至元的赏识。一天，周至元派他到码头去接一位亲戚。码头上，来自香港以及东南亚的海船不断靠岸，人流熙熙攘攘，川流不息。忽然，一位南洋商人向路人打听哪里可以兑换港币。许多人都知道这是一个良好的商机，年纪尚小的郑裕彤也热情地上前搭讪，用浓重的顺德口音说："到周大福金铺可以兑换，保证价格公道。"郑裕彤说话时口齿稍显笨拙，却赢得了商人的信任。商人望了望老实巴交的郑裕彤，随他来到周大福金店，郑裕彤就这样开创了一笔新生意。这件事让周至元看出郑裕彤外拙内智，于是派他继续发展类似的工作。又过了半年时间，周至元就提升郑裕彤正式在金行当学徒了。

就在郑裕彤逐渐成长之际，时局却越来越糟糕。广州、香港相继沦陷，不少金铺迁移到澳门，拥挤的澳门街面上，金铺随处可见，竞争十分激烈。

郑裕彤似乎天生便是为黄金珠宝而生的，他对珠宝生意极有兴致，很快就掌握了坐店营销的要领并痴迷似的钻进了行当。

他经常利用上下班的时间，观察沿途经过的金铺，用行话说这叫"看铺"。周至元并不知道他如此痴迷。长此以往，他经常上班迟到，引起了周至元的注意。

一天，郑裕彤在上班途中路过一家金铺，发现橱窗里摆放着好几款别具一格的饰品，不由得停住脚步，细细揣摩起来，结果又耽误了上班的时间。当他急匆匆地赶到金铺时，老板已经在店内等候多时，他知道自己犯了错，战战兢兢地说明原因，结果周至元不但没有责备他，反而将上街"看铺"的特权交给他。

此后，"看铺"成了郑裕彤的日常工作之一，每当生意不忙时，他便上街去"看铺"，这使他进步很快。按照规矩，学徒在金铺需要 3 年才能出徒，而郑裕彤未满 3 年就荣升为金铺掌管，不仅可以独立接活，还负责铺面的日常经营管理。

1942 年，郑裕彤娶了周至元 17 岁的女儿为妻。后来郑裕彤才知道，父母与同在广州绸缎庄做过伙计的周至元一家是患难之交，情同手足。周、郑之妻同时有喜，于是两家便"指腹为婚"，定了婚约。天公作美，周家生了女儿，郑家生了儿子，恰好天生一对。到周大福金铺当学徒时，郑敬诒担心儿子以"郎婿"自居，不求上进，所以没有把这件事告诉他。

1946 年，21 岁的郑裕彤奉岳父之命，带着妻子，揣着 2 万元现金及 24 两黄金，奔赴香港开设周大福金饰珠宝分行。同年年底，周大福金饰珠宝分行在香港皇后大道中 148 号开张。20 世纪 40 年代后期，在香港做金饰品的业主有很多，要想在竞争激烈的市场中站稳脚跟非常困难。郑裕彤所用的方法，用今天的流行语来说就是——细节决定成败。

当时一般金铺的黄金成色都是 99%，即九九金，为了在竞争中取胜，郑裕彤决定首创推出四条九（即含金量 99.99%）足金，比三条九金（即 99.9%）的含金量更高。这个方法虽然立即使得顾客盈门，但付出的代价也是巨大的：每卖出一两金，便要亏几十块。很多人都反对这么做，但郑裕彤认为这个时候挂牌子比赚银子重要，其中的几十万差价权当作了广告，而买家的口碑是千金难换的。

郑裕彤是个善于动脑的人，他跑遍全港各家金银珠宝行，集各家之所长用于领导分行的经营，使分行生意迅速好转，在客户中赢得了极好的口碑。但郑裕彤并没有因此而感到满足，他清醒地认识到，"在商场中'守业'就等于'败业'，只有在不断创新中前进，才能图谋发展"。因此，他一改原有的资本结构模式，邀集同事组建周大福珠宝金行有限公司，这也是香港金饰珠宝业最早的有限公司机构。

郑裕彤接受的是金铺旧式的带徒教育方式，但他并不保守，甚至具备现代人超前的经营理念。在他的全新思想指导下，周大福珠宝金行有限公司不再为总裁独有，而成了资产共有、风险共担、利益共享的现代企业。

郑裕彤不善于高谈阔论，不了解他的人，总以为他辉煌业绩的背后是数不清的运气。对此，他说："一个人的一生，幸运碰上一两次是可能的，但不可能永远幸运。如果你希望永远幸运，一定要付出永恒的'勤'与'诚'，幸运才会常伴你左右。"

当时香港的金铺比比皆是，竞争十分激烈。郑裕彤首创的九九九九金，率先开创了金饰制造的新工艺，同时也引导了消费领域的新潮流，为周大福今后的发展奠定了雄厚的经济基础。郑裕彤锐意进取，不断开拓新市场，短短几年，周大福分行便增至 11 家。有人说他是靠运气发的财，郑裕彤却说："香港是个充满无限机遇和挑战的地方，机遇对每个人来说都是平等的，面对挑战是每个人都回避不了的。关键在于你如何去辨识，有没有足够的心理准备。"

金店是郑裕彤的起家之本，当他将周大福推上一个新台阶后，又开始向新的领域进军了——钻石业，这个领域才真正让他功成名就。在香港，郑裕彤享有"珠宝大王"的美称，并不仅仅指他的金饰，更有后来使他进入世界珠宝之林的钻石业。

郑裕彤十分关注国际珠宝饰品的流行款式，他在观察中发现，许多极有身份的西方女士，都喜欢佩戴钻石饰品，黄金饰品已不被她们所看重，钻石才是一种高品位、高价值的饰品，必将更受青睐。

按照国际规定，持有"戴比尔斯"牌照，方可批购钻石，而全世界只有500张这种牌照。正是这张"戴比尔斯"牌照，吓退了一大批钟表商，一些业内人士称："要从戴比尔斯购到钻石，简直比从天上摘星星还难。"但郑裕彤并未因此而退却，他绞尽脑汁，决定在南非买下一间持有"戴比尔斯"牌照的公司，这不仅使他顺利拥有"戴比尔斯"牌照，并且使他在20世纪70年代成为香港最大的钻石进口商，每年的钻石入口量约占全港的30%。实际上，郑裕彤开创钻石业所取得的功业，引导了香港珠宝业挑战传统、寻求发展的一场空前的革命。他也由此获得了"珠宝大王"的称号。

1956年，周至元与合伙人年事已高，便将全部生意转让给郑裕彤，经过他的苦心经营，周大福成为香港三大金行之一。

不过，使郑裕彤成为超级巨富的，还不是黄金珠宝生意，而是地产。1970年，他与香港商界、金融界巨子何添、郭得胜及何善衡等人，合股成立新世界发展公司，全面向地产业进军。他以1.37亿港元从太古洋行购得九龙、尖沙咀"蓝烟囱"旧址，用来兴建新世界中心酒店、购物商场以及丽晶酒店，这幢美轮美奂的欧洲式建筑物，成为新世界集团的标志。此后，郑裕彤看准机会，四面出击，频频得手。

这"四面出击"之一，便是涉足赌场。

1982年，叶汉因招架不住何鸿燊的压力，被迫放弃澳娱股东身份。为了集中人力和财力挽救赛马车，叶汉把自己约10%的澳娱股份，以3

亿港元的价格套现，转让给郑裕彤。从此，澳门博彩业进入何鸿燊、霍英东、郑裕彤三大巨头并驾齐驱的新时期。

此时叶汉已是一个75岁高龄的老人，奋斗、抗争了一辈子，直到人生的黄昏时段，才取得这样显赫的地位，他的心情并没有旁人想象的那么痛快。在兴奋了一段时间过后，回望自己走过的坎坷道路，他内心甚至有几分酸楚，几分悲凉。他觉得自己成功得太晚了，看看眼前所剩的岁月，他甚至觉得这样争强斗胜太没有意思了。

但是，与郑裕彤合作后他又欲罢不能，转眼之间，他又全身憋足了劲。他太容易受外界的影响了，难怪他的对手都认为他缺乏"定力"。

郑裕彤性格开朗、为人豪爽、兴趣较广，但他绝不附庸风雅，从不玩古董、赏字画。他对赛马饶有兴致，可以说是性格和兴趣使然。他平时爱和富豪们私下玩扑克牌游戏，注资以万元计算。他也是高尔夫球场的常客，据《壹周刊》称，这些超级巨富玩球有时亦带赌，一杆20万元起，一洞有时高达几百万元，郑裕彤与李嘉诚、林建岳等斗得李兆基在一周内输掉1400万元。由于香港禁赌，这则新闻弄得港人哗然。

郑裕彤声称自己主张小赌怡情，他不豪赌、嗜赌。他将自己对赌业的投资解释为："与民生无关，但与人性有关。"他向朋友阐释对赌博的见解时说："这个世界根本就是'大有大赌，小有小赌'，做生意也是赌博的一种，甚至每次买一块地的决定，本身便有赌博的成分。"这也是他入主赛马车协会的动机——让人们小赌怡情。他成为澳娱公司的董事后，并没有完全按照何鸿燊的意图终止赛马车场的生意，这让叶汉感到自己总算赢了何鸿燊一场。

为了彻底击破叶郑同盟，何鸿燊又答应与郑裕彤等人合股，在伊朗开设跑马场。当时伊朗的经济政策比较混乱，伊朗人把赌马作为一大生财之道，所以他们的生意兴旺了一段时间。可惜好景不长，伊朗政局再次发生动荡，社会秩序混乱，有一天，一群曾参与赌马的阿拉伯人冲进赛马场，把电子计数器和赛场设备砸了个稀巴烂，导致5000万美元的投资血本无归。头脑发热的郑裕彤终于冷静下来，暂时放弃了与何鸿燊合作的赛马场，也不再增资资助叶汉的赛马车场。

何鸿燊认为，踢开叶汉之后，澳娱内部再也没人跟自己争权夺利了，他开始以一家之主的姿态，更加广泛地博取人心以及澳门政府的赏赍。霍英东虽然是澳娱最大的股东（占 40% 以上的权益），但他和郑裕彤、叶德利一样，只管拿钱，不管赌场的具体业务，澳门赌业的经营大权完全落入何鸿燊一人手中。

三、入主赛马会

按说叶汉已经彻底退出澳娱，与何鸿燊没有任何瓜葛了，他对何鸿燊那边的好事坏事，也尽量做到不闻不问。但事实上，他对何鸿燊仍憋着一腔怒火，只是没有机会发泄罢了。

1982 年 8 月，何鸿燊个人捐资 2000 万元，兴建澳门新口岸体育馆；同年 12 月 30 日，澳娱公司与澳督府第四次修订合约：澳娱公司的专营权再延长 5 年，由原定的 1986 年年底延长到 1991 年年底；澳娱公司缴付续约费 7 亿澳元，先付 2 亿澳元，以后至 1986 年年底分期付清；博彩税从 1982 年起，按公司总收入抽 25%，从 1987 年起，每年再增加 1%，到 1991 年增加至 30% 为止；增购两艘 700 客位快船、两艘喷射水翼船，投入港澳客运；兴建 400 个单位，平民大厦 5 幢，用以迁徙和安置新口岸区的居民。

叶汉知道，何鸿燊的种种作为无非一个目的，即坐稳赌王宝座。对叶汉来说，如果赛马车不断取得胜利，或许他会慢慢变得无精打采；如果赛马车迅速陷入人力无法逆转的绝境，他也可能会心如死灰。糟就糟在赛马车生意红火了一阵子之后，行情才渐渐跌下来，这让他欲罢不能。他实在是不甘心，他不能让何鸿燊看自己的笑话，于是不断追加投资，想尽种种方法。面对叶汉惨淡经营的境况，有些好心的旧友开始责备他，说他不该赌气退出澳娱公司，不该出卖股权，并说霍英东、郑裕彤等人眼下如何大把大把赚钱。

叶汉气得直跺脚，他虽然进账不菲，但与每场赛事的庞大开支相比，还是入不敷出。

叶汉原本预期赛马车场每年的投注额至少应该有 5 亿元，但 1981 年总投注额只有 1.3 亿元，然后逐年下降，1982 年不到 1 亿元，1983 年跌到 6000 万元，1984 年更跌到了 4400 万元，这使赛马车公司连年严重亏损。

郑裕彤既是叶汉的朋友，也是何鸿燊的朋友。他与何鸿燊尝试开办赛马场失败，眼看叶汉的赛马车场也是一天不如一天，作为商人他已经失去了继续投资赛马车场的兴趣。他的投资理论是："凡与民生有密切关系的生意都有作为，女人喜爱珠宝，举世皆然；人要有房子住，年轻人成家后自辟小天地，对楼房便有大量需求，做这些生意不会错到哪里去！"对赛马这类赌博投资，纯属个人爱好。

叶汉艰难地维持着赛马车场的生意，尽管亏本，他仍想支撑下去，显然是不想输这口气。就在他举步维艰的时候，何鸿燊又给了他最后一击。

1984 年，澳督高斯达两次在澳门公开场合，高度赞扬何鸿燊掌管的澳门博彩业：

"我个人和政府都认为，博彩业在澳门的存在，并不比在世界上任何一个地方更坏，它带来的利益大大补偿了社会观念下所引起的不适当之处。

"感谢这次参与谈判和签署博彩经营合约的人士，特别要感谢澳娱公司的总经理何鸿燊先生，何先生和政府忠诚合作，经常将公司的利益和澳门整体利益互相协调，致力于繁荣澳门经济，这一点很值得我们赞扬！"

叶汉看见这条消息后，嘲讽道："何鸿燊真不要脸，把所有的功劳都揽过去了。"在新添对何鸿燊恨意的同时，他又感叹自己已进入人生末路，在赛马车协会成立 4 周年之际，他从泰国请来四面佛铜像，供奉在赛场，祈求佛灵保佑自己财源广进。

赌博与信佛哪有什么瓜葛？这本身就十分滑稽。四面佛定然不会在澳门显灵，港澳居民对赛马车这个洋玩意也不太感冒，参与赛马车者与日俱减。赛马车的投注额持续下降，任凭叶汉这个"赌业天才"想尽办法，也无法改善"流血不止"的财政现状。做生意就是这样，市道好，傻子都能发大财；厄运来了，请神仙都没救。叶汉请佛进财的举措只能说明他回天乏力、黔驴技穷了。

与此相反，何鸿燊的赌场则财源广进。一年后，春风得意的何鸿燊接受英国广播公司（BBC）的电视采访。谈到开赌场，自然要谈到叶汉。叶汉的一个朋友关心赌场的前景，为叶汉抱不平，特意把这个视频录制下来，转给叶汉看。

在节目中，何鸿燊说自己为了开赌场，6次跑到里斯本疏通关系。叶汉看了哈哈大笑，说何鸿燊全是"车大炮""讲大话"。

接下来，谈到叶汉退出澳娱的原因，何鸿燊说叶汉不肯引进新技术和外国的赌博方式，故而退休，并出售其赌场股权，其间还历数叶汉的诸多不是。英国广播公司称东方新赌王已经诞生，带有英国血统，外貌酷似欧洲人的何鸿燊是英国人的骄傲。

叶汉看到这里，再也忍不住了，破口大骂道："放屁！澳门赌场的所有新玩意，包括轮盘、百家乐、老虎机、二十一点，还有买水翼船、喷射船等，统统是我搞出来的。"叶汉又对他的朋友说："我人都走了，他还不放过我，还要诬蔑我，这是什么意思？在澳娱公司，何鸿燊向来只把我当成摆设，引不引进新技术，我说了也不算，很多事情我看不过眼。我为什么不干了？第一，我不是为了钱；其次，是免得双方时时发生摩擦，不如让他发财！如果不是何鸿燊争权，我不会走，也不会退股不捞！"

业内朋友都知道叶汉有点委屈，对他表示理解和同情，但外界都相信何鸿燊的话，所以叶汉只要一有机会就跟人解释："他有本事就当着澳门市民讲，以为在伦敦讲没人知道，以为我不懂英文，就讲我的闲话，说我是乡下仔一名。其实赌场一开张，我们就穿制服、打领带，年年旧历年请客，一定留张台给澳督赌第一铺百家乐，伙计们个个穿礼服，在旁边侍候澳督，这些都有照片为证！"

俗话说胜者为王，何鸿燊胜了，人们自然相信他的话。赌博新花样，的确是叶汉要求引进的。有些赌博花样，何鸿燊不仅不懂，听都没听过。至于水翼船、喷射船的引进，也很难说是哪一个人的功劳。平心而论，在改善港澳海上交通上，叶汉、何鸿燊、霍英东都做出了贡献。

叶汉的赛马车场一直支撑到 1988 年，赛马车公司令他焦头烂额，实在没有太多精力来与何鸿燊继续打口水战。他的亏损每年都不少于 1 亿元。按照他与澳门政府所签的专营合约，假如电脑记录的总下注额每年少于 1.5 亿葡币，则免缴博彩税。自赛马车会开业以来，每年的总投注额从来没有超过 1.5 亿葡币，所以，叶汉也从未向政府缴过税。直到 1988 年 1 月 30 日举行最后一场赛马车，叶汉总共亏损 10 亿元。已经 70 多岁的叶汉不想再撑下去了，在中间人的牵线下，他把赛马车会的股份卖给了台湾财团——朕伟集团，售价 4.4 亿元，自己只保留其中的 500 万股权益。

朕伟集团的介入，对何鸿燊来说无疑是一个不小的威胁。这一年正是他与郑裕彤联手赴海外开赌，打得火热之际。霍英东提出辞去董事长一职，董事会接受了他的辞呈，马上请郑裕彤做董事长。

郑裕彤对经营赌场抱着浓厚的兴趣，但他会做人，像霍英东、叶德利那样只管拿钱，不参与管理。他图利不争权，令何鸿燊称心又放心。

叶汉见郑裕彤接任了董事长，提醒他说，澳娱公司的账目从不公开，从来都是一笔糊涂账，股东利益得不到保障；何鸿燊获取太多的利益，根本无视其他常务董事，股份制公司成为他的私人公司。郑裕彤则不置可否地笑了笑，说："何先生喜欢管事，就让他管去，只要他凭良心给我分红就行了。"

《霍英东传》一书在媒体做宣传时，有人曾引用霍英东亲口说的话："比如澳门旅游娱乐公司的事，当然这并不是好事，但亦不是坏到什么程度。""假如人生满分是 100 分，我给自己的打分哪止 100 分？我敢说，我从来没有负过任何人！但所有与我合作过的人，都有负于我！"长期与霍英东合作的何鸿燊自然是一个"有负于"霍英东的人，但郑裕彤也不在乎何鸿燊分给自己多少红利。这样一来，何鸿燊就可以完全放开手脚，一心一意去争当赌坛霸主。

但是，叶汉卖掉赛马车公司之后，又在何鸿燊跟前"拉了一屁股屎"——居然又在公海上开起赌来。叶汉的"东方公主"号赌船奇招迭出，吸引了澳门街的大批赌客。何鸿燊整天唉声叹气，又不得不强打精神，设法对付这个老对头，同时还要对付朕伟集团的赛马车赌场。

朕伟集团是台湾曾晓村的公司。令何鸿燊感到不解的是，连在赌海浮沉了数十年的叶汉都不得不放弃的赛马车公司，朕伟集团竟敢接手，可见曾晓村的胆量。何鸿燊分析了一下原因，要么是曾晓村不懂赌业；要么是他的实力超强，想与澳娱公司平分天下。何鸿燊开始调查这家公司。

朕伟集团原本是一家"地下"投资公司，与另两家"地下"投资财团"鸿源""龙祥"并称台湾"三大公司"，其性质类似于一些地下银行、基金组织和信托公司，即筹集、管理和利用社会各界股东的资金，用来投资其他方面。但是，对于地下投资公司，台湾当局采取的是取缔政策。当时，"三大公司"之一的"鸿源"正被政府查封，其负责人沈长声也被政府扣押。由此可知，朕伟集团在台湾是一家非法黑道组织。这让何鸿燊觉得叶汉没安好心。

其实，朕伟集团也知道叶汉的赛马车场亏本，并分析了其中的原因：首先，就当时的条件来说，可能是由于赛马车场地理位置不佳，开设在凼仔岛，离澳门市区较远，来澳门的赌客一般懒得光顾；其次，港澳人士以为赛马车的比赛节奏太慢，不够刺激；最后还受到香港每周两次赛马的影响，许多香港赌客感到顾此失彼，于是干脆放弃到澳门赛马车场下注。朕伟集团来澳门投资并接手叶汉的赛马车公司，也是出于无奈，因为该公司大本营正被台湾法院起诉。台湾方面称，朕伟集团已腹背受敌，前往澳门投资，无异于孤注一掷，最终只会将其推向更危险的境地。

朕伟集团接手澳门赛马车会后，马上把它改为澳门赛马会。1989年1月，朕伟集团正式成立澳门赛马有限公司，首期投资为7亿元，曾晓村出任主席，后来又把投资额追加到10亿元。此后，马会扩建工程顺利开展，1989年3月完成填海，5月建成跑道，随后聘请了练马师、骑师，并正式申请参加国际赛马组织。

1989年4月，曾晓村在一次新闻发布会上称：赛马会董事会投资已达20亿，其一切赛事将遵照国际惯例进行，全年赛事最少有660场，还透露该马会已在香港、台湾等地分别成立了马会会员会所，并准备用卫星转播澳门赛马实况。1989年6月20日，曾晓村又向新闻界宣称，马会已增资到30亿元，此外，澳督文礼治（第126任澳督，1987年8月9日到任）也已接受邀请，出任澳门马会的名誉会长。

在不到一年的时间里，曾晓村一跃成为澳门的大红人，几乎与何鸿燊平起平坐。但他不知道何鸿燊是一只想称王的虎，卧榻之旁岂容他人酣睡？

为了表示尊重当地的土霸王，曾晓村曾一度邀请何鸿燊注资赛马会，参加赛马会董事局。

曾晓村邀请何鸿燊入股的动机是显而易见的，因为他经营赛马车会重点吸引的是香港和台湾的赌客，方法是向港台地区现场转播澳门赛马实况，让两地赌客通过长途电话下注。这便有求于电视台，而澳门的电视台除了澳门政府之外，何鸿燊是最大的股东，持有澳门电视台16%的股权。

何鸿燊不同意按曾晓村的条件入股，但因赛马车会依赖澳门电视台，所以他觉得仍有制约朕伟集团的条件，因为曾晓村有求于他。双方经过几次磋商后，何鸿燊提出了苛刻的条件，要求每场赛事收6万元，一年共举办660场，须支付转播费4000万元，此外，马场的广告收益也完全归电视台所有。这完全是为澳门电视台打工，曾晓村无法接受，因而双方未达成协议。

但曾晓村也不是吃素的，他立刻开始了暗中报复。

这一年，澳门立法会修改立法，其中通过了一项新法案，立即禁止澳门电视台播放香烟广告，并限制播放酒类广告。

对澳门电视台来说，这类广告的收益占总收入的三成以上。作为大股东之一的何鸿燊必然蒙受很大的经济损失。而最初提出这项法案并极力使之通过的，正是澳门马会的大股东们，包括曾晓村等人，当然，作为澳门赛马有限公司股东的叶汉也有"功劳"。

赛马车场是一天也闲置不起的。9月11日，澳门马会匆匆开幕，而且盛况空前。之所以在匆忙中搞得那么大规模，完全是为了造势。一般来说，造势会带来两个极端：要么声势越来越大，轰轰烈烈地发展下去；要么昙花一现，一落千丈。该公司属于后者，开业不久便陷入四面楚歌的困境。半年多来，每次赛事投注额都偏低，最低的一天全日投注额只有不到900万元，最高也仅有1700万元左右，远远无法与香港赛马会相比。其中一个很重要的原因，就是朕伟集团属于非法公司，政府有意对它进行封杀和取缔。台湾当局公开宣称，绝不容许澳门的赛马在台湾发展。这意味着澳门马会无法争取到原计划中的主要客源。

在重重危机之中，澳门马会熬到了1990年。12月14日，马会潜伏已久的危机全面爆发。这天上午，澳门法院和警方带人强行关闭了赛马场，并宣布澳门马会从这天起无限期停赛。

何鸿燊则认为，如果澳门电视台不向港台转播赛马实况，仅靠澳门赌客，澳门马会必败无疑。他坚信，只有他才能救活澳门马会。他甚至想找个适当的时机收购马会。

就在何鸿燊筹备收购而又犹豫不决的时候，有消息传来：叶汉又联合了一些外地豪商要回购马会的股权。何鸿燊听到这一消息不禁着急了，立即联合丽新集团、太平洋协和集团、汤臣太平洋集团和金城集团，组成新财团，于1990年12月31日以4.5亿元的低价，购入了澳门马会原本值15.3亿元的股权。他又另外注资5.5亿元，使停业一个多月的澳门赛马会重新开张了。

叶汉见一向沉稳的何鸿燊竟这般猴急，不由笑了起来，他对媒体说："我年事已高，再无兴趣购买澳门马会，传说我会购买 1 亿元股权一事是不正确的。老实说，我目前仍然持有马会 500 万股，只是对马会一种形式上的支持……我不会为这堆垃圾股操心了。但何鸿燊如此收购马会，也许对经营这类企业有他的构想，又或许是他想让马会在澳门消失。最终他会怎么做，很快就可见分晓。"

果然，收购赛马会后，何鸿燊立即对它进行了改造。

这样做至少让何鸿燊得到了三大好处：其一，把台湾朕伟集团的一些大股东彻底赶出澳门，解除了一大潜在威胁；其二，终于彻底击败了叶汉，只要经营得法，赛马本身有利可图；其三，控制了赛马会，便等于拥有了凼仔岛的大片土地，作为一个有经验的地产商，何鸿燊完全知道它的价值。

凼仔岛是澳督府重点开发的地区，正在建设中的澳门国际机场便坐落在这里。将来凼仔岛的地价自然会大幅上涨，仅从发展地产来看，这也是一次极有眼光的投资。他有了一个入股国际机场的可能。何鸿燊眼光远大，手法硬朗，这是前两代赌王所不及的。

几年后，凼仔岛呈现出一派欣欣向荣的景象。叶汉有一次旧地重游，看到自己曾在这里经营的赛马车会，如今辗转落到何鸿燊手中，变成了赛马会，而且经营得生机勃勃，内心感慨万千。他觉得，与何鸿燊较量了那么多年，不仅是败在了没有资金上，也败在胆识和眼光上，自己在智谋方面确实不如人。但是，他又觉得不论是澳门赌场，还是澳门赛马场，都有他的一份心血在里面，他也算是虽败而无悔了。因此，他得意地对旁人说："我眼光虽然错了，但没有赛马车，又何来赛马？我是个喜欢起头的人，赛马车带旺了凼仔岛，你们看看，凼仔岛如今多旺啊！"

他认为，起头的总是他，而何鸿燊只会擦屁股。的确，叶汉一生，起过不少的"头"，但他喜欢起头却不喜欢收尾，准确地说，他不善于收尾，总是把一大堆的麻烦甩给别人，自己却躲在旁边看笑话。进入老年，他这一点表现得尤为突出，像老顽童搞恶作剧一样，但他起先的态度又仿佛很认真。何鸿燊一路为他"擦过不少屁股"，所以对他的评价自然不会好到哪里去。

应该说，叶汉起头也不是想"故意把屁股弄脏"，而是他的发展策略不够好，目光不够远大，没有王者之风，最多只有大将之才，所以他一生拼搏，一生辛苦。叶汉承认自己搞赛马车是失败的，他的性格就是承认失败，毫不掩饰，要输也输得起，而且输得洒脱。他是这样解释自己的失败的："我见北欧赛马场免费送饮料都无人光顾，以为不行，后来才知道，原来北欧整天下雪，跑马整天失蹄，便无人赌马；赛马车就不会失蹄，所以在北欧大受欢迎。但澳门和北欧的环境完全不同，赛马车引不起人们的兴趣，所以失败了！"

叶汉输了，但他仍好好地活着，后来又给何鸿燊找了点麻烦，或许这就是进入老迈之年的叶汉，对何鸿燊的一种特有的挑战方式吧！

第九章　铁腕成霸业

一、软硬弥消术

何鸿燊这次成功入主赛马会，其直接原因是马会拖欠澳门建新工程公司的工程费。在澳门司法部门和地方势力的封杀和威逼下，马会唯有卖盘这条路，何鸿燊乘机低价收购了该公司。但这一刀宰得太狠了——原值 15.3 亿的股权仅卖得 4.5 亿！

消息传到台湾，朕伟集团的投资者感到震怒，许多台湾商界人士也对澳府的立法愤愤不平，个个目瞪口呆，白白丢掉 10 多亿，如放血割肉。台湾大部分舆论都对朕伟集团表示同情，并且许多工商界人士把投资澳门视为畏途。还有一些人认为这都是何鸿燊故意捣鬼，因而气得咬牙切齿、心怀怨恨。朕伟集团准备采取一些非常手段来对付何鸿燊。

1991 年 1 月 12 日，澳门赛马会重新鸣锣开幕。马会董事长何鸿燊意气风发，主持了马会重新开赛的出场仪式。

片刻之后，澳门警方收到台湾警方发来的通报：台湾的一些帮会分子，估计超过 10 人，已经悄悄赶往澳门。他们均持有巨额的原朕伟集团投资人凭证，准备与澳门马会高层交涉……

朕伟集团的赛马场已依法易主，这种交涉本不存在，但何鸿燊为了给他们一个说法，还是决定亲自等他们来交涉。

因为盘价是经双方协商同意，并且签了字的，没有任何见不得人的内幕。但何鸿燊没有想到的是，台湾黑帮采取的是其特殊方式来报复。

1月26日凌晨3时50分左右，澳门马会发生爆炸、枪击事件。位于赛马场公众席入口处的一个售票房被炸毁，入口处的一块玻璃门上留下了3个子弹孔。现场还发现一张纸条，上面写了几个大字："何鸿燊、范礼保（护督），还我公道！"

澳门司警急忙赶到现场展开调查，查明爆炸物是一个杀伤力不强的土制炸弹。马会高层表示："爆炸事件马会损失轻微，我们事前并未接到任何恐吓电话或信件。"

由于没有找到黑帮的肇事者，除了加强防卫外，马会赛事按原定计划照常进行，但入场的马迷仅3000多人，全日总投注创下最低纪录，只有8.8万澳元。爆炸造成的影响显而易见。

事后，何鸿燊一直在想怎么应对这件麻烦事，但令人奇怪的是，随后几个月，马会及何鸿燊旗下的赌场都太平无事，前来马会赌马的客人也越来越多。面对这一反常情况，何鸿燊反倒更担忧了，这里面会不会蕴藏着杀机呢？

5月5日凌晨3时，来葡京的夜客正沉浸在赌海的搏杀中。3名约30岁的男子，持枪闯入葡京赌场的珊瑚贵宾厅打劫。一个歹徒先朝天花板开了一枪，然后跳上赌台，用枪指向厅内的荷官、赌客，喝斥道："趴下，谁乱动就打死谁！"荷官、赌客吓得全趴在地上，一个歹徒搜掠了赌台上的筹码，还有一个歹徒则搜走几个赌客腰包里的现金，得手后迅速撤离。其中一个歹徒在门口转身并连开3枪，打伤了厅内的两女一男。趁赌场一片混乱之际，在楼下接应的车辆迅速把他们接走。整个过程不过3分钟时间。尽管赌场内外层层布置了保安和警方人员，但歹徒行动非常迅速，如闪电般从他们的眼皮底下溜走，在他们还没有弄清楚状况前便消失得无影无踪。

这一天，何鸿燊正在香港办事，他获知消息后立即赶回澳门，当即决定停止使用被劫去的同类筹码；如果哪位赌客持同类筹码数目超过2万元，兑回现金时要登记身份证号码，并说明筹码在何时购得，曾在哪张赌台上参赌。

另外，经与警方商议，何鸿燊悬红 300 万港币缉拿匪徒，这次被劫去的筹码价值 600 万元。何鸿燊静下心来仔细思量，赌场筹码虽然可以兑换现金，但赌场可以即时停用、冻结被劫走的那类筹码，那么劫去的筹码等同于一堆废物。这个常识，匪徒不会不知道；几个赌客身上被搜走的现金也很少，如此大动干戈，所得却微不足道，可见对方不是为钱财而来。那么，会不会是来自台湾的黑帮呢？如果是，他们还会不会有所行动？

半个月后，又在 8 小时内连续发生了两宗抢劫何鸿燊旗下公司押款车的案件。5 月 19 日凌晨 1 时 30 分，安全护卫公司的护卫员乘押款车，从逸园狗场押解 9 箱现款返回信昌工业大厦时，从配电房突然冲出两名蒙面匪徒，他们用枪制服 3 名护卫员，掠走 5 箱现款，随后乘接应的私家车逃走。被劫走的现款总额约 50 万元。

仅仅相隔 8 个小时，澳娱的押款车在押解金碧麻雀娱乐场的款项途中，又遭到两名持枪匪徒的截劫，被抢走一批现款和筹码。

这两次劫案，警方均出动大批警力四处搜捕，但却一无所获。从歹徒发射的子弹头判断，他们使用的是 7.62 毫米大口径曲尺手枪，这种武器正是台湾帮会常用的，因此警方怀疑这一系列案件可能与台湾帮会有关。

就在警方忙于搜查匪徒之时，一个匿名电话打到警务处："葡京酒店和国际酒店有形迹可疑者出现。"警方立即调兵遣将进行大搜查，最后还是一无所获。

是匪徒逃脱了，还是"电话阴谋"呢？10 余天后，一个类似的情景又重演了。

6 月 2 日凌晨，有人往葡京赌场打匿名恐吓电话说："我们已经在葡京赌场和凯悦赌场放置了炸弹。"接到电话后，赌场马上采取应急措施，一面疏散赌客，一面向澳府报警。警方如临大敌，搜查了赌场的每一个角落，忙活大半天，到中午才证实是虚惊一场，赌场恢复正常营业。

这一连串事件的发生，都说明了一个问题：有人故意跟何鸿燊过不去。对方在暗处，何鸿燊在明处，防不胜防。他们故意虚报情报，制造恐慌，既能令赌场暂时歇业，又能起到恐吓赌客的作用，使赌客不敢涉足赌场，从而影响赌场的生意，以泄心头之恨。

事情若就此过去也就罢了，令何鸿燊不安的是，不知什么时候他们又会突然冒出来捣乱，而且至今连对手是谁都不知道。

为了加强安全措施，何鸿燊在赌场增加了保安，防范更加严密。但这样做治标不治本，最重要的是找出幕后黑手。

何鸿燊回想了一下，1968 年 12 月 15 日，澳娱公司下属的番摊馆金碧赌场曾被劫去 15 万现款。以当年的币值论，这是一笔巨资。劫匪是进入门禁森严的账房下手的，港澳轰动一时。20 世纪 80 年代，赌场内没有发生过械劫案，但场外劫案仍有发生。1987 年 10 月 6 日深夜，老赌客莫国权在葡京酒店门口石级被劫，除失去 10 万元泥码外，还因反抗而被枪击中腹部丧了命。据称，此案涉及"黑吃黑"。1989 年 9 月 4 日，两名疑是"大圈帮"的持枪匪徒闯入葡京酒店地下娱乐宫餐厅，抢去 10 万泥码，在这期间劫匪曾连开两枪，但因"死火"而未射出子弹。进入 20 世纪 90 年代，涉及赌场的劫案多了起来。1990 年 9 月 9 日，两个持枪劫匪闯入葡京赌场美食中心，以枪指吓其中一桌客人，抢去 3 袋泥码后逃之夭夭，传闻疑是"大圈帮"干的。两个月后，两名持枪劫匪洗劫葡京赌场 4 楼账房，掠去 150 万元泥码及 50 万元现款。

何鸿燊接掌澳门赌场以来，涉及赌场的劫案主要是这几宗，平均五六年发生一宗。每宗案子发生后，多少都会留下一些线索，知道是何人所为。而且，最后在警方的帮助下，大多能将劫匪缉拿归案。一般来说，客人在澳娱赌钱，安全都能够得到保证，澳门给人一种祥和、平静的印象。但是，自从何鸿燊接手马会以后，这种祥和便被破坏了，不到半年时间，真案假案竟接连发生了 6 宗，比以前发生的总和还多！因此，何鸿燊判断这肯定与台湾帮会有关。

何鸿燊又请警方、江湖及赌场等各方人士分析，大家都认为不可能是澳门帮和香港帮所为，因为他们都在赌场拥有利益，与赌场利益休戚相关、唇亡齿寒，赌客越多，生意越旺，他们获得的利益便越多。所以，他们一般不会做有损赌场的蠢事。这也不太可能是"大圈帮"作案。自从中国内地开放以来，确实有内地的犯罪团伙流窜到港澳来作案，他们没有地盘，不懂也不遵守当地的规矩，更不会维护当地的"太平"，不计后果，他们要干就干一次大的，得手就逃，绝不会再发劫案。

既然大家都锁定为台湾帮会，何鸿燊便集中精力思考对付台湾帮会的办法。当时，跨国跨地区打击刑事犯罪是世界性潮流，并且是各方所需和所应承担的义务，港澳台三地区一贯有这方面的协议。于是，何鸿燊利用自己在港澳地区的影响，在港澳警方与台湾警方出席有关会议和进行联合行动之机，委托澳门警方暗中向台湾警方施加压力，使台湾警方采取相应的措施。虽然没有证据确定澳门赌场事件是台湾帮会所为，台湾警方还是向相关帮会打了招呼：不要去澳门滋事。何鸿燊知道警方不可能解决所有问题，于是又请出台湾大佬林氏兄弟来葡京赌场承包赌厅。林氏兄弟是台湾通吃黑白两道、响当当的人物，他们在江湖上颇有威望，港澳台地区的大小帮会都会给他们面子。有他们坐镇澳门赌场，台湾的一些黑帮人物再也不敢轻易来澳门闹事了。澳门赌场的风波总算平静下来。

然而，凡事都具有两面性。何鸿燊的种种做法也引来了一些非议，认为他与黑社会有染。澳门社会构成相当复杂，各种帮会不计其数。据20世纪80年代的港澳报刊透露，在澳门赌场生存的帮会社团有28个，其中以十四K、和安乐、和胜和、和胜义、新义安的势力最大，进入20世纪90年代，"大圈帮"崛起，势力不可小觑。很多帮会都把目光投向赌场，何鸿燊不得不采取"软硬弥消术"。

具体地说，在最大的葡京赌场，各帮各派人马都在此拥有或大或小的地盘：在澳门皇宫，主要以和胜义、水房、和安乐、十四K所占利益为大；在文华东方赌场，以新义安为主；在回力球赌场，有新义安、十四K、大圈帮、和胜义等。他们在各自的赌厅或赌台搞钱，通常有这么几种方式：直接做某赌厅赌台的承包商，幕后做承包赌商的后台，向承包商抽成；参股与承包赌商合伙经营，向荷官抽"利是"；派员做赌场的巡场护卫；做"大耳窿"（放高利贷者的俗称）向赌客放高利贷；做叠码佬渔利，比如叠码佬买下 10 万泥码，赌场实际上只付 9 万泥码，一成代政府抽赌税，只需 9 万现金。但泥码只供下注，不能兑换现金，叠码佬就在赌场员工的配合下，用泥码换取可兑现金的筹码，赚取差价。通常一个叠码佬一天可赚一万元。

由于各帮各派都在赌场占有利益，所以不能不主动积极地维护这种"利益均衡"的态势，如果这种平衡被打破，赌场就会出现动乱。作为最大的利益获得者，何鸿燊采取"软硬弥消术"是很见成效的。澳门江湖人物，无不佩服何鸿燊采用的这种方法，首先要他果敢威猛、临危不惧，将生死置之度外；其次，不能有吃独食的贪心，得留一条路给别人走。只有这样，才有足够的威慑力去镇住对手。否则，无论你来软的还是硬的，都没人吃这一套。

何鸿燊笼络各方人心的手法异常高明，因而能把江湖各路人马摆平。20 世纪 90 年代，澳门赌场一度由十姑娘何婉琪坐镇。十姑娘虽然是个女中豪杰，但毕竟缺乏威慑力。澳门黑社会能提得上名的堂口有：友联、同义、家义、联英社、友和、利庐、尚义堂、群英、合义、黄馆、八区仔等。十姑娘试图重新调整赌场的利益，不料却引起了赌场江湖势力的内讧，加上其他"非赌业"因素，赌场从此不太平了，直到今天，治安问题仍令何鸿燊头痛不已。

曾经有传言说何鸿燊是"大富豪"张子强的其中一个绑架对象，何鸿燊自己也承认，张子强被捕后，他才知道自己曾是"大富豪"继李泽钜及郭炳湘之后的第三个绑架目标。但他自认为"比较好运，因为张尚未动手已经被捕"。

张子强打算向何鸿燊下手，据称是因为他在葡京赌场输了巨款，心有不甘，所以想绑架何鸿燊，以索取巨额赎金。何鸿燊说："我没想到他会动绑架我的念头。不是我好客，而是澳门的赌徒太多了……而他又输得很多，大约有 2 亿港元。"

自传出李泽钜被绑架，李嘉诚付出巨额赎金后，何鸿燊已开始加强保安，增聘保镖。不过，他并不担心自己被绑架，他曾幽默地说："全香港人都认识我的面孔，劫匪想将我收藏都难，所以我去哪里都不带保镖，如果出入带狼狗、保镖，做人就很没意思。"

不管怎样，何鸿燊作为澳门赌王的地位已不可动摇，他旗下的赌场，每年的投注额为 1300 亿港币，相当于澳门本地生产总值的 6 倍；每年上交给政府的赌税超过 40 亿港币，占澳门财政总收入的50%以上。30% 左右的澳门人直接或间接受雇、受益于他的公司。实际上，他是澳门相当一部分居民的"老板"，就经济上的影响力而言，何鸿燊可以说是澳门的无冕之王、"米饭班主"。

作为澳门赌场教父，圈子里的人对这位澳门博彩史上权势最大、获利最多、在位最长的赌王，都尊称为"燊哥"或是"何生"。

二、不死心的叶汉：公海赌船大战

诚然，何鸿燊是以赌业成名的，他的成功离不开赌业，但他成功的过程，是博弈，而不是博彩。博彩，靠的是瞎撞与碰运气，撞不上则心灰意冷，碰上了则"乐迷心窍"。博弈，则是根据自己掌握的信息及对自身能力的认知，做出有利于自己的决策的一种行为，是全局环环相扣与步步进逼，最终达到决胜的顶点。博弈人生，是智者的人生；而博彩人生，则是赌徒的人生，悲剧的人生。这也是何鸿燊与叶汉的区别。

但叶汉不愧为一个高明的职业赌徒，直到暮年，他仍没有放弃博彩。就在何鸿燊的赌王地位越来越稳固的时候，叶汉又想出了一个怪招来对抗何鸿燊：在浊浪滔天的"三不管"地带——公海设豪华赌船。

话说叶汉于1988 年输掉澳门赛马车场后，并不甘心从此放弃赌业。他年岁虽高，但善赌的脑筋却转得特别快，有一次他从香港坐轮船到澳门，脑子里灵光一闪，突然冒出了一个新的想法——到公海上开赌去。

何鸿燊能雄霸澳门的赌业，占了他的地盘，但他去公海上开赌，看何鸿燊奈他何！

说干就干，叶汉马上斥资550万港元，租下一艘客轮，又花200万港元装修一新，命名为"东方公主"号，把它作为赌船开往公海聚赌。

1988年10月，叶汉在香港报纸上刊登广告，承诺"东方公主"号将向游客提供各种娱乐服务，包括游泳池、健身中心、桑拿浴以及放映激光视盘等。其广告词是："只要你有备而来，就可能满载而归。"叶汉在对"东方公主"号进行宣传时，统一口径，说成是海上一日游。但无人不知这是叶汉施放的烟幕弹，为的是避免过早招来方方面面的攻击。

对于叶汉这一怪招，不少赌界人士啧啧称赞："赌枭叶这一招真来得绝！何鸿燊又睡不成安稳觉了。"

叶汉一生有过不少绰号，比如"大眼眉""耳怪"等，最高的评价是"赌圣"，但最常被人们念在口中的还是"鬼王"。"鬼王"的绰号，源于叶汉早年有一次和朋友赌纸牌，接连派两双竟然都是"Joker"，这张牌在港澳俗称为"鬼王"，于是朋友们都叫他"鬼王"。叶汉生来粗眉大眼，相貌凶恶，加上鬼点子层出不穷，因此，"鬼王"之名不胫而走，以至于成了他的代号。但无论哪个称号，都说明他赌技高人一筹，是个真正的赌才。当然这也是叶汉最大的弱点，重技术而轻战略。

何鸿燊则不同，他身为赌王却从不赌博，用他自己的话说："我为什么还要在赌桌上赌呢？每天这么多人来葡京赌钱，不就是跟我赌输赢吗？我其实天天都在赌。"何鸿燊的话很有道理，作为老板，他要面对的是所有赌客，对不同的客户要派出不同的管理者去维护。因此，他更注重整体战略，这是叶汉难以企及的。

既然要把握全局，何鸿燊对来自各方面的情报就显得特别敏感。他很快就从叶汉的广告信息中闻到了异味，一针见血地指出："公海旅游纯属谎言，难道欣赏大海风景一定要到公海吗？可以想象，一艘豪华客轮在波涛汹涌、茫茫无际的海面上能让旅客欣赏到什么风景？除了赌博，还有什么事可做?"

正如何鸿燊所言，叶汉宣称的旅游只是为了给外界一个说法。"东方公主"号悬挂的是巴拿马国旗，原本行于走新加坡、马来西亚等地区。在叶汉租来改为赌船之前，由于经营状况欠佳，船主曾与何鸿燊联络，向他兜售这艘船。何鸿燊也有心将它买下来作为港、澳、台的客渡，没想到计划还没有确定下来，叶汉就抢先了一步。对叶汉来说，这也许只是个恶作剧，但何鸿燊仍丝毫不敢掉以轻心。

何鸿燊首先请中间人进行调解，力劝叶汉放弃这个有损澳娱利益的计划。但叶汉态度很明确，绝不放弃这个妙招。

1988 年 10 月 23 日下午，叶汉带着几百名香港赌客，乘坐"东方公主"号，从香港的皇后码头出发，驶往中国内地和香港之间的水域和公海，肆无忌惮地摆开了赌场。

史无前例的公海赌船大战正式开始了。

"东方公主"号开赌一周后，何鸿燊向媒体诉说自己内心的愤懑，他说："由于'东方公主'号的博彩规则比澳门赌场宽松，比如不需小账，百家乐'限红'每注为 60 万，比澳门赌场高出一倍，而且不需纳税，经营赚头大，所以到目前为止，'东方公主'号已从澳门赌场抢走了好几个大客。"

为了最大限度地吸引赌客，叶汉使出了各种绝招。在公海上开赌船本来就已经够新奇了，但叶汉并不满足于此，他还在赌博方式上变花样，而且尽力为赌客提供"尽善尽美"的综合性服务。到了公海，谁也管不了他，想怎么做就怎么做，一时之间，叶汉几乎成了一个海上王国的霸主。

何鸿燊气得咬牙切齿，眼看自己"养熟"的赌客奔叶汉而去，葡京每天的进账少了一大笔，他怎么能够不恨？他又怎么能够漠然置之？但是，叶汉眼下并没有在澳门与自己争雄斗狠，他的客源虽然来自港澳，但赌场离澳门远得很，何鸿燊约束不了公海上的任何活动。

尽管没有办法马上遏止叶汉，但何鸿燊一贯长袖善舞，与澳、港和内地政府有着良好关系，他以杜绝公海赌博为名，频频活动，积极游说，陈述公海开赌的种种弊端，并要求港澳和内地政府部门予以制止。

澳督府考虑到自身的利益，对何鸿燊的要求表示积极支持。但叶汉的赌船是从香港起航的，澳督府鞭长莫及，只能以政府部门的关系，向香港官方施加一些压力，同时，又以澳府名义电召叶汉到澳门商谈此事。

10 月 30 日，叶汉在儿子叶炳森和律师的陪同下，由香港抵澳，与薛民信举行了一个多小时的会谈。由于叶汉没有丝毫妥协的意思，谈判陷入僵局。很多媒体对叶汉进行了采访，叶汉在回答记者们的提问时，态度很强硬。

谈判失败后，澳督府又施一招：当时叶汉持有澳门马会 500 万股股份，澳督府派薛民信对叶汉说，要么转让澳门马会股权，要么立即中止"东方公主"号的公海开赌活动，但是遭到了叶汉的断然拒绝。

这一招又不起作用，无奈之下，何鸿燊又通过关系向中央政府求助，要求阻止赌船在中国水域开赌。中国外交部、公安部都表示支持何鸿燊的要求，官方在何鸿燊的信件中做出批示："根据我国一贯的政策，不同意在我辖区内开赌，一经发现，当严加惩处。"

但既然是在公海开赌，中央政府也不可能把手伸得那么长。"东方公主"号依然天天在公海上照赌不误，哪个政府都难奈其何。

葡京不少"大豪客"纷纷放弃陆地赌场，投向"赌海"，在一段时间内，叶汉的两条赌船抢走了葡京近 1/4 的生意。何鸿燊多次紧急呼救，请求政府厉行管制，但政府表示爱莫能助。情急之下，何鸿燊决定不计成本，拟定一个计策——"以船制船"，展开一场海上混战。

但他没有亲自上阵，而是把自己旗下的"华澳"号和"庐山"号租给别人，由别人出面与叶汉的"东方公主"号竞相搏杀。

何鸿燊出此招数，说明他在无奈之下也会头脑发热。他有两点考虑，一是冲击叶汉的两艘赌船，使其生意转淡而放弃开赌；二是出于一种"乱中添乱"的流氓心理，希望 4 艘赌船在公海上斗得日月无光，看香港政府到底管还是不管。

但何鸿燊一不小心就犯了一个大错。此错有三：

其一，从何鸿燊的动机来看，他是想以更优惠的服务把叶汉抢走的客户拉回来，但这种恶性竞争需要成本，叶汉到公海开赌，赚钱只是其次，主要还是为出一口恶气，他看不得何鸿燊稳坐澳门赌场，想让何鸿燊吃点苦头。何鸿燊此举正是叶汉希望看到的——让赌王蚀本。

其二，从政府部门的态度来看，何鸿燊原本是要求公海禁赌的，现在反过来自己也参与其中，引起了香港政府的进一步反感，连原有的一点同情和责任感也丧失殆尽。港府副政务司梁宝荣代表政府发言说："何鸿燊屡次要求立例管制，现在他又租船给人家，我觉得他说话有些出入，他口头反对公海开赌，现在做得多的反而是他自己。他究竟是什么意思呢？难道他想'顶烂市'？如果这样的话，那是他自己'顶'自己的澳门生意，如果来来去去都是那些赌客的话，是自己'顶'自己罢了，和别人无关。但何鸿燊并非一个糊涂人，所以我不明白他为什么这样做。"

当时香港的一位重要人物、"控股专家"詹培忠，公开与何鸿燊对着干。他在香港立法局会议上提出，香港政府应该在离岛开设赌场。他认为，假如香港政府开赌场，政府每年收入可能增加100亿元。这绝对是件好事，现在很多香港人去澳门赌博，肥水流进外人田，不如把自己人吸引过来，自己开赌。

如果此项动议获准通过，不仅何鸿燊将遭受灭顶之灾，而且整个澳门赌业乃至澳门经济，亦将迅速萎缩，"东方蒙地卡罗"的盛况将一去不复返。不过，何鸿燊对此并不特别担心，他对港府，尤其是英国政府的态度十分清楚。所以，得知这个消息后，他一点也不惊慌。

为了使这一动议获得通过，詹培忠在各种场合发表声明，说此举纯粹是为香港人和政府的利益着想。但不少知道内情的人却认为，詹培忠与何鸿燊有些过节，他提出此项建议，不排除有借港府开赌、置何鸿燊于死地的可能。幸好在香港立法局会议上，詹培忠的动议最后被否决。

这是港英政府的一贯立场。但是，从另一方面来看，港府的一些官员不支持何鸿燊，这一次也表现得非常露骨。

其三，叶汉公海开赌起了头，何鸿燊紧逼而上，就像导火索一样引爆了一场海上大战。

叶汉做很多事情都是虎头蛇尾，不知什么原因，他这次经营"东方公主"号不到一年，仿佛兴致已尽，突然又洗脚上岸，甩手不干了。1989年，他把"东方公主"号股权转让他人，几经辗转，股权最后落到了永盛电影公司的向华盛和向华强兄弟手中。其中原因，有人认为叶汉进账太薄，经营不力；有人认为叶汉迫于何鸿燊的威压，不得不放弃；也有人认为叶汉老了，反正目的已经达到，不想再玩下去了。

虽然叶汉很快便抽身上岸，但公海上朝何鸿燊开来的赌船，却越来越多、越来越大……

三、狙击海上敌手

老顽童叶汉把公海赌博的战火点着后，设备现代化的赌轮一艘接一艘地开进公海。这时，叶汉开始以一种从未有过的轻松愉快的心情来欣赏自己的杰作。

就在何鸿燊疲于奔命、四处碰壁之际，又一艘赌船"利达王子"号公然驶进内地与香港之间的水域和公海开赌。船东是中国益丰公司，承租和经营该船的是香港夜总会的名人。

随后，不到一个月，在"三不管"的公海上，"呼啦"一下又冒出了5艘赌轮。

当远近的赌船纷纷驶向公海的时候，何鸿燊终于发现自己上了当，认识到自己"以船制船"的策略实属不智之举，他又得给叶汉擦屁股了。

混战的局面必须尽早结束。何鸿燊决定采取收买的政策，结束公海上的赌船之争。事实证明，这又是一个非明智之举。1989年，经过秘密协商，何鸿燊将澳娱赌场的部分股权转售给向华盛和向华强兄弟，以此作为交换条件，使"东方公主"号退出了公海。

现在的叶汉已成为一个局外人，隔岸观火者往往把事情看得更清楚。他想，看你何某有多少股权出让，纵然你把澳门赌场全部卖光，也清除不了公海上的赌船。

但是，即使此举并非上策，何鸿燊仍要坚持下去。在他的周旋下，1990年3月，"利达王子"号悄无声息地退出了公海。

接下来，何鸿燊又开始对付另一艘名为"锦江皇后"号的赌轮。这艘赌轮是行驶于香港和上海之间的客轮，由于客源有限，赚不到什么钱，便被租给一个陈姓人氏用来开赌。

多年以来，澳门以其东方赌城的特殊地位，不仅强烈吸引着东南亚以及世界各地的赌客，同时也吸引着企图分享澳门赌业利润的各路英雄豪杰。但是，公海开赌是有很大风险的，最大的危险就是可能遭受海盗的袭击。有本事在公海开赌的人，都有军方协助，他们有赖于军舰的保护，因此不必担心海盗的出没，但这需要很高的运营成本。

"锦江皇后"号以3000万港元为赌本，开业头一天适逢圣诞节，客似云来，赌船"大杀"游客，第一晚就赢了19万美元。但从第二个晚上开始，"锦江皇后"号一直输，股东们个个胆战心惊。据说，股东们曾请来一个法师到船上做法事，以期驱掉邪气。但之后赌船还是天天赔钱，输得最多的一晚，单是一张百家乐赌台就输掉39万美金。长此以往，金山银山也会输光。所以，经营不到半年，"锦江皇后"号便回头上岸，不再开赌。这使人们内心产生了一个疑问：为什么这艘赌船天天输？这是否与何鸿燊背后操作有关系呢？

既然"锦江皇后"号宣告败退，人们也就不再关心它的胜负了。

与此同时，公海上又出现了另一艘豪华赌轮，它由一度隐退的"利达王子"号改装而成，命名为"新东方公主"号。

据称，"新东方公主"号有很多幕后老板，但主要操纵者则显得神秘莫测。公开露面的是一个姓黄的老板，他花在改装上的钱超过4000

万元。

在一般人眼里，"新东方公主"号是一艘"无恶不作、为所欲为"的赌船。为了兜揽生意，它不惜采用一些声色犬马的手段，经常搞一些带刺激性的"业余活动"，以增加吸引力。赌场因为设在公海上，不受政府的管制，一切被视为非法的色情活动，"新东方公主"号都大胆地进行着。

船上的卡拉OK厅灯光阴暗，彩灯随音乐转动，一会儿便有一个衣着妖艳的菲籍舞女出场，在追光灯的照耀下，她四处走动，向观众摆出挑逗的姿势，然后逐件把舞衣脱下，最后赤身裸体，在观众面前扭动。如果说舞厅提供的是"视觉刺激"，那么，在桑拿浴室内提供的则是"全套服务"，一律由泰国女郎接待。

依靠这些色情手段，"新东方公主"号的生意确实兴隆，每天都有二三百人上船，其中又以外地富豪居多。除了上述赌船之外，还有"海豚星"号和"日本之梦"号等赌轮也活跃在公海上。

"海豚星"号由港运（亚洲）有限公司承办。据称，"海豚星"号的老板都是在香港和台湾有相当势力的人士，注册的董事是纪明实等人。纪明实在香港经营多家夜总会和卡拉OK厅，在尖沙咀一带非常有名，他背后的大老板是台湾人。

"日本之梦"号是由香港的利昌公司与日本日商投资公司以及吉隆坡OBD海外有限公司合作，共斥资2400万美元买下的一艘邮轮。它于1990年8月驶向公海，开始营赌。

最后是叶汉曾经营过的"东方公主"号，在停泊了一段时间之后又重振昔日雄风，改名为"海龙星"号，再度开进公海营赌。

一时赌船齐出，公海上风起云涌。一方面，赌船与赌船之间搏杀得难解难分，暗无天日；另一方面，海上赌船以其巨大的吸引力，卷走了澳门赌场的大批赌客。

在政府无法施以援手的情况下，何鸿燊的收购之策已显得十分无力，他只能望洋兴叹，坐以待变。

这时，有记者问何鸿燊："你会不会自己再开赌船反击他们呢?"

何鸿燊说："永远不会。别人错，我还要跟他一起错吗?"

记者追问道："但你以前搞过。"

何鸿燊有点愠怒，说："以前也不是我开的，我只是租船给别人。现在我连船都不租给别人，没用的，有多少人真的愿意到船上去赌呢?那样不方便嘛! 以前租条船给人家顶他一下，他就玩完了。"

何鸿燊这里说的他是指叶汉。

不过，何鸿燊当时要面对的敌手并非叶汉一个人，而是一批人，这些后来者倚仗的势力越来越具有国际性。在禁止赌博的国度中，一些痴迷于赌业利润的人，既然有了公海这个舞台，怎能不纷至沓来，一显身手呢!

何鸿燊对此似乎有所预感，他说："我不希望公海上再增加赌船……我只有抓住澳门的专利，同时要求澳门政府和香港政府立例管制赌船。"

仅仅 5 艘赌船的话，尚不足以对澳门赌场构成灾难性打击。何鸿燊担心的是公海上赌船越来越多，那样便很可能拉走大批到澳娱的客人。如果赌客走掉一半以上，澳门赌场便难以维持下去。

熬到 1993 年，何鸿燊终于听到了一个好消息——这年的 8 月 25 日，一直令他头痛的"新东方公主"号完蛋了。原来，这天"新东方公主"号驶离港岛不久，突遇特大火情，全体乘员和赌客被紧急疏散到西贡大庙，丢下赌船在大海上焚烧，直到 27 日中午，熊熊烈火共燃烧了 40 多个小时，把"新东方公主"号烧得面目全非，仅剩一堆漂浮的废铁。

很多人认为，"新东方公主"号遭此厄运，是因为"作孽太多"，上天故意惩罚它。

"新东方公主"号被焚毁，给人们敲响了警钟，也给赌船在公海开赌罩上了一层阴影。如有类似事件发生，恐怕逃生都难，弃海登陆成为赌客们的安全选择。

同时，香港政府有关部门也开始准备草拟有关禁止公海设赌的法例，只是制订具体条款有一定难度，即使有了严格的条款，执行起来也难以操作。因此，政府部门能施加的压力实在很有限。

"新东方公主"号焚毁了，但还是有不怕死的人，一些国际势力又向何鸿燊发出了挑战。

第一艘来自国外的赌船船主是马来西亚有"大马赌王"之称的林梧桐，他以 2.5 亿新币从瑞典购买了两艘巨型邮轮，一艘叫"双鱼星"号，航行于台湾和香港之间，吸引了不少香港人上去赌钱；另一艘叫"宝瓶星"号，是当时航行于东南亚地区的最大、最豪华的赌船。为掩人耳目，对外号称邮轮。1994 年年底，林梧桐又耗资 10 亿新币拓展他的邮轮企业，除了添购"白羊星"号、"金牛星"号、"双子星"号之外，还计划引进一艘排水量为 7 万吨的超级巨型邮轮，它将成为未来海上世界最豪华的邮轮之一。

何鸿燊要对付的主要是港、澳、台公海上的赌船，还包括印度尼西亚华侨谢雄利投资的卡西诺邮轮，名为"丽都之星"号；由国际势力控制的另两艘赌轮分别为"欢乐世界"号和"NURTICAN"号，也经常出没在港澳附近的公海上。

其实，这支外军的总指挥都是何鸿燊的老朋友林梧桐，他抢走何鸿燊的大量生意并且毫不手软，还公开声称要将邮轮公司的赌船凑满 12 艘，这样上应天星，下应月时。

在此情形之下，何鸿燊只有撕破老脸，背水一战了。他下决心要扑灭这海上战火，只是这火势太大，得慢慢来。

四、捧住赛狗的金盆

除了赛马、海船赌外，何鸿燊还对赛狗特别关注。

作为博彩的一部分，澳门赛狗已有数十年的历史。20 世纪 30 年代，第一代赌王卢九的豪兴公司最先投得澳门赌场专营权后，卢九便和他的朋友范洁朋赴上海考察。上海博彩业令他们大开眼界，赌场的规模远远大于澳门，并且有很多西洋赌法。令他们吃惊的是，上海的赛马场有 3 个，赛狗场也有 3 个。

上海第一个跑狗场叫明园，由英商麦边于 1928 年创办，5 月开赛后即成为上海的热门赛事，月收入可达七八千元。同年 7 月底，上海冒出了另一个申园赛狗场，创立人是英国绅士伊文思。申园的赛狗较明园少，收入稍逊，但也算不俗。同年 12 月底，上海又冒出一个赛狗场，这就是赫赫有名的逸园。逸园的赛场看台非常气派豪华，附设跳舞厅、酒吧间、餐厅及摔跤、拳击台。发起人有上海万国储金会董事长司比门、青帮头子黄金荣、杜月笙等，司比门任逸园公司董事长兼总经理。

逸园开赛后，明园、申园每况愈下，濒临破产。在上海考察赛狗的范洁朋灵机一动，何不趁此机会接下他们的赛狗，到澳门去办赛狗场？范洁朋的赛狗计划，得到了包括巴尔博托总督在内的澳府要员的支持，他以优惠的价格批得望厦山以西的新填海地。范洁朋很快兴建起了简易的跑狗场，从上海买来一批澳洲"格力"狗，共 388 只，自任"澳门赛狗会"主席兼经理，会董有股东、澳门政要和社会名流。

当时正好有一支美国女子乐队来美国在远东的军事基地劳军，范洁朋通过关系，请她们到澳门来旅游观光，同时为在澳门设办的跑狗场做宣传。

1932 年元旦过后，澳门首届赛狗会开幕，场地虽简陋，但场面隆重。开幕之前，24 位漂亮的美国女郎身着礼服在澳门的主要街道吹吹打打，弄得全澳门的人都知道了。澳督等政要和社会名流均出席了开幕式。

赛狗门票为一元，一元在当时相当于一个杂工半个月的薪水，即使对一般收入的葡萄牙人来说也是高消费。由于观赛的人太少，投注太少，别说盈利，连维持日常开支都十分困难。

1933 年，澳门赛狗会停办。范洁朋把赛狗会一锅端卖给澳门电灯公司总经理嘉道理。嘉道理是英籍犹太人，他委任华商王文琪出任狗会总经理，赛狗热过一阵后又趋冷。

1934 年，嘉道理将狗会卖给赌商毕侣俭，毕氏办起了以赛狗为主的综合性娱乐场。但由于养狗开支大，而门票昂贵问津者少，不得不停止赛狗，从 1936 年起向政府申请经营包括赌博在内的娱乐场。1937 年，毕侣俭承包豪兴赌场，不料遭到"听骰党"的洗劫而破产，以赛狗场为主的娱乐场奄奄一息。

1940 年，澳门政府正式收回赛狗场，改成非盈利性的"五二八运动场"。从这年算起，澳门赛狗前后停办了二十多年。

1961 年初，印度尼西亚商人郑君豹向澳门政府申请恢复赛狗活动，不久获准；同年 8 月 12 日，郑君豹与澳府签订了专营赛狗的合约。9 月 26 日，澳门赛狗有限公司成立，资本额为 500 万港元。

约半年后，人们才发现赛狗公司的董事长不是郑君豹，而是程伯庵，郑君豹来过几次便不见人影。当时赛狗场不见一只狗的影子，不为世人所关注。澳府对郑君豹的投资不甚满意，于 1962 年 3 月 9 日改由澳门跑狗娱乐公司接办。

程伯庵接手后，发现赛狗不易盈利，且前期投资巨大，修复扩建赛狗场成了胡子工程，直到 1962 年秋季还没有形成规模。这时，数个港澳商人说服何贤出来挂帅，成立澳门逸园赛狗有限公司，由何贤出任董事长。

1962 年 11 月，由澳门政府参与，赛狗专营合约正式转让给澳门逸园赛狗有限公司。此后，赛狗场地盘进入紧张的施工阶段，修复旧看台，兴建新看台、狗房、狗医院、行政办公房等。之后，该公司从澳洲买来一批"格力"狗，每只 1200 美元，首批 100 只，共花 12 万美元，仅这笔买狗资金，便非一般财团所能承担。

1963 年 9 月 28 日，赛狗公司举办首场赛事，旗开得胜。以后投注额逐年增加，到 1983 年全年总投注额达 2.8 亿元，超过叶汉的赛马车会的年投注额，何贤不愧为澳门赛狗事业的大功臣。但逸园赛狗有限公司股权于 1984 年再次易手，这已经是多次易手了。

1983 年 12 月 6 日，何贤逝世，其家族掌门人何厚铧专注于经营家族性公司大丰银行，而无意继续经营赛狗博彩。其他股东对继续经营也意见不一。于是，何添（何贤之弟）邀请何鸿燊、郑裕彤等合组财团，承购了逸园赛狗有限公司 75% 的股份，使该公司成为何鸿燊集团的旗下公司。

1984 年 7 月 1 日，澳娱正式接管赛狗，何鸿燊派出十姑娘、亲信谢肇鸿担任逸园正副总经理，负责具体事务。逸园赛狗公司还进行了系列改革，由每周赛两晚改为赛四晚；电子显示屏幕由六线改为八线，即每场赛狗由 6 只增到 8 只。每晚 8 场赛狗未变，但赛狗场增加了不少其他娱乐活动。

由于赛事增加，狗的数量也大增，维持在 800 只左右，20 世纪 80 年代每只狗的价格上涨到 3500 美元，20 世纪 90 年代突破 5000 美元。养狗的费用超过普通人的生活费，有专职饲狗员、狗医生、营养师、驯狗师为它们服务。

狗与马一样，都有名字，如"澳洲飞镖""猛虎神豹""玉兔呈祥""草原闪电"等。"格力"狗的特性是见到会走会跑的小动物便去追逐。经由人工训练后，狗见到"动物"便会撒腿狂奔、穷追不舍。

在赛狗活动中，最重要的技术工作是操纵"电兔"。"电兔"是用人工布料做的白兔模型，用小铁杆固定在一条能运转的钢缆上。比赛时钢缆运转，"电兔"在前，狗便猛追，直至终点。最重要的是要使兔与狗保持一定距离，如果"电兔"跑得太慢，就会被狗咬住，狗发现上当，就不会再追"电兔"；如果"电兔"跑得太快，也不能诱发狗追逐的兴趣，狗就会干脆停下来。

这里要说明的是，"电兔"并非用电，而是汽车引擎，过去是福特引擎，现在是以奔驰引擎牵引，福特引擎备用。

入场观赛投注须购票，票价很便宜，公司主要靠投注赚钱。博彩有彩票与狗票两类，彩票以摇珠等方式定胜负，完全靠运气；狗票原有"独赢""位置"，后增加"连赢位"。

赌狗既要靠运气，还要靠智力。港澳的报纸大都辟有"狗经"专版，狗迷可根据"狗经"的指点，加上自己的经验判断，向"心水狗"投注。

1992年，逸园赛狗公司采用电视转播实况，使那些不能亲临狗场的狗迷，坐在家里就可以看电视投注。这年的平均每场投注额上升到239万元，12月5日创下最多一场420万元的投注额。观众数，平日（周二、周四）每晚1000人；周六、周日及假日每晚2000余人；1993年春节期间每晚4000多人。这一年全年的投注额超过5亿元，上缴政府的赛狗专营税为3000多万元。

何鸿燊接下逸园，算是捧住了一只金盆。

五、把别人的鸡蛋放进自己的篮子

一家企业的资本要成倍增长，收购兼并是少不了的。何鸿燊在20世纪80年代中的两次收购，充分表现了他高超的收购艺术。

何鸿燊收购的第一家公司是澳门的凯悦酒店，其业主是沙特阿拉伯的法劳恩家族。20世纪80年代中期，沙特阿拉伯经济不景气，该家族的控股公司发生财务危机，加上子公司凯悦酒店本身经营不善，1986年度亏损960万美元。为了解救家族困境，该家族只得卖盘套现。

由于凯悦酒店是政府许可的合法兼营赌场的酒店，法劳恩的卖盘风声一出，便引来4家财团竞购，他们的出价由1794万至2179万美元不等。大股东待价而沽。这时，何鸿燊邀请在香港发展的台湾商人黄周旋、香港富商郑裕彤合组财团，以2520万美元的超高价力挫群雄，于1987年11月20日与原业主签订买卖合同，成为凯悦酒店的新主人。

三人的股权分配是：何鸿燊3成、郑裕彤3成、黄周旋4成。酒店由黄周旋的侨福公司管理，何鸿燊承包其中的赌场。

新财团按照国际流行的度假式酒店进行改造，这类酒店与普通酒店的不同之处在于，前者是为赌客服务，后者主要是面向游客。凯悦酒店在凼仔岛北岸，又名海岛酒店，是凼仔岛最好的酒店。当时凼仔岛已有叶汉兴建的赛马车场，还拟建大型娱乐场和海洋花园。凯悦酒店以休闲娱乐为特色，赌博是其中的项目之一。

有人问何鸿燊：为什么赌场开得这么小？何鸿燊说：来凼仔岛的人都是赌马的，赌场只供住客娱乐。他又说：若都来凼仔岛赌钱，岂不是淡了澳门（半岛）的生意？

何鸿燊说的确实有道理，全澳门的赌场都由他包揽，客源大致是固定的，客户把钱花在哪里，对他来说都是一样的。此旺彼淡，只是身上各个口袋装的钱多少不同而已。

何鸿燊的第二次精彩收购是收购回力球场。其实，这比收购凯悦酒店还早。收购凯悦酒店是比拼财力，而收购回力球场则是智慧的成果。

回力球是一种以5厘米橡胶作球心，外面包有羊皮的硬球。回力球是国际公认的快速球赛，为西班牙的国技，于1930年传入中国上海。回力球的原理很简单，球手将球发向前场，必须落在指定的发球区；单打时的对手，或双打时的对手之一，必须在球触地两次之前接球并将球击回去。接球和扔球是一次连贯性动作，比赛继续进行直到接不到球或出界，目的是把球从前墙弹出时既快又转，使对手接不到球而失分。前墙周围有用红色清楚标明的地区。如果球击中这个区域，击中场地上方的拦网或击出边线，均为出界。如果由于另一名选手在他前方而阻止他扔球，可称作干扰，这一分重算，如此反复。球迷可押注于某方球员，称为"独赢球票"。

1974年6月5日，澳门首场回力球开赛，球员均来自西班牙，经营人为澳门回力球企业有限公司，何鸿燊占有9%的股份，股小权益少，实际上是别人的公司，因而他对盈利不佳的回力球公司并不关注。

回力球赛事不激烈，赌法又单调，自然不受欢迎，到1985年累计亏损已达7000万元。回力球场的母公司是彭国珍主持的嘉年集团，这个公司是香港的上市公司，在港澳都有资产，持有70%的回力球企业有限公司的股份。

詹培忠是香港股坛奇人，他在股市寻宝，专找一些经营不善、负债累累或股价偏低的上市公司，购壳后重整，最终实现盈利。他购买了一些嘉年集团的股票后，发现子公司背了 7000 万元债务，这对财力不雄厚的公司来说是一笔大数字，必然会把母公司拖垮，母公司想甩包袱，但接盘者得接下它的债务，所以无人愿接。

詹培忠当时财力有限。在澳门，若打上赌王的招牌，什么事都会好办得多，于是他就去找何鸿燊，说："你出 1100 万，可得回力球场 7 成股权，我自己留 3 成。"何鸿燊说："你怎么搞？"詹培忠说："你不用管。"

何鸿燊到底还是相信了詹培忠的鬼才，没再细问，承诺可随时兑付巨额现金。

随后，詹培忠打着赌王的旗号先跟澳府交涉，要求批准他们的专营权转让，澳府答应了，但要先缴清回力球企业有限公司所欠的 550 万元税款。这样，詹培忠手上的现钱仅剩 550 万元。获得专营合约，也就背上了回力球企业有限公司欠 5 间银行的 6000 万元债款。

詹培忠以回力球企业有限公司的名义，将 5 间银行逐个击破，声明要么"本公司"破产，你们一分钱也得不到；要么你们把欠款当坏账处理，我们还可付一成的现钱偿债。结果，詹培忠只花了 600 万元（他自己也出了钱），就奇迹般了结了 6000 万元的债务。

詹培忠和何鸿燊接手回力球场后，步前任之后尘，也是回天无力，连年亏损。1990 年 7 月，何鸿燊果断停办回力球企业有限公司，将场馆改为大型豪华的回力赌场，此番"回天得力"，一举扭亏为盈，财源滚滚。

1993 年，詹培忠会见《资本》杂志记者时说："回力公司现在价值10 亿多元。"

在何鸿燊一统博彩江山的数次行动中，收购回力公司是最合算、最富戏剧性的一次行动。

六、做赌王而不是赌徒

澳门赌场一向享有盛名，也一直奉守等客上门的做法。

香港的赌客对澳门熟如家门，但亚洲其他地区的赌客知道的仅仅是澳门是东方蒙地卡罗，对于具体有什么赌法，除了赌还有什么娱乐，以及交通情况、酒店收费、治安状况等未必清楚。他们都是自发而来的"散客"，其中豪客甚少。

何鸿燊想，游客之所以乐于参加旅游团，图的是实惠方便，尤其是到语言不通的地区旅游，更须依赖旅游团。如果开设赌团，团体赌客便能比零星赌客享受更多的优惠。1980 年，为了将旅游与博彩结合得更紧密，何鸿燊决定开设赌团，并把客源重点放在日本和东南亚等经济发达地区。

可以说，赌团制是旧时"进客制"与"现代旅游团"相结合的产物。经营赌团的具体办法是，如果某人和某旅行社有客源，可以向赌场申请成为赌团承办人，经赌场认可后，承办人垫付数千万元给赌场作按金，获得一定数量的筹码，以赌场的名义去招徕豪客。赌场为赌团成员提供一些特殊优惠和服务，比如在赌场开设一些装修豪华、设施高档、环境舒适的赌厅供他们专赌；免费入住赌场安排的高级酒店；免费提供往返机票、船票等。如果是散客，即使是大豪客，也难以享受这么多的优惠。这些优惠使香港的豪客都乐意参加赌团。到现在，赌团的生意占澳门赌场生意总额的一半以上。

赌团规定，每个参赌的成员，至少要购买若干万元泥码（针对某一地区和某一时段，要求购买的泥码均不同，在 1985 年前后，规定日本赌团成员必须购买 30 万港元的泥码），多则不限。这些大豪客，一掷万金如儿戏，如日本赌客玩百家乐时，曾"对顶"200 万港币一铺。大豪客参赌，输赢百多万是家常便饭，输赢上千万也不是什么奇闻。

分租赌厅也是何鸿燊的一个创举。所谓分租赌厅，就是在赌场里开设若干赌厅和赌档，分租出去给他人经营，澳娱根据各厅"转码"多少，即收益多少，按一定的比例抽佣。澳娱的贵宾赌厅，如珊瑚厅、黄金厅、孔雀厅、钻石厅等，均是这种承包方式。目前，澳娱的各大赌厅厅主，均非等闲之辈，各有来头，比如金城赌厅的向氏家族（向华胜）、新世界赌厅的吴伟（街市伟）、皇庭赌厅的吴利群（群爷）、葡京宝岛厅的澳门政坛教父马万祺的儿子马有礼（马老八）、葡京蜂房赌厅的澳门大地产商冯志强等，基本上都是社会知名人士。

相比前几届赌王的惨淡，何鸿燊获得的收益远远高于他们。

从 1965 年，税额每年不足 1000 万，到 1976 年每年规定税额 3000 万，到 1982 年直接交付续约费 7 亿元，再到 2004 年直接税收 80 多亿，在付给澳门政府更多钱的同时，何鸿燊的财富也随着赌场收益的提高而不断增多。2005 年，何鸿燊以 36 亿美元财产居于《福布斯》全球华人富豪榜第 6 位，其通过博彩业创造的财富奇迹令人咋舌。

2005 年 2 月，赌王何鸿燊在澳门各界人士的迎新晚宴上，举杯贺新春佳节

有人曾向何鸿燊请教成功秘诀，他说："我没有什么秘诀，一是做事必须勤奋；二是锲而不舍，有始有终；三是一定要有好帮手；四是待

人忠实，做事雷厉风行。钱，千万不要一个人独吞，要让别人也赚。做生意一定要懂得有取有舍，有的虽可获一时之利，但无益于长远之计，宁可舍弃，不可强求。勤劳努力，战胜困难，才是最大的资本。"

作为赌王，何鸿燊从不亲自上阵陪客人玩。如果让他上赌台做荷官，他不但会冤枉输钱，还会被赌客咒骂一顿。但他善于管人，管好了人，也就管好了赌场。

当年何鸿燊在与叶汉争夺管理权时，就大胆地起用新人和土生葡萄牙人，这既是他排斥叶汉势力的权宜之计，也是他笼络人心的长久之策。他在起用年轻人方面有一个十分成功的例子。这个人叫黄昭麟，生长于星洲，开始只是一名导游，后来到澳门发展，得到何鸿燊的关照，迅速崛起。后来他独立创业，成为世纪集团董事长，最大的手笔是投资2.3 亿元兴建金域大酒店。

20 世纪 80 年代后，何鸿燊的总管家是谢肇鸿。1982 年叶汉退股后，澳门赌场完全由何鸿燊一统天下，但他不能因赌场而困身，于是就游说谢肇鸿出山。

谢肇鸿是博彩娱乐业的老行尊，20 世纪 50 年代就在香港经营娱乐场，何贤出任逸园赛狗公司董事长期间，谢肇鸿具体管理赛狗场业务，将赛狗场及附设的娱乐项目打理得有声有色。为了将谢肇鸿揽到自己旗下，何鸿燊亲下聘书，据说这是他一生中唯一一次下聘书礼请。于是，谢肇鸿为何鸿燊坐镇赌场，替代了原先叶汉的角色，直到他年迈时，仍身兼澳娱名誉顾问和总经理特别助理。

从 1990 年底起，澳门的博彩业全部归于何鸿燊一人手中，包括 9 个博彩场所，即 6 个赌场、1 个赛马场、1 个赛狗场、1 个彩票公司。据 1990 年 11 月 9 日的《新报》统计，这 6 个赌场共有赌台 229 张，其中葡京娱乐场 155 张、回力娱乐场 35 张、金碧娱乐场 15 张、海上皇宫 10 张、东方赌场 10 张、凯悦赌场 4 张。因设有贵客厅，往往一张赌台就是一间赌厅。

单论赌场，1990 年设有 3 大部门：工务部、席面部、纠察部。工务部是最基层的管理人员，约 300 人；纠察部有约 800 人；席面部有近 4000 人。三者相加约 5000 人，这指的是纯粹的赌场人员，不计其他附属行政部门，如船务部、酒店、酒楼的人员。若把赛马场、赛狗场、彩票公司的人员相加，赌业人员有近万人。

席面员负责赌客下注及赌具的运作，也就是旧时所称的"荷官"。女席面员一般穿紫色制服，男席面员穿白色制服；席面以下是服务员，男性穿深啡色制服，女性穿深蓝色制服。若增加赌台或席面员退休，服务员可以升上去。在任席面员前，员工要进入位于新马路旧金碧娱乐场进行为期几个月的"赌术训练学校"的培训——这是旧时赌场没有的。

何鸿燊废除旧时的"学徒制"，是为了防止员工拉帮结派，同时也是为了更好地向学员传授新而全的赌术知识。

俗话说，名师出高徒，相反，庸师培养的徒弟通常也比较平庸。这是旧时学徒制的最大缺陷。在赌术训练学校，学员要接受各种训练，听多位业师讲授知识，即使有个别水平一般的业师，对学员的影响也不会很大。

学员一般根据需要学习某种或几种赌式的基本知识和操作。除此之外，语言训练和计算训练也是必修课程。

语言训练包括两部分，一是工作用语，比如请赌客下注如何吆喝；二是与赌客交流。学员大都是通用粤语的华人，少数是既会粤语又会葡萄牙语的土生葡萄牙人，因此校方要求学员会听会讲国语，以接待国内客人；会简单的英语，以接待国际客人；还要会听会讲一些黑话，因为常有江湖人物光顾赌场。

计算能力也是荷官必备的。赌场的各种赌式及赔率均有不同，多达 400 种以上，加上赌客下注的筹码特别大，差别也很大，不能在短短的一分钟内心算完毕，就不能算是一个合格的荷官。

赌场的筹码虽然以十、百、千、万为单位计算，一经抽头（即博彩税），就不再是以整数计算了，一般人没有经过严格训练，是不能胜任的。因此，学员不能光依赖赌术训练学校的培训，平时自己还得勤练。

荷官中流行这样一句话："找多了，没得讨；找少了，讨人骂。"意思是说，筹码赔多了给客人，是绝对讨不回来的；赔少了给客人，当场就要被客人骂。荷官要在极短的时间内计算出所有赌客的输赢，赌客只计算自己的输赢，客人当然不会算错自己的，所以要做到又快又准确实不易。

为了防止赌场人员串通作弊，澳娱实行"轮更制"，每隔一段时间（一般为 3 天）就将工作人员调换一个工作场所，职务不换，所换的工作场所可能是本赌场，也可能是另一处赌场。

赌场人员收入不固定，主要靠客人给小费，基本薪金很低。以席面员为例，20 世纪 90 年代初才 300 元，但他们往往每月能挣上万元的小费。小费不能私吞，何鸿燊于 1983 年实行新规矩，将小费的 10% 作为保险费付给政府，20% 分给赌场的行政及秘书人员，指定作为"招待旅游"的开支（即应酬费），70% 按资历分给赌场工作人员。

澳门人都把进赌场工作视为捧上金饭碗，收入高、职业稳定。据统计，澳门 60% 的新车是赌场荷官买的，40% 的新楼为赌业人士拥有。这也反过来说明了一个问题，赌场的人事管理严格、要求高，相应的薪资也高。

从 20 世纪 80 年代开始，何鸿燊对澳门赌业垄断经营 40 余年，是赌坛铁腕霸主。

他与叶汉从合作到竞争，斗了二十几年，胜负已见分晓。若现在把这两人放在一起略作比较，就不难看出二人胜负的一些根源。

叶汉只要稍稍有空，便要亲上赌台秉掌荷官一职。对大型赌场的总管来说，与其说他是身体力行，不如说是为了过把赌瘾。何鸿燊既无这种能耐，也觉得没有这种必要。叶汉看重的是局部胜利，何鸿燊注重的则是全局。

叶汉曾以不屑一顾的口气说何鸿燊不懂赌博，但是何鸿燊的助手、澳娱公司名誉顾问兼总经理特别助理谢肇鸿说，何鸿燊还是懂得几种赌博技法的，只是不喜欢上赌桌参赌。

因为何鸿燊是立足于做赌王而不是做个赌徒。有一篇文章这样评论道："这正是他长期以来不公开在赌桌上赌钱的原因。因为在何鸿燊看来，即使赌技高超，充其量只是一个'赌徒'。何鸿燊要给人造成这样的印象：我是一个赌业霸主——是一个可以统率和控制那些'赌徒'的赌业掌门人。"

第十章 齐人之福不易享

一、纳新欢不忘旧爱

何鸿燊不仅赌场得意，情场更得意。魅力四射又多金的他，不知迷倒多少女士，也不知发生过多少风流韵事。

从何氏的中国始祖到赌王这一代，其家族有两个特点，一是有与外族通婚的传统，因为混血，男性相貌普遍英俊；二是子嗣繁盛。香港演艺界知名人士曾志伟说："赌王是一位现代情圣，以我们时代的眼光来看，他是个师傅级的人物。女士们不论年龄大小都觉得他有型，就算男人都会嫉妒他'靓仔'。港澳有钱人多的是，很少有他那么全面。"

何鸿燊的大太太黎婉华出车祸后，虽然治疗效果不错，但一切生活起居完全靠别人照料，而且病情一直不太稳定。据三女儿何超贤忆述："母亲苏醒时，已失去大部分记忆，长时间不懂进食，行动也很困难。"里斯本各大医院和名医没有进一步的治疗措施，何鸿燊只得把她连人带病床搬上飞机，到伦敦求治，先后动了 10 多次大手术，但仍不见好转，每天都需 24 小时特别护理。1980 年新年前，黎婉华出院，返回何鸿燊在浅水湾 1 号的大宅休养。

何鸿燊一如既往地爱着她，不管多么忙，总会抽空陪她聊天，与她玩纸牌，还故意输给她让她开心。

然而，祸不单行，这种悲剧在黎婉华独子何猷光身上又重演了。1981 年 6 月，何猷光夫妇在何鸿燊位于葡萄牙里斯本的寓所吃完饭后回家，途中发生车祸，双双去世。何鸿燊极度伤心，一向视儿子如命根的黎婉华所受的打击更大。此后，黎婉华基本上没出过家门。

何鸿燊的二太太蓝琼缨定居香港，从20世纪80年代起，香港逐渐兴起移民潮，蓝琼缨的父母移民加拿大，于是，蓝琼缨在加拿大投资做生意，也是为何鸿燊的境外投资打前站。因忙于国外的生意，这一时期她很少与何鸿燊一起生活。

为了照顾好黎婉华，1982年，一个朋友帮何家请了一个女看护。这个女看护叫陈婉珍，二十七八岁，样貌平凡，个子不太高，但落落大方，一头长发，穿着护士制服，很爱笑，且笑起来很甜。作为黎婉华的私人护士，她对黎婉华照顾得很周到。

一天，何鸿燊得空与陈婉珍闲聊了一会儿，了解了她的一些基本情况。陈婉珍1953年出生于广东新会县，在澳门粤华中学女子部毕业后，攻读医科，随后到仁伯爵综合医院做护士。何鸿燊觉得她不但勤快，而且善解人意，知寒问暖，对人体贴入微。

感情加上工作关系，不久，二人开始有了身体上的亲密接触，何鸿燊很快对这位清纯的白衣天使另眼相看。

何鸿燊生来多情，虽然算不上花花公子，但他为人所知的艳事也不少。早在20世纪40年代末，曾有一个漂亮的外国少女为何鸿燊的翩翩风度所吸引，痴迷于他，后来得知他有家室，万念俱灰，发誓终身不嫁，做了修女。何鸿燊后来得知此事，深感愧疚。

何鸿燊的花心妹夫叶德利曾感叹"这世界上女人太多，时间太少"。在这方面，何鸿燊似乎还算谨慎。他曾公开说："我一生的情人不足10位。我很挑剔，并不是人人我都喜欢。以前是有很多女朋友、情人，现在没有了，办公桌上的文件就是我的女朋友。"

港澳媒体却认为何鸿燊所承认的情人数量很保守，此前专访过何鸿燊的冷夏先生曾说，在与蓝琼缨结婚前后，"发生在何鸿燊身上的风流韵事、雾水情缘从不间断"。

对何鸿燊来说，最头痛的事情不是追不到女人，而是甩不掉她们，为此他感叹道："真是惨，这么多年追女孩子，没有追不到的。一追到女孩子，麻烦就来了，想甩也甩不掉，她们要死要活的。"

以前有蓝琼缨陪伴左右，何鸿燊与情人的关系再密切，也只是露水情缘，偶尔偷欢。但现在蓝琼缨远在天涯，一年相逢难几回；黎婉华近在咫尺，却长年卧病在床。那些追到手或投怀送抱的女人，既然要死要活地想甩也甩不掉，何鸿燊也就不再自寻烦恼了。他与陈婉珍日久生情，黎婉华也把这一切看在眼里，她想，何鸿燊正值壮年，与其让他在外寻欢，不如正儿八经地娶个小的。既然他对陈婉珍有意，不如做个顺水人情，这样对自己、对陈婉珍都有好处。于是，她主动出面做媒，成全了这段既成事实的姻缘，陈婉珍因此升级为三太太。

1985年9月，何鸿燊以陈婉珍的名义在香港购置了大潭雅柏苑的两个中层单位（住宅），公开与陈婉珍同居。每套住宅面积约210平方米，价值约5200万港元。

何鸿燊金屋藏娇有别于传统意义上的把妻妾养在深闺里，他多次带三太太陈婉珍去外地或外国谈生意。比如，1989年陈婉珍曾陪同何鸿燊到越南考察赌场投资，何鸿燊还让她入股他在越南的赌场。在众多富豪中，像何鸿燊这样公开纳妾并招摇过市的确少有。

不过，何鸿燊对几个太太总是采取"隔离"政策，分而治之，尽量不让见面，以实现妻妾们的"和睦"相处。

不久，陈婉珍生了一个女儿，取名超云。1991年，她又为何鸿燊生育了龙凤胎（女儿何超莲及儿子何猷启），这让何鸿燊惊喜万分。但短短几年后，何鸿燊就只偶尔去探望"三太太"了，如同当年与蓝琼缨恩恩爱爱时探望黎婉华那样。他在继续演绎"另寻新欢"的故事。

陈婉珍也明白，自己能荣升为三太太，并不是自己的魅力大过何鸿燊以往的情人，而是他的家庭发生了变化。因此，她表现得特别低调柔善，老老实实地做自己该做的事情。何鸿燊自然也不会亏待她。不久，陈婉珍在香港就拥有了6幢物业，总价值3亿元左右（均为2000年初地产测量行估值）。其中布力径5号独立花园洋房价值约1.3亿港元。

在赌王的安排下，陈婉珍在香港还有多宗生意，名气较大的是荷里活道的古董店。

何鸿燊四姨太梁安琪

那么，这一次何鸿燊的新欢又是谁呢？直到1989年的交谊活动会上，陈婉珍才宣布了何鸿燊的新欢，她叫梁安琪。不过，人们仍不太相信何鸿燊会让她升格为四太太。1992年，何鸿燊到广州接受"荣誉市民"称号。人们发现有一位魅力迷人的女士侍奉在他左右，并随他一道上主席台接受广州市市长颁奖。广州的一些亲戚、朋友、同事在电视屏幕上认出了梁安琪。她是赌王的什么人呢？私人秘书？情人？还是新宠之妻？无论是什么，在多数人看来，梁安琪高攀上了港澳大富豪，算是混出头了。

梁安琪 1960 年生于广州，13 岁在广州学芭蕾舞，后来进入广州某文工团做舞蹈演员。梁安琪算是出生于小康之家，尽管人们对她的家庭知之甚少，但从她青少年时代无忧无虑的生活经历可以做出这一判断。长大后的梁安琪，由于外貌出众、身材迷人，不时被邀接拍时装照及广告。当年广东电视台演员招生，梁安琪不费吹灰之力便考上了，但却因为电台要她签约 5 年，她放弃了当明星的机会。有人曾劝她去应聘空中小姐，但她坦言，小时候连飞机都不知道是何物，怎知道有空中小姐这个职业。她宁愿把眼睛放进太空，梦想成为天文学家，踏遍银河星辰。笑言"满脚牛屎、红卫兵出身"的梁安琪，凭着一股干劲，走遍广州、香港，当上了舞蹈老师。人生假如走另一条路，梁安琪或许会成为舞蹈家，或是电视明星，但人的命运很多时候都不由自己设计。她回忆称："以前在内地生活，无忧无虑，但去了香港及澳门，才发现饿死街头都无人理。"

1980 年，二十出头的梁安琪来澳门发展，在"妇女会"教舞蹈，月薪 750 澳元。相对于内地不满百元的月薪，这已经是很高的报酬了。但梁安琪的月薪在当时的澳门属于低薪。她明显感受到了港澳地区对内地人的歧视，内地人来港澳，通常只能做最苦最累、收入最低的工作。梁安琪迫切希望改变自己的命运，但她除了跳舞，别无所长。

作为舞蹈教练，梁安琪有机会接触到一些爱好跳舞的上流人士。何鸿燊的三女儿何超贤因为喜爱跳舞而与梁安琪熟识，并多次在何鸿燊面前提到这个舞蹈教练。1986 年初，身为舞蹈教师的梁安琪在何超贤的引荐下出席一个私人舞会。何鸿燊是舞会的特邀嘉宾，不过那天他是孑然一人，善舞的二太太蓝琼缨远在加拿大，三太太陈婉珍又不会跳舞。梁安琪作为特邀女宾，正是为无舞伴的男宾准备的，在女主人的引荐下，梁安琪做了何鸿燊的舞伴，伴着赌王翩翩起舞。

一曲未终，何鸿燊便找到了当年与蓝琼缨跳舞时的感觉，飘飘欲仙。一晃 30 年过去了，蓝琼缨已是半老徐娘，而梁安琪却似一朵含苞待放的水仙。梁安琪久闻赌王大名，亦在电视上目睹赌王的绅士风度，见他虽年过五旬，风采依旧。此刻被赌王搂入怀中起伏旋转，她觉得这是上天恩赐的幸福。两人眉目传情，彼此倾心。

梁安琪的处境马上发生了转变，她被何鸿燊安排到赌场账房做文员，每月薪水 3000 港币，每天工作 4 个小时——从中午 12 点到下午 4 点。空暇时还可"炒更"。梁安琪邀另一位舞蹈教师合资开办了一所舞蹈学校，自己做老板兼教员。

此后，梁安琪常为何鸿燊伴舞，频繁出入于港澳的上流社会。人们根据他们的亲热程度，猜想他们的关系已经不一般。

梁安琪当然不会满足于做何鸿燊的情人。后来，何超贤曾向媒体表示，自己曾经安排母亲黎婉华与梁安琪同桌吃饭。陈婉珍在 1989 年向外界宣布的时候，梁安琪已经升格为四太太。这年 9 月，何鸿燊以梁安琪的名义购置了寿山村道 26 号独立洋房，作为两人的"爱巢"。到 1992 年，何鸿燊基本上不到三太太陈婉珍的寓所居住，集万千宠爱于四太太一身。

梁安琪为何鸿燊生下了三子二女，分别是何超盈、何猷亨、何超欣、何猷君、何猷佳，算是为何家传宗接代的头等功臣。

1998 年，蓝琼缨陪何鸿燊同赴舞会，大谈丈夫与梁安琪的关系。当时无线电视台播出剧集《西游记》，蓝琼缨便以"通臂猿猴"来揶揄梁安琪，"通臂猿猴怎么同齐天大圣比？（赌王）有女朋友不要紧，最重要的是懂得回家，知道哪个是老婆子女。"梁安琪也不甘示弱，回敬蓝琼缨吃错药，"齐天大圣有多大本事，到头来都是飞不出如来佛祖的五指山"。

何鸿燊常对外人说："我对每位太太都一样宠爱。"此话怎么理解呢？是同时一样宠爱，还是先后一样宠爱？显然是先后一样宠爱，即现在宠爱四太太，像过去宠爱三太太一样；过去宠爱三太太，又像往昔宠爱二太太一样；往昔宠爱二太太，就像新婚最初几年宠爱原配一样。

　　梁安琪很快便成为何鸿燊的贤内助，不仅伴随他出席社交场合，也随他在商场打拼，她常说视丈夫为学习对象。几年间她涉足的行业包括证券行、高尔夫球场、餐饮等，也入主澳门赌业，成为澳娱董事之一。此外，梁安琪在政界也大露锋芒，于 2005 年成为澳门立法会议员。

　　富豪家族难免会有争风吃醋的新闻。作为何鸿燊的四太太，梁安琪很会自我调节。"第一天跟何鸿燊，我就已经明白，要发展这段感情，我得到的时间将会有多少。只要以平常心去看，就不会吃醋，也不会不开心。"

　　确实也是如此，哪怕已近九十高龄，何鸿燊在情场上仍闲不住，又发展了一位红颜知己，即传闻中的五太太邓咏诗。

　　邓咏诗样貌平凡，个子不高，一头长发，皮肤黝黑。她原本是医院护士，后来被三太太陈婉珍聘请为私人看护，负责照顾三太太的子女。2007 年 4 月，何鸿燊在泰国因便秘接受灌肠后，直肠壁受感染发炎生疮，要回香港接受治疗，陈婉珍安排她贴身照顾何鸿燊，她表现细心体贴，令何鸿燊十分满意，在短短一年内得到何鸿燊的宠爱，并获赠总值达 8000 万元的物业。

　　从 2007 年 4 月 7 日开始至 12 月 1 日的大半年间，何鸿燊出席活动时，邓咏诗都陪伴左右，细心搀扶、照顾周到。起初她穿着护士服，两个月后开始换上便装及晚装，陪伴赌王出席活动，并手挽各式各样的名牌手袋。

　　何鸿燊之前曾公开扬言四太太梁安琪将是他最后一个太太，新宠曝光后，梁安琪相当气愤，所幸邓咏诗只是红了一阵，终究没有正式进门。2009 年 9 月 29 日，邓咏诗大婚，新郎是与她恋爱 13 年的游泳教练苏炳龙。

　　何鸿燊的感情生活，正如香港专栏作家阿宽所说："男人只要有足够的财力，得到美女的机会近乎百分之百，视乎他本人要多少或要多久。"

二、宫心计：一碗水难端平

何鸿燊家大口阔，一直强调大家庭以和为贵，力争"一碗水端平"，但事实是这水太大了，很难不满不漫。

2001 年，何鸿燊度过了他的八十大寿。与常人不同的是，这一年他的生日宴会一共开了 4 次，究其原因，无非是赌王的 4 房妻妾竞相给他贺寿。

二太太蓝琼缨和大女儿何超琼为何鸿燊举办了一个盛势逼人而又十分隆重的寿宴，到贺嘉宾非富即贵，何鸿燊当晚玩得异常兴奋，还大讲黄色笑话。

紧接着，四太太梁安琪也爱夫情切，设下豪门夜宴为何鸿燊开了一个更大型的生日宴会，力图让何鸿燊开心。为了一争风头，梁安琪订了六星级的君悦酒店，摆下 50 桌酒席的鲍鱼宴，比蓝琼缨在海都酒楼摆的 20 桌多出一倍有余，每宴席约 1.8 万元。梁安琪还特别自备鲍鱼，每只约 1000 元，仅是买鲍鱼已超过 50 万。别出心裁的梁安琪，还预备了金元宝赠给到贺的每一位亲友，而贺礼都捐给澳门慈善团体。精于跳舞的她还与赌王一献舞技。对于宴会厅的布置，梁安琪也花了不少心思，特别从外国订了 13 万元的鲜花布置现场，务求令何鸿燊一见到便会心花怒放。

继梁安琪为何鸿燊贺寿后，三太太陈婉珍也独具一格，直接将寿宴搬到海上，在香港仔珍宝海鲜舫设了 18 桌海鲜宴贺寿，压轴大戏则安排在原配黎婉华家。

在一连串的寿宴之后，何鸿燊疲态尽现，由最开始的畅所欲言，到最后只说一句："讲了这么多天，不讲了。"当时就有香港超级富豪出言微讽："就算我有这样的齐人之福，也没有这样的体力轮家吃饭。"其中恐怕微有妒意。

2001 年的马拉松寿宴，显然有争宠的意味。但与若隐若现的财产分配问题比起来，马拉松寿宴还算是容易公平对待的事情。

2002 年，二太太蓝琼缨和四太太梁安琪争宠十分激烈，为平息争端，何鸿燊斥资 2 亿为蓝琼缨重建旧居，特地花费 1 亿用于装修。仅是博物馆规模的中央图书馆式衣帽存储间就占用整层，底层则是个超级游泳池。在何鸿燊一句"总之我不会偏心，最重要家和万事兴"的口号之下，蓝琼缨和梁安琪"停战"，蓝琼缨的长女何超琼也转而与梁安琪和睦相处。

二太太蓝琼缨与四太太梁安琪斗法失败后，多年来居住在加拿大，很少和外界交往。不过，2000 年黎婉华的孙女何家华结婚时，蓝琼缨的女儿何超琼、何超凤及何超仪都盛装出席。

在蓝琼缨的 5 个子女中，除了何超仪外，其他四个子女皆在家族生意中占据举足轻重的地位。何超琼身兼香港信德集团董事、总经理、澳

澳门回归祖国大型展览在澳门开幕，时任澳门特别行政区行政长官何厚铧（右一）、新华社澳门分社社长王启人（右二）、澳门中华总商会会长马万祺（右四）、澳门旅游娱乐有限公司董事总经理何鸿燊（右三）观看兴建中的澳门观光塔模型

门旅游观光塔公司总经理、澳门航空股份有限公司董事等十几个要职，她掌管的公司资产多达上百亿元。

此外，蓝琼缨的弟弟蓝铧缨任澳娱公司副总经理，晋升权力核心。

相比二太太蓝琼缨，四太太梁安琪与三太太陈婉珍比较合得来，1999 年，经梁安琪穿针引线，陈婉珍以 1.1 亿元购入布力径独立屋。梁安琪此举意在拉拢陈婉珍加入其阵营。梁安琪与陈婉珍的长女何超云更是关系密切，甚至有传梁安琪借何超云"过桥"，套取陈婉珍的秘密。争宠自然引起不和，两人近年除了在公益事业上暗斗外，又在私人房地产买卖上较劲。

四太太梁安琪呼风唤雨，手头共有 9 幢物业，独立洋房就占 3 幢：寿山村道 26 号、香岛道 2 号、浅水湾道 4 号，其中浅水湾 4 号依山傍海，风景极佳，恍若皇宫。

浅水湾为香港大富豪的聚集地，何鸿燊私邸就是浅水湾 1 号。

梁安琪的 9 幢物业价值 3.36 亿港元，绝对比陈婉珍和蓝琼缨多。蓝琼缨在加拿大的住宅虽然豪华宏大，但在地广人稀的加拿大，房地产不值钱，即使屋旁的私家绿地大如一个足球场，也不抵香港住宅大厦一套住房的价格。

梁安琪在商界长袖善舞，除了何鸿燊的提携，与她自身的素质和努力也是分不开的。她以佳景公司的名义掌管澳门一系列溜冰场、桑拿室、酒楼、花店、洗衣店等生意，并在香港投资 300 万港元开办了一家澳门茶餐厅。她是个"多面人"：在何鸿燊面前，她小鸟依人；在生意场上，她则是个女强人。

梁安琪还安排自己的两个亲兄弟在赌场工作，她的大哥梁伟旗任赌场总账房，财权在握。由此可见，何鸿燊对梁家人的信任程度，同时也是梁安琪深受宠爱的佐证。

三太太陈婉珍主要打理古董生意及越南赌场业务。有段时间，陈婉珍受梁安琪感染，开始活跃于社交圈，2008 年更成为东华副主席，与梁安琪的保良局总理身份看齐。

原配黎婉华早年也曾出席慈善活动，并且是个粤剧迷。但她的连串坎坷遭遇，令人叹息。她的三女儿何超贤沉痛地说："她没对人做过坏事，却要承受很多病痛，上天对她太不公平。"黎婉华生前行事低调，甚少露面，也很少过问何鸿燊感情方面的事情。由于她从不看中文报章，身边的人又不向她提及，丈夫和其他 3 位太太的新闻她知道得很少。

2004 年 2 月 21 日，黎婉华去世，这位当年兼具财富与美貌的"澳门街第一美人"，走完了她 80 岁风华绝代的一生。何鸿燊不断为爱妻的后事劳碌。2 月 22 日，他亲自到澳门旧西洋坟场为爱妻挑选墓地，并伤心地说："希望你可以在这里安息。"2 月 23 日，他返回信德集团开完会后，下午 5 点多又到摆放黎婉华遗体的香港殡仪馆，商讨遗体运送澳门事宜。

2 月 25 日，何鸿燊为黎婉华举行了隆重的葬礼，出殡当天，不但澳门特区下半旗致哀，连葡萄牙总统也致电慰问。她的葬礼排场相当大。澳门特区行政长官何厚铧，中联办副主任李勇武，澳门行政法务司司长陈丽敏，澳门保安司司长张国华，全国政协常委吴福、杨俊文，以及港澳社会知名人士、本澳葡裔社群及社会公益服务团体代表、澳娱下属机构有关负责人等近千人吊唁。葬礼中，何鸿燊神情哀伤沉重。

从物质利益上看，原配黎婉华所得最少，仅仅拥有一幢澳门的旧宅，以及数额不明的赡养费。在澳门赌场以及何鸿燊的公司里，黎婉华这一房不占有丝毫权益。赌王的四房中，数黎婉华这房最西化，黎婉华的女儿都自称是葡萄牙人，葡萄牙人在观念上最不容忍一夫多妻制，但也无可奈何。黎婉华的大儿子因车祸去世，3 个女儿都没有在父亲的公司工作，也没有从父亲身上获取利益。争夺股权事件爆发后，长房的何超贤忍不住发表声明说不相信父亲会不留任何东西给长房，她对何家部分成员的言行感到不安，觉得自己的感情受到了严重伤害。她认为很多声明和行动都是何鸿燊的其他太太及她们的子女安排的，这违背了何鸿燊的意愿。

第十一章 走出弹丸之地

一、霍英东翻旧账

何鸿燊的家庭事务真可谓剪不断理还乱，而他的赌业王国在继与叶汉决裂之后，又面临着与霍英东的隔阂。

何鸿燊与霍英东的合作关系，始于找霍英东加盟发展赌场业务。此后双方的业务交往长达 50 多年，在这期间，发生的是非恩怨，很难一言言之。霍英东任澳娱公司董事长期间，在如何发展壮大澳娱这个问题上，他们的观点和立场基本一致，但何鸿燊以种种方法为自己争取最大利益，令霍英东甚为不满，使两人逐渐产生隔阂，最终导致分裂。

起初，何鸿燊与不太热心赌业的霍英东想法一样，除主力发展赌业外，更要投资其他业务。1970 年葡京娱乐城落成启用后，为了吸引更多香港人到葡京下注，何鸿燊于 1972 年在香港成立了经营空运及地产的信德船务有限公司，这实际上是澳娱实现一条龙服务的一大延伸。

1972 年，何鸿燊在与叶汉长达 10 余年的"赌坛霸主"之争中稳操胜券，叶汉心灰意冷，很少来赌场，或待在香港的寓所，或周游列国散心兼考察。何鸿燊也把赌场交由亲信坐镇，走出城堡，到商界大展拳脚。

因有办过船运公司的经验和基础，何鸿燊在信德船务有限公司的基础上，创建信德集团，其核心业务仍是港澳间的客运。当时澳娱的发展正缺少资金，何鸿燊最初的思路是，先将信德集团上市，若成功，则把部分资金注入澳娱。

当然，公司要上市并不是老板自己说了算，必须具备上市的一些条件，公司规模、经营状况、资金流等是不可或缺的几大硬件。何鸿燊经营船务比经营赌业的历史还长，早在20世纪40年代他就与友人合伙购置"佛山"轮，投入港澳海上客运。1972年，经营港澳客运的公司共有5家，其中有3家就是信德船务有限公司及其旗下的远东水翼船务和快达客轮。为了进一步扩大规模，何鸿燊继续拉人来投资。信德船务有限公司经营状况不错，许多人认为它与澳娱相比，经营的行当更正规，发展前景可以预期，因此很多人愿意入股信德船务有限公司。霍英东也成为信德船务有限公司的股东之一。

1973年，信德集团在香港联合交易所上市，这让信德集团如虎添翼，几乎一夜之间就成长为一个超人，在香港大型综合企业中占有了一席之地。信德集团号称世界最大的波音喷射船公司，共有喷射船几十艘，如"金星""火星""天王星"等。何鸿燊的船队提供不同价格系列的客运服务，24小时全天候运营，每年运载乘客1000万以上，占港澳旅客总数的70%。

随着港澳间客运量的增加，澳门原有的码头已难以承受日趋增加的客流量。1989年，何鸿燊决定投资兴建澳门新港澳客运码头，地址在澳门新口岸，计划将建成总面积3万平方米的码头，离境区有4个候船厅，3层高，6个船只停泊点，可同时停泊12艘喷射船和两艘大船，每年可应付1300万次的客流量。原工程预算为2亿港元，由一家葡萄牙建筑公司承建，建成时，造价最终增加到8亿港元。何鸿燊满不在乎地说："增加一些钱，无所谓的，葡萄牙快要走了，最后几年好好招呼人家也是应该的。"

对水路形成控制后，何鸿燊还在港澳之间开辟空中走道，开展直升机业务，即在港澳之间利用港澳码头建筑的顶部修建直升机机场，并于1990年年底正式开通。

除了自己建造直升机机场外，1989年，澳门国际机场专营公司成立，何鸿燊的澳娱公司占三分之一股权；同年，何鸿燊通过信德集团以 1.2 亿港元购入香港华民航空公司 40% 股份，自己持有 10%，其后信德集团和何鸿燊本人又分别购入 40% 和 10% 股份，全资控制"华航"；1990 年，何鸿燊通过自己控制的华光航务公司，购进葡萄牙越岛航运公司的主要股权……信德集团还以发行新股的方式，筹资收购了香港仔饮食企业有限公司的部分股权。"香港仔"是经营海鲜舫的专业公司，在香港仔海旁拥有"珍宝""太白""海角皇宫" 3 艘大型海鲜舫，可容纳近 5000 名客人。

1992 年，何鸿燊通过信德集团斥资 2.4 亿港元购入澳门旅游娱乐有限公司 5% 的股份。澳娱是公认的金盆，何鸿燊此举使信德集团的澳门色彩更浓，也增加了投资者对信德集团长期盈利的信心。

1993 年，由信德集团投资的澳门新港澳码头正式投入使用。让何鸿燊没想到的是，短短几年，从船务概念兴起的信德集团便走上了多元

服务港澳两地的喷射飞船 TurboJET 为纪念 45 周年，在香港信德中心举办"TurboJET 连系港澳 辉煌 45 年"展览。信德中旅船务投资主席何鸿燊与女儿何超琼戴上船长帽主持典礼

化之路，公司股票飙升不已，公司市值扶摇直上，从不到十亿港元跃升到百亿港示！

信德集团实现了它的"蓝筹股梦"，进入恒生指数成分股之列。凡是蓝筹股，皆是在行业具有代表性，市值较大，盈利稳健的股票。到1994年3月底，信德集团的市场价值高达120亿港元。

信德集团的快速成长，使何鸿燊对业外投资的信心更足。他又投资2亿港元，在新口岸码头建造了一幢大型商厦，由香港八佰伴百货公司入驻经营。1997年，香港八佰伴百货公司受日本总部清盘的影响，不得不申请清盘，澳门八佰伴百货公司由何鸿燊旗下的公司接手经营。

在何鸿燊大举向业外投资前期（1982年以前），霍英东仍担任澳娱的董事长。1979年中国采取对外开放政策后，霍英东率先回广东投资，兴建广州白天鹅宾馆及中山温泉宾馆。当时中国内地百业待兴，霍英东在筹办两间酒店时处处碰壁，等到差不多开幕时，杯碟、灯饰都还未预备好，相当狼狈。当时，何鸿燊也重新转向地产业，但不知何故，他没有向霍英东施以援手。霍英东为此很生气地说："他在这方面没有支持过我。中山温泉开幕，我发了请帖，但他的澳门葡京都没有派人来支持我，只在新丽华酒店派了个经理来看看。如果他肯派一批人来，我就不会这么辛苦。"他接着说，"郑裕彤有新世界，利铭泽有利园，胡应湘有合和的支持，我就单人匹马。第一期中山温泉，何鸿燊说介绍个风水师给我，说要看测量图，那里全部都是田地，哪有什么测量图。我坚持了两三年后，病得差不多玩完。"其后更证实他患了癌症，这是后话。

霍英东与何鸿燊越来越合不来，到1982年，何鸿燊与叶汉的内斗胜负已分，叶汉的股份被迫卖给郑裕彤，而郑、何两人的股份，加起来超过了霍英东的股份。霍英东意兴阑珊，不久便辞去董事长一职，但他仍持有澳娱公司近30%的股份。

霍英东在内地投资地产的同时，何鸿燊高达数十层的香港信德中心也在建设之中。信德中心在港岛北岸，临维多利亚港，其裙楼是候船厅及码头，主楼是商用写字楼，除信德中心总部外，其他写字楼做出租用途。

2002 年 6 月,霍英东将他在澳娱的所有股份拨入霍英东基金作慈善用途。霍英东有意出售澳娱股权,前后酝酿近 16 年,主要是不想影响澳门新赌牌的竞投,如今大局已定,他也了却了自己的心愿。在澳门霍英东基金会成立典礼致辞时,他当着何鸿燊及澳门特首何厚铧的面"重提旧事",数落何鸿燊长达一小时,更大爆何鸿燊曾涉嫌贿赂澳门官员。"该官员一下子拎出 1 万美元,对我说'喂,Stanley(何鸿燊的英文名)给我的,我不收!'这是我一生中最惊的一次。不过,Stanley 急中生智,解释道'不是,我不是贿赂他,钱是捐给政府的。'我真是吓坏了。"霍英东的风趣言论令在场人士开怀欢笑,但台下的何鸿燊及其女儿何超琼万万没料到霍英东会有此举,只能生硬地陪笑,气氛甚为尴尬。霍英东随后倒也为何鸿燊"辩解"了,但其连串言论早已令在场人士哗然窃笑,何鸿燊与女儿何超琼更是全场苦笑。

在澳门举行的澳门霍英东基金会成立酒会上,全国政协副主席、该基金会主席霍英东与时任澳门特别行政区行政长官何厚铧和澳门旅游娱乐有限公司董事总经理何鸿燊交谈

其后，霍英东继续"爆料"，指出 1961 年澳门公开招标投赌时，何鸿燊原本不打算竞投赌牌，只是想"食饼仔"①。霍英东说："那时人们说他想食饼仔，其实他真是想食饼仔。不过人们到处传何鸿燊食饼仔，他对我说'霍生，他们说我食饼仔，我回不到香港（立足）啦！'"所以，霍英东便借 40 万元给何鸿燊，最后何鸿燊成功投得赌牌。

此时，何鸿燊已由生硬苦笑变为面色阴晴不定，更向台上滔滔不绝的霍英东怒目而视，二人的不和表露无遗。

讲得兴起的霍英东，仍滔滔不绝："其实，钱在大家心目中并非十分重要，不过 Stanley 当年为了不输给别人，将星光行以 3700 多万元卖给置地，令基金损失几十亿元，大家对此都感到失望。"

何鸿燊虽然极为克制自己，但对霍英东的"连消带打"式的奚落，明显无法释怀。典礼结束后，霍英东走到台下与众嘉宾祝酒，何、霍二人由始至终没有说过一句话，连基本的碰杯动作也没有，一旁的澳门特首何厚铧只得不断说话，以调解双方僵住的气氛。

后来，何鸿燊等人匆匆离开。对于被霍英东爆料，何鸿燊表示"都几十年老朋友了，他只是翻以前的事出来讲"。而就"贿赂风波"，他尴尬地笑了笑，解释道："开玩笑啦！我当时只是代表公司给经济局局长 1 万（美元）作为福利，不过局长自己误会，于是去向当时的澳督罗必信告状。"何鸿燊又补充说，当时他到经济局局长家中探访，期间用信封装了 1 万美元，信封上虽然没有写明，但在口头上说明了该笔现金的用途。

不管怎么说，霍英东毕竟不是叶汉，他与何鸿燊的友情多于怨情，酒会后他又解释说，并非对何鸿燊出售星光行一事耿耿于怀，只是重提何鸿燊因为好胜、主观而出售星光行，令基金损失几十亿元，十分可

---

① "食饼仔"原是地产商参与土地拍卖中的一种投机行为。竞投者暗中联合起来，把价格压低。比如一块地起价 500 万，预计要叫价竞至 1000 万成交，那么，参与竞投者叫价叫到 700 万时就不再叫，卖家以 700 万与最后一位竞价者成交。"节省"下来的 300 万，就是一块大饼，由参与竞投者分食。最终的买家能以较便宜的价格买到土地，其他的竞投者也能得到好处。

惜。但被问及与何鸿燊是否还是朋友时，霍英东爽朗地回答："个个都是好朋友啦!"

从霍英东的话可以看出何鸿燊性格的另一面：凡事好强，刚愎而果决。

二、重返香港地产界

地产，是何鸿燊的老本行，他在 20 世纪 50 年代中期就是香港屈指可数的地产大亨。到 20 世纪 80 年代中后期，一些在 20 世纪 50 年代末才涉足地产的商人，如李嘉诚、李兆基、郭得胜等，都成了威风八面的地产巨富。相比之下，何鸿燊的财富还不能与他们相提并论，为此，他决心杀回香港的地产界。

何鸿燊的地产策略是：在香港以发展项目为主，即以出售为主；在海外以投资项目为主，即作出租用途。

1987 年，他收购九龙尖沙咀星光行的整个地库，总共 4 万多平方英尺①。1989 年，他出售其中的四分之一给麦当劳，净盈利 4700 万港元。他还购入摩罗庙街、湾仔万茂台的一些地盘。接着，他又购进半山西摩台 1 号商住地盘和薄扶林道 124 号低密度住宅地盘。他还与自任董事长的新濠国际合作，购入罗拔臣道 69 号等地盘。何鸿燊后来开发的楼盘还有靖林、宝翠园、升悦居，以及商业综合发展项目西宝城和升悦商场等。在信德集团的多元化发展计划中，饮食业是一项重要业务。从1988 年起，何鸿燊通过信德集团在饮食业发起一系列收购。其中比较大的收购行动有：1989 年收购珍宝海鲜舫，致力于发展澳门酒店及娱乐事业，同年又买下夏威夷的一艘海鲜舫；1990 年购入澳大利亚悉尼的一艘海鲜舫。

在澳门，信德集团的发展项目包括壹号湖畔、濠庭都会以及旗舰综

---

① 1 平方英尺 ≈ 0.093 平方米

合地产项目南湾海岸，致力于提升澳门的住宅环境，为业界创下优质物业的新标准。信德集团的蓝筹物业在市场交易方面也表现活跃，成为澳门地产界的重要指标。

信德集团还是首家为澳门引入国际知名酒店品牌的企业，通过合营模式经营澳门的两家五星级酒店——澳门文华东方酒店、澳门威斯汀度假酒店，成为区内提供顶级酒店服务的先驱。信德集团亦持有澳门首屈一指的高尔夫球会澳门高尔夫球乡村俱乐部的权益。另外，20 世纪 90 年代后期，信德集团兴建了南湾海岸的六星级酒店，以及位于壹号广场、由文华东方酒店管理的一所拥有 208 间高级客房的全新豪华酒店。同时，信德集团联合万豪酒店首次进驻香港酒店业，投资兴建第二家香港国际机场酒店——香港天际万豪酒店，持股权 70%。

在何鸿燊的地产生意中，特别值得一提的是他与汤臣集团的合作。

说起汤臣集团也是大名鼎鼎，它由汤君年及其夫人徐枫共同创办。汤君年是上海人，22 岁那年他到台湾开拓墙纸和窗帘布生意，成立汤臣公司。他靠着一辆摩托车跑遍台北各大布庄，赚取了第一桶金。仅仅几年工夫，汤臣集团便声名鹊起，在台湾拥有 3000 多个窗帘布分销商，市场占有率达 50%。随后，汤君年投身台湾地产界，买下台北市忠孝顶好商圈的龙门百货与西门町的科达百货大楼。1988 年，汤君年乘势杀回香港，在一连串的收购兼并后，汤臣公司名声大振，香港人因此称汤君年为"台湾帮"。随后，汤臣集团借壳上市，收购上市公司"川河"后改名汤臣太平洋，其业务横跨全国，鼎盛时期拥有香港 5 家上市公司，包括汤臣集团、川河、世贸中心集团（现鹏利国际）、富豪酒店及联合地产。汤君年移居香港后对家乡上海仍怀有一份浓厚的情意，深信上海滩终有一天会繁华，于是转战上海，成为首位投资浦东房地产的港商。

20 世纪 80 年代末，何鸿燊认识了汤君年，他们的第一个合作项目，是汤臣集团以 2.69 亿港元的价格，向何鸿燊收购一项酒店赌场及商场综合计划的 5 成权益。汤君年成了何鸿燊在地产界的最佳拍档。

汤臣集团实力雄厚，但汤君年为人谦让，他请何鸿燊出任上市公司汤臣集团的董事会主席，自己只担任董事总经理。从此，两人的关系日益密切，澳门的一些大型发展项目，如南湾发展工程、路环与凼仔岛的工业村等，何鸿燊都邀请汤君年参加。

他们还频频做楼盘交易，包括土地、房产和发展权等。一般是汤君年做买家，何鸿燊为卖家，仅 1990 年，这样的交易就有 3 宗。1990 年 7 月，汤君年斥资 5000 万港元收购澳娱在路环岛的一幅土地权益，拟作高尔夫球场之用途。8 月，汤君年又向何鸿燊购入澳门国际中心 7 幢住宅，汤君年以现金形式付给何鸿燊 3.03 亿港元。9 月，汤君年向何鸿燊收购澳门一幅地盘 5 成权益，汤君年以发行新股支付给何鸿燊，共发行 2.33 亿股，每股 9 角。

一年间，何鸿燊共将数处澳门物业售予汤君年，总价 8.3244 亿，其中 4.43 亿港元用现金支付，其余以汤臣新股支付。就这样，何鸿燊出售物业不仅套取了大量现金，而且未花分文，便成为汤臣集团的大股东。

同年，何鸿燊与汤君年商议，决定竞购奔达国际。

奔达国际坐拥 30 亿资金，尽管何汤联手，仍是小鱼吃大鱼。最终，何鸿燊以 10 亿港元巨资击败香港兴业，成功收购奔达国际 34.5% 的股权，也就是说，他以 10 亿港元控制了 30 亿港元的资本。

接着，汤臣集团又收购了远东集团的远东饼干厂 50% 权益；世贸中心集团收购谢瑞麟集团在弥敦道的一项物业。

几年间，何鸿燊通过眼花缭乱的收购和高超的资产重组技巧，缔造了一个庞大的商业帝国。这个商业帝国分为三大系列：以港澳客运为主的信德集团；以地产建筑为主的汤臣太平洋有限公司；以及后来被证明失败的以电子工业为主的善美环球。

何鸿燊与汤君年合作，可谓"成也萧何，败也萧何"。1991 年，市场有关汤臣集团及汤君年违规操作的传闻沸沸扬扬。此后，汤臣系（上市公司）股价每况愈下，何鸿燊见势不妙，也开始抛售自己持有的汤臣系股票。到 1992 年中，何鸿燊辞去汤臣太平洋有限公司和世贸中心集团的董事局主席职务，他持有的汤臣系股票也已抛售得所剩无几了。

1993 年 12 月 14 日，香港警方商业罪案调查科 4 名探员在一名外籍警司的带领下，驱车前往港岛南区浅水湾，搜查何鸿燊位于浅水湾 1 号的豪宅。

当时何鸿燊正在外地办事，他的秘书和属下的一名高级职员在那里恭候。他们带警方人员巡视和搜查各个房间。4 个多小时后，探员才全部离开，但没有带走任何物件。何宅的保安员说，主人并不在这里居住，这里平时只作开会或招待朋友之用。

随后，港府发言人向外界表示，上午搜查何鸿燊的住宅，源于 1992 年 9 月财政司宣布委派调查员，调查汤臣太平洋有限公司及当时它持有 3 成多股权的世贸中心集团于 1990 年至 1992 年间的多宗交易。

同日，何鸿燊在香港的旗舰、信德集团总部也遭到警方的搜查。同时遭到警方搜查的还有世贸中心集团、川河集团、远东投资和谢瑞麟珠宝。

当天下午，在何鸿燊的授意下，信德集团向外界发表声明：

"信德集团有限公司对商业罪案调查科搜查本公司写字楼一事，大感惊奇。调查科人员今次搜查目标是关于汤臣太平洋和世贸中心集团的有关资料。本公司与汤臣和世贸之间没有任何金钱上的关系。何鸿燊博士等人上星期还去函邀请调查人员审阅有关文件资料，在这种情况下，警方仍搜查信德写字楼，实在令人遗憾。"

在香港财政司麦高乐派出调查员调查汤臣太平洋有限公司和世贸中心集团系列交易期间，何鸿燊作为这两家上市公司的前主席，也受到了调查员不甚客气的调查。

何鸿燊声明自己是"挂名"主席，纯粹荣誉性质，只是"非执行董事"。他自己非常忙，并且一直以澳门的事务为主，有关汤臣太平洋有限公司和世贸中心集团的事务一般由助手处理。

何鸿燊极力想要划清自己与这两家公司以及汤君年本人的关系，但汤君年似乎不太配合何鸿燊。他指出，在涉及重要事宜时，他都会找何鸿燊"知会"，两人共同决策，在自己离港期间，"则请何鸿燊签署及决定重要事宜"。汤君年的意思很明确，何鸿燊是有职有权的汤臣太平洋有限公司及世贸中心集团董事局主席。

搜查事件发生 10 天后，何鸿燊的女儿按照原定计划组织了一场慈善舞会，何鸿燊虽然出席了舞会，但却一脸不快，没有跳舞就匆匆离去，而往常他会在舞会上尽情欢乐。

"汤臣案"历时 6 年，案件牵连甚广，其中包括何鸿燊及邱达昌，涉及证人超过 100 人。1996 年，汤君年、徐枫之妹徐杰、前渣打证券要员赖焯群等 5 人被控串谋诈骗，1998 年正式开庭，经过 82 天的聆讯后，法院宣布汤君年等 5 人无罪释放。

香港当局丝毫不给何鸿燊面子，类似的事情远不止这一件。前文提到过，1989 年，何鸿燊通过信德集团以 1.2 亿港元购入香港华民航空公司40% 股权，而他自己和华航创始人还分别持有 10% 和 50% 的权益。其后，信德集团和何鸿燊又分别购入华航创始人所持的股权，全资拥有华航。

香港有 3 家航空公司，其中，国泰航空历史最久，规模最大；其次是港龙航空；排第三的是华航。国泰航空和港龙航空均以客运为主，兼营货运，而华航专营货运。华航成立于 1986 年，到何鸿燊收购时，拥有两架旧式波音 707 货机，获准经营 4 条定期国际航线。何鸿燊入主后，争取获得了香港政府批准经营的两条国际航线，一条是至英国曼彻斯特的定期货运航线，一条是至越南的航线。为此，何鸿燊于 1991 年购入两架波音 747 – 100 飞机。

为了确保收回投资及维持浩大的日常开支，必须开辟新的黄金航线，以增加营运收益。所谓黄金航线，是指客运量和货运量特别大的航线。这类航线，要么已经被国泰航空和港龙航空占领，要么国泰航空和港龙航空已经看好，正在申请。

国泰航空和港龙航空均由英资、港资等混合构成，而华航是纯粹的澳资，在资本构成上，国泰航空和港龙航空比华民航空要优越。在批准航线上，香港政府也公然偏向国泰航空和港龙航空，冷落华航。

华航债台高筑、亏损累累，为了避免破产，何鸿燊不得不拱手让出华航的控制性股权，让香港的空中霸王国泰航空兼并华航。

以上两件事情，使何鸿燊清楚地意识到：香港不是澳门！

做生意总会有风险。何鸿燊经历了无数的大风大浪，对地产生意的前景始终抱持乐观态度。他说，"扎根澳门，热爱祖国，面向世界"是澳娱公司一贯的宗旨。澳娱公司除全力参与澳门发展经济外，也积极投资内地。

在上海，何鸿燊投资超过 23 亿人民币，兴建虹桥上海城，还发展附设有私人会所鸿艺会的服务式住宅鸿艺豪园，其他已完成的项目包括：坐落于黄陂北路的中区广场、金富运酒店及海龙海鲜舫。

在天津，何鸿燊参与发展楼高 49 层、集商业办公和服务式公寓为一体的小白楼华信商厦，总投资约 16 亿人民币，地块面积 1.8 万平方米，楼面面积 14.9 万平方米。

此外，何鸿燊还分别在广东省内投资兴建高尔夫球场、酒店、别墅、会所、写字楼、住宅区等。

三、两手准备：分散风险投资海外

澳门作为一个弹丸之地，何鸿燊实在很难在除了博彩以外的行业一展身手。在这种情况下，境外投资成了他业务发展的选择之一。

实际上，何鸿燊最早的海外投资始于 20 世纪 70 年代中期，主要是投资赌场本业，不过最终都闹得铩羽而归。所以，1979 年他曾宣称："从 1980 年起，5 年内，我全部投资都集中在港澳，其他地方，我一分钱都不会投进去。"

何鸿燊虽然说到做到，但外界的诱惑毕竟太大。同时还有一个很重要的原因：中国政府开始与葡萄牙进行外交接触，商谈澳门租期期满后的回归问题。

1987 年 1 月 1 日，何鸿燊举行盛大酒会，庆祝澳娱公司成立 25 周年。一向有请必到的中方驻澳门官员和亲中人士，当晚全部拒绝出席，以表示对何鸿燊和澳府的不满。这一举动，令何鸿燊大跌面子，也令澳府部分官员感到十分难堪。

中方强烈抗议新赌约跨越 1999 年。主持续约谈判和签署新赌约的澳府政务司孟智豪，于 1 月 6 日发表讲话，声称新赌约有利于澳门的繁荣和发展。孟智豪还表示："在新赌约中有一个规定，若将来遇到重大事件，该合约可随时中断。"

孟智豪的意思是：既然你们（指中方）对新赌约不满，等你们收回澳门后，中止合约甚至取缔赌场都是你们的事，造成澳门经济萧条也是你们的事，我们无能为力，也与我们无关了。

澳门政府没有声明新赌约作废，中方也没有正式要求取消新赌约。一切都是一个未知数，而这正是何鸿燊最为担忧的！

在这样的背景下，何鸿燊开始做几手准备，并尝试性地在海外投资。何鸿燊此举绝不是偶然现象或个人行为。

中英联合声明，香港将于 1997 年回归中国。信心危机首先在香港英资企业中爆发，英资最大财团怡和洋行在 1984 年宣布迁册百慕大。香港的"迁册风"到 1989 年达到高潮，迁册的上市公司中既有英资，也有华资。伴随着"迁册风"的还有"移资风"，即把家族和公司资产转移到国外。另外，还有"移民风"。这些"追风族"后来发现多此一举，不少人因此破了财，后悔不已。1987 年 5 月的美国《财富》杂志描绘道："在太平洋上空的一班航机上，坐在阁下旁边那位风尘仆仆的华人绅士可能正赶赴纽约或伦敦收购你的公司。由香港到雅加达，这些精明的华籍企业家近年来赚得盘满钵满，东南亚已再不能容纳这些并非池中之物了。在有家族联系的中国，他们已成为最大的海外投资者。时至今日，这些名列世界首富榜的亿万富豪为了分散风险而在投资西方国家。"

此时的何鸿燊只关心一个问题：中国收回澳门后能不能开赌？他多

方探询中方人士的口风。中方人士的回答是："资本主义50年不变"，"马照跑，股照炒，舞照跳"。中方对香港未来的承诺正是这几句话，但在何鸿燊看来，香港是资本主义，但那里是禁赌的；将来澳门就算继续搞资本主义，但到底是禁赌还是开赌呢？

何鸿燊被香港的迁册、移资风吹得辨不清方向，一些本来属于正常的海外扩张、跨国投资，也被人们强加了特殊的政治含义。一向果决的何鸿燊犹豫了一段时间，也开始把目光投向国外。加拿大政府把握了香港"移资热"的绝好机遇，吸引外来投资，并提供种种优惠政策吸引资金和人才。在何鸿燊行动之前，李嘉诚、李兆基、郑裕彤等香港富豪已经在加拿大搞得热火朝天。

1988年，何鸿燊投资加拿大国际善美电脑公司。其时香港富豪鲜有投资电脑之类的新兴产业，因为缺乏这方面的知识，没有经营经验。何鸿燊不是天才，除了赌博、地产、海运及旅游服务外，对其他行业基本上属于门外汉。他的投资只是为了规避政治风险，在国外找一个落脚之地。

国际善美电脑公司是由上海出生的"电脑狂"丁谓于1981年创办的。丁谓留学加拿大，公司注册地为多伦多，是一间在加拿大毫无名气的小型私人公司。丁谓野心勃勃，一心想要成为像比尔·盖茨和史蒂夫·翟斯那样的电脑富翁。丁谓在北美财薄名微，但中国却很把这些来自西方国家的华人企业家当一回事。据丁谓称，他已与中国签订了2.7亿元的研究开发合同，利用中国廉价的劳力资源生产丁谓开发的产品，再由国际善美电脑公司控制的销售网在北美洲发售。他最终的目标是"建立东方式商业帝国"，即像日本三菱集团那样，集制造业、资源业、贸易、银行与保险为一体，互相配合支援。他的计划做得很好，但缺乏资金。没有资金，再好的计划也只能是纸上谈兵。

何鸿燊参股进来之后，在短短11个月内展开了4次收购，其中最大的一次收购是斥资3亿元收购美国胜家衣车公司。第二次收购是买下美国新泽西州的Conaumers连锁销售网。这家连锁公司并不销售电脑产品，何鸿燊也不打算让它做电脑销售商，只是利用中国的廉价劳动力生产电子产品，再打上"胜家"的牌子，最后拿到 Conaumers 的连锁网销售。另外，胜家在 100 多个国家和地区也有销售网，该网络除了销售国际知名品牌胜家衣车外，也可为国际善美电脑公司销售各类电子产品。国际善美电脑公司的第三、第四项收购，是收购加拿大两家数据分析公司。

完成收购后，国际善美电脑公司在多伦多上市。多伦多不少证券界人士批评善美公司发展过速，但加拿大的华裔移民和香港股民却看好它的中国潜质，更看好处于幕后的何鸿燊、郑裕彤等超级巨富的支持。国际善美电脑公司投资在深圳生产其电子产品，并与中国多家厂商合作，将他们生产的杂牌产品一律以美国知名商标"胜家"的牌子打入北美等市场销售。何鸿燊出任国际善美电脑公司副主席，以及善美远东公司主席。不久，善美环球在香港上市时狠狠火了一把。

《香港亿万富豪进军加拿大》的作者评议说："何鸿燊特别率直，他曾经公开表示对投资前景有疑虑，还预测会有大量资金流失。他认为香港回归中国后，如果政策失当，他辛苦经营得来的财富很容易一夜之间消失。故此，他也和李嘉诚他们同一想法，要设法保障这个家族王国在'九七'之后可以继续发展，他们都想到了同一个策略，就是精心设计一套平衡法，讨好大陆，一方面继续在香港和大陆投资，一方面把家人和部分财产调走。"但何鸿燊表示，立足澳门才是他的根。

可惜，国际善美电脑公司在股市上只是昙花一现，国际善美电脑公司的合资公司没有成为中国的产业巨人。因为它毕竟只是一个发育不良的混血儿，或者说只是一个不相关联的行当拼凑起来的"大杂烩"。美国的"胜家"本来就是衣车品牌，利用这个品牌去卖电子产品，合适吗？

显然，何鸿燊的跨国、跨行业投资失败了。不过，何鸿燊在海外的地产业发展得倒很顺当，他在澳大利亚、加拿大、旧金山等地都有个人物业，如拥有澳洲柏斯市一座商业大厦 75% 的权益，年租收入 200 万澳元；拥有加拿大温哥华的两家酒店，Le Meidien Hotel 和 La Grande Residence；在美国三藩市拥有一块 1000 余亩的地皮，临靠湖水，可以兴建豪宅和休闲花园；在加拿大，他拥有两套豪宅，一套在多伦多，一套在温哥华。此外，他的海外投资还包括资助二太太蓝琼缨在多伦多的成衣业，投资额为4.5亿港元。

说到何鸿燊在温哥华的豪宅，还有一段故事。当时，蓝琼缨将全部精力放在多伦多的服装生意上。有一次，何鸿燊去多伦多看望蓝琼缨，他们一同前往温哥华游玩。靠近史丹尼公园入口处有一座破落的教堂，蓝琼缨觉得这儿景色宜人，开玩笑地对何鸿燊说："教堂破旧，却占据了一块风水宝地，如果买下它改造成别墅，那将会是仙境一般。"何鸿燊忙说："我跟夫人有同感。既然看上了，就买下它吧！"蓝琼缨笑道："这里可是寸土寸金啊，燊哥不会因为一句玩笑话就真买了吧？"何鸿燊说："不开玩笑！人们虽然称我为赌王，可我也是一个真正的地产商，相信自己的眼光。"他没有再作更多的考虑，不惜重金买下了那块地。购入地皮后，他请加拿大著名建筑师设计并兴建了一栋豪华别墅，楼高5层，仅装修就花了几百万元。别墅左边是湖泊，右边是游艇码头，正面是原公园。

另外，何鸿燊在温哥华的两家酒店，由于他总是来去匆匆，酒店员工根本没见过这位澳门老板，生意自然好不到哪里去。

何鸿燊在海外的其他投资有：1990年通过他控制的华光航务公司，购进葡萄牙越岛航运公司的股权，成为该航运公司的主要控股人；不久，他联合郑裕彤等人，收购里斯本的葡萄牙第二大建筑公司——德力建筑公司3成的股权；1993年联合郑裕彤斥资2.48亿加元，收购加拿大卡加里市的西岸石油公司。据估计，何鸿燊在海外的资产约为他个人总资产的20%，即30亿港元。

何鸿燊的战线越拉越长，短短几年，他在海外的收购行动多达20起，再次印证了他风风火火的个性。行事果断而迅速，既有好的一面，也有坏的一面。由于对收购企业的重组再造及管理都没跟上，效益低微，因此，人们很难完全相信他是投资，而不是移资。

何鸿燊自己也意识到了这一点，开始后悔在海外仓促撒钱。他在1993年的一次讲话中坦言："在港澳做生意，三五年便可赚一大笔钱，但在外国 10 年也达不到。"

四、倚权获利，引火烧身

花钱买教训，正是许多商人的经验之谈，也更让何鸿燊相信，立足澳门才能使自己根深叶茂。何鸿燊善于谋权造势及平衡各方的关系，但在与各方的关系中，毕竟有轻重亲疏之分。澳府当局一直是他的大靠山，他在赌坛几近一手遮天，正是因为有澳府这顶大保护伞。所以，他涉足赌业之外的其他行业，远没有他经营赌场那么顺当。

澳门的土地相当有限，政府将每一寸土地的使用都纳入规划。1991年 3 月 2 日，何鸿燊在自己的私邸宴请前来澳门访问的中国主管港澳事务的最高官员姬鹏飞、鲁平一行。席间，何鸿燊向这两位"钦差"提起澳府在《政府宪报》上刊登新口岸 7 幅地皮的竞投公告，认为澳府"暗标竞投"附加"优先权"的做法不公平。姬鹏飞和鲁平也对何鸿燊的看法表示赞同。但是，何鸿燊一贯倚赖澳府的庇护享尽特权，现在却批评澳府，呼吁公平。这是他的真实想法吗？根据何鸿燊在后一阶段的表现，他似乎在耍两面派手法。

据港澳传媒稍后披露，《政府宪报》是葡萄牙文，中方一般不太关注宪报，正是何鸿燊让中方注意到新口岸 7 幅地皮的竞投公告。何鸿燊"此地无银三百两"，最后引火烧身，使自己处于不利地位。

澳府土地批租的方式与港府不同。香港政府一贯较澳门政府清廉，即使在未成立廉政公署之前，香港公务员的贪渎程度也比澳门要轻。土地的批出涉及利益最大，也最容易引起"暗箱操作"。香港从开埠起，就坚持公开拍卖的方式。长期以来，澳门 7 成以上的土地，都是澳府以"协商批地"的方式批出；其他的则以"公开招标，暗标竞投"的方式售给发展商。但澳府又不像港府那样办事比较透明，还会考虑各方的实力、背景等，因此就造成一些商家获得较多的政府优惠官地，也为某些官员获得额外利益提供了便利。

　　澳娱公司是"协商批地"的最大受益者之一。对此，澳府的解释是：澳娱公司对本埠贡献巨大，理应获得较多的土地用于发展。

　　"协商批地"缺乏透明度，批给的官地往往低于市价，利益分配不公。这种方式长期受到各方的批评，尤其受到亲中势力的指责。过去澳门政府对此完全置之不理，但现在澳门进入过渡时期，澳府不能不有所顾虑。于是，它在某些官地的批出中，开始采取"公开招标、暗标竞投、价高者得"的方式。但这种公开方式又受到既得利益者的反对。澳府不得不采取折中办法，在"价高者得"的基础上附加"优先权"进行"公开拍卖"。

　　拥有"优先权"的竞投者，如果标价低于最高价，就可以行使"优先权"，以最高价获得这幅地的租用权。如果不愿出这个价，就归标价最高者获得。获得"优先权"者，或是对繁荣澳门做出贡献的人士和公司，或是对澳门经济发展有益而又急需土地者。"优先权"的灵活性很大，实际上由澳府"赐予"。

　　新口岸7幅土地的竞投，就是采用这种"暗标竞投"附加"优先权"的"公开拍卖"方式。

　　中葡土地小组于1989年进驻澳门后，中方小组就不断批评"协商批地"以及"暗标竞投"附加"优先权"的方式，要求澳门政府采取香港式的"公开拍卖"方式，以体现"公开、公平、公正"的原则。澳府对中方的意见置之不理，仍按原来的竞标办法实施，何鸿燊由此得到了许多优惠。但中方声称，不会承认7幅土地的开投结果。中葡双方由此展开了激烈的舌战。因为7幅土地的建设要跨越1999年，中方有权提出建议并进行干预。

　　何鸿燊一则因为7幅土地的地价和起楼价浩大，二则为防有人将"中立"的自己归为"亲葡"人士，于是组织了包括澳娱公司、香港李嘉诚的长实公司、郑裕彤的新世界发展有限公司、郭氏兄弟的新鸿基地产发展有限公司、胡应湘的合和实业集团等7家港澳大型集团联手的新财团参与竞投。这些集团的主持人均与中国政府有着良好关系。

澳府如期在 1991 年 3 月 28 日拆标开投，共有 29 家财团参与竞投。拆标结果，所有竞投财团所出的价钱都高出政府招标书上的底价。但是，最终以澳娱公司为首的新财团以"优先权"的优势，加上一系列幕后活动，竟获得了 7 幅土地中的 6 幅。

同年 4 月 28 日，澳门政府向何鸿燊发出"中标通知书"，何鸿燊如愿以偿。但是，中方猛烈抨击这次所谓"公开招标"，声称不予承认，应该取消竞投结果，全部拿出来公开拍卖。同年 8 月 1 日，澳府在各方的压力下，被迫宣布竞投结果无效。

1991 年下半年，澳门政府又宣布开发南湾人工湖综合区计划。这一工程利益巨大，哪家财团不垂涎欲滴？它将在南湾区沿岸的海面填整出 175 万平方米的新地（两个人工湖除外），用于兴建商厦、写字楼、酒店、娱乐场、住宅等。该计划称为"南湾计划"，预计工程总投资达 140 亿元（按当年价格计），为澳门有史以来最浩大、历时最长的工程。

由于澳府不久前宣布何鸿燊对这 7 幅土地竞投无效，令其蒙受了重大损失，澳府为了安慰他一下，有意在玫瑰园工程给予弥补。得到官方口头承诺后，何鸿燊成立了以澳娱公司牵头合组的南湾有限公司。

澳娱公司在南湾有限公司占有两成股权，在澳娱公司为大股东的另一间葡资集团也占有两成股权。也就是说，澳娱公司控制了南湾有限公司 4 成股权，何鸿燊出任南湾有限公司的董事局主席。同时，何鸿燊等人还拥有该项工程总承包商——葡萄牙德力建筑公司的 3 成股权。德力建筑公司的承建费超过 90 亿元。

此时，澳门正处于过渡时期，如果博彩专营合约因中方的反对而无法延期到 21 世纪的话，何鸿燊即使做不成澳门赌王，也是澳门首席"地王"，玫瑰园还将令其后代享用不尽。但是，澳府单方面以 43 亿元的价批出 1.26 平方千米土地，引起中葡土地委员会中方官员的强烈不满。同时，澳门的亲中势力指责澳府在过渡时期，为葡萄牙人士和亲葡人士牟取最后的最大利益。这类指责对何鸿燊来说可能有些冤枉。从 20 世纪 80 年代中期起，何鸿燊就在公开场合声明他热爱中国，表示对过渡时期和回归后的澳门繁荣充满信心。但是，何鸿燊在另一些场合也多次说过"葡国快要走了，最后几年要好好招待人家"之类的话。何鸿燊倚权获利，同时又兼顾葡萄牙公司和葡资公司的利益，这些都不是秘密。

1992年7月7日，中方小组正式发表声明，指出澳门政府单方面批出低于市价2/3的1.26平方千米土地，严重损害将来澳门特区政府的利益，中方不予承认。这样一来，何鸿燊就与所有参与竞投的开发商站在了同一起跑线上，没有了任何优先权。

11月26日，澳府重新将这7幅土地公开拍卖，拍卖场上尽见中资和亲中财团的人马。人们对拍卖会的公正性无可指责，但切身感觉到中资和亲中势力在澳门的强大。

何鸿燊也参加了拍卖会。事前发表声明"志在必得"的他，只是象征性地叫了一下价，然后坐山观虎斗。拍卖尚未结束，他就拂袖而去。媒体认为，何鸿燊此举可能是对拍卖会的抗议。

何鸿燊发泄不满，在半个月前的一次拍卖会上表现得尤其露骨。他开始时作壁上观，似乎来看热闹，突然精神抖擞，参与竞价。几个回合后，他把价叫到10.21亿元，澳门大地产商吴福喊出10.34亿。这时，何鸿燊突然站起来，对吴福报以一笑，而后放弃竞投，施施然而去。

何鸿燊的表演富有戏剧性，甚至有点玩世不恭，跟他向来的经商作风大相径庭。熟悉他的人都说，他是把积存在心里的怨气，拿到拍卖场上发泄。何鸿燊自己也说："我参加这次竞投，是不让别人以便宜的价钱投得澳门的土地；我最后放弃竞投，只是不想让别人认为我何鸿燊又要垄断澳门的土地。"

这才是何鸿燊的真实态度：对最能体现公平的拍卖方式非常不满。

联想到他宴请姬鹏飞和鲁平时的一番高调，这番高调现在不攻自破。那些有诚意参加公平竞争的地产商，因为何鸿燊"搅水式"的竞价，必须花费更多的钱才能得到土地，他们在心里难道不恨何鸿燊吗？

如果是公平竞争、公平交易，人们无可指责，问题却不尽如此。在新形势、新格局下，要想做得八面玲珑，实在是太难了。难怪何鸿燊的言论与行为会自相矛盾。

不过，何鸿燊对南湾玫瑰园可没有意气用事，不像放弃新口岸 7 幅地皮竞投那样，撒手不干，因为玫瑰园工程的诱惑实在是太大了。

为求得新的利益分配，何鸿燊不得不做出让步。南湾有限公司重组，澳娱公司和葡资公司的权益被削弱。其中，澳娱公司占 25%，葡资公司占 5%，中资公司占 49%，亲中的马万祺所控的公司占 20%。中资和亲中公司拥有 69% 的绝对控股权，因控股权发生变化，中方也就没有就获地财团必须按市价"补齐地价"而继续责难澳门政府。

何鸿燊对此深感遗憾，这倒不是因为要与他人分享利益，而是因为很难在澳门地产业成为老大。

在澳门过渡时期，何鸿燊感到当局是在有意为难自己，除购买土地一事外，不让他做官委议员一事也使他感到莫大遗憾。

在澳门，何鸿燊有"无冕澳督"之称，有哪个议员有何鸿燊的影响和名气大？按说何鸿燊不会看重议员身份，但到 1988 年，他突然对议员席位表示出特别的兴趣。也许是他觉得有必要进入澳门的核心政治集团；也许是他对部分议员发表对澳娱公司及其本人不利的言论或提案产生了担忧，他需要一个百分之百听命于他的代言人。

当然，年近 80 岁的何鸿燊自己不一定做议员，但他至少想委派自己的代理人打进立法会。

澳门立法会由 17 名议员组成，其中，6 名由普选直接投票产生；6 名由道德、文化、工商等行业及团体间接选举产生；还有 5 名由澳督直接委任，称之为官委议员。澳督任立法会主席，其他司长级行政官员为议员，拥有投票权，但不属于 17 名立法会议员之列。立法会议员任期 4 年，每两年更换部分议员。

何鸿燊有意将自己的得力干将、信德集团的高管柯万乘安排进立法会当议员，并在 1989 年亲自为他安排竞选。在何鸿燊的财力支持下，柯万乘竞选团拉选票出手异常阔绰，受到竞选对手的指责，最后所获选票寥寥，无功而返。

柯万乘参与议员选举，一方面是出于政治热情，另一方面则是因为老板何鸿燊的鼎力支持。不久，因澳门立法会通过限制电视播放烟酒广告，使澳视大股东之一何鸿燊面临危机。何鸿燊发誓要在立法会安排自己人。在他的安排下，柯万乘以福建籍人的名义与福建同乡总会合作，于1990年底宣布参与立法会中期补选，并展开了声势浩大的宣传活动。

何鸿燊担心柯万乘竞选再度失败，于是采取一贯的幕后活动的套路，游说澳督文礼治等人，要求给澳娱公司一个立法会议员席位，获得澳督的承诺。可是，中期选举尚未进行，澳督文礼治就奉命卸任返回里斯本，在新澳督韦奇立未赴澳述职前，由政务司范礼保行使总督权力，担任"护督"。

1991年3月，中期补选进入关键时刻，静观其变、始终保持沉默的何鸿燊坐不住了，发表声明说："澳娱公司应该在立法会有个议席，这个问题上届澳督也承诺过。澳娱公司是澳门最大的公司，有一个代表在立法会是合理合情的，况且我们公司亦有（政治）人才。"

何鸿燊的呼吁在立法会内部引起了强烈反应，议员们纷纷抨击他的讲话。有的议员说："能否做议员，首先要看他能否代表民意。如果是比财富的话，美国参众两院议员由《福布斯》来评选好了。"有的议员甚至指责说："何鸿燊见到葡萄牙官员，若对方对他的相貌产生兴趣，他便十分自豪地提起自己的欧洲血统，并大表对葡萄牙的忠心；可他跑到中国内地，又说自己是炎黄子孙，从小学过国语古文，还说自己一贯热爱中国。一个政治理念如此摇摆不定的人，如何能做议员？"

更糟糕的是，护督范礼保也不给何鸿燊面子，他回应何鸿燊的讲话说："在委任议员时，我只关心社会的需要，任何团体和机构都没有这个特权获得官委议员。"冠冕堂皇的言辞背后掩盖着他对何鸿燊的不满。澳府官员对何鸿燊的各种诉求一向都很重视，范礼保却说："我会独立处理委任议员的工作，不会受任何人影响。"

何鸿燊的声明同样引来了一些媒体的非议。某报刊说："作为一家以博彩事业为主的机构，赚钱多缴税高是事实，但以此为理由要政府给予官委议席，则令人感到奇怪，也令人对立法会的崇高地位产生怀疑。"

何鸿燊觉得自己过去在澳门要风得风、要雨得雨的日子似乎已经过去了，一向倚仗于他的澳督府难道要放"起身炮①"吗？他最气恼的是，这次不是中方和亲中势力在阻挠他，而是葡澳当局及亲葡的议员。

他甚至开始考虑澳门回归后如何与中国官员相处，中国政府将如何对待他这个赌王。带着内心的种种疑虑，何鸿燊迎来了澳门的回归。

----

① 起身炮：指古代官员在即将下台时，会安排自己的幕僚就任要职。延伸意思为：人之将走，总要做一件不一般的事（一般指不好的事）让人对其印象深刻。

第十二章 挑战与机遇

一、赌场三分天下

20 世纪 90 年代后期，港澳各界要求开放澳门赌权的呼声日高。然而，特区政府并未能打破澳门博彩业事实上的垄断，何厚铧的父亲何贤与霍英东、何鸿燊都是世交，涉足赌坛的外来者再财大气粗，在澳门的土地上也得乖乖按澳门的规矩办，澳门依然是姓何的。

1996 年，有立法议员公开在报纸上提出"解决赌场利益争夺问题关键，在于废除赌场专利经营方式"，"因为澳门以旅游业为支柱，如果没有赌场配套，外面引入大酒店赚不到钱。澳娱公司从博彩业赚的钱又投入到船运和酒店的生意中，这些澳门的主要经济领域都被澳娱公司占据了。澳门博彩业的垄断实际上也造成了澳门经济的垄断"。在澳门回归前几年里，社会上开放赌权、引入竞争的声音越来越多。

2002 年 2 月 8 日，或许这是何鸿燊最郁闷的一天——年收益高达 20 亿美元的澳门赌业将迈出打破长期垄断经营局面的第一步，特区政府将颁发 3 张博彩经营牌照，期限分 8 年与 20 年两种，最多可延长至 25 年。新赌牌首次允许外国公司竞标。这意味着何鸿燊将面对来自外界，尤其是欧美赌业大亨的竞争。在外界看来，被何鸿燊垄断 40 多年的澳门赌业终于要宣告结束了。

何鸿燊失去了专营权，外资赌业进入澳门，前后共有 21 家公司竞标，其中以来自拉斯维加斯的势力最为凶猛，它们分别是：史提芬·韦恩的永利度假村集团、谢尔登·埃德森的拉斯维加斯金沙集团、美高梅金殿公司和 MP 娱乐公司(两年后,MP 娱乐公司被美高梅金殿公司以 79 亿美元收入囊中)。

马来西亚赌王林梧桐则以次子林国泰和女儿林秀琼分头出马,各组一家公司竞投;香港地产巨子郑裕彤之子郑家纯领衔新城市娱乐公司;三大地产商龚如心、刘銮雄和萧德雄联手组成圣母湾娱乐公司竞投,其背后则是美国东部赌王和地产大亨唐纳德·特朗普;香港"酒店大王"吕志与澳门 20 世纪最富传奇色彩的"赌圣"叶汉之子叶围洲组成银河娱乐公司,也加入战团。

在澳门,何鸿燊除了与郑裕彤亲自搭档竞投之外,其家族中还有陈复生与澳门第一代赌王霍芝庭的后人组成另一团队参与。除此之外,尚有英国背景,在南非、埃及等地经营赌场的 London Clubs International,以及新西兰的赌博公司。由于其中有美资公司,美国政府开始关注澳门的赌业。一份由美国新泽西州博彩业执法部官员撰写的机密报告称,何鸿燊与澳门黑社会有染。他们一直怀疑何鸿燊与澳门黑社会组织三合会的头目尹国驹关系密切,尹国驹于 1999 年在葡京赌场被捕。何鸿燊的背景问题一直影响其博彩王国的扩张大计,也大大影响了他抵御"外患"的力量。

拉斯维加斯金沙集团的谢尔登·埃德森抓住这一有利时机,退出亚美娱乐公司,并以闪电战的方式将 30% 以上的股权转入到以香港吕志和叶围洲等人为主要股东的银河娱乐场(澳门)股份有限公司。这个选择也让优势互补的银河娱乐场(澳门)股份有限公司实力大增,从 21 家参与澳门博彩经营权竞标的公司中脱颖而出,一举夺得 3 张"赌牌"中的一张。

其他数家投标公司经过一番激烈较量,最后,另两张赌牌分别由澳门博彩股份有限公司(澳娱公司子公司)、永利度假村(澳门)股份有限公司投得。

由于澳门政府允许每张赌牌分拆一次,故与银河娱乐公司属合作伙伴的"威尼斯人澳门"获得其分拆的半张赌牌，并立即开始了它在澳门的发展计划，成为日后各赌牌分拆的先例。原本被何鸿燊、霍英东等人垄断的澳门博彩业平地起波澜，从此进入"三国"鼎立时期。

、　放开赌权，市场三分，国际赌业大鳄的雄厚资本，迅速涌入澳门。新老内外资本利益之间的强烈碰撞，犹如大洋深处地震板块的挤压，水面波涛翻滚。三四年间，澳门在相当程度上俨然成为了一个建筑大工地。与拉斯维加斯赌城的豪华酒店外貌极为相似的建筑，纷纷拔地而起。有的已经封顶，正在"张贴"金色的外部幕墙；有的还在继续升高"成长"。这些豪奢的建筑，都将成为未来澳门风景的重要组成部分，也体现了特区政府要把澳门博彩业带入现代化的意图。

其中，最有代表性的是银河娱乐公司兴建的金沙娱乐城。这座赌场位于澳门新口岸港澳码头附近的蒙地卡罗前地，总投资逾 2.4 亿美元，赌场建筑面积达 2.12 万平方米，随后于 2006 年 8 月再扩建位于 2 楼和 3 楼的中场部分，曾使得金沙娱乐城的赌台数目一度成为全球之冠。

金沙娱乐城这个东方人并不是很习惯的赌场，引入了美国拉斯维加斯的赌场设计概念。提起赌场，东方人脑海里一般出现这样的场景：在烟雾弥漫的密室里，一群人昏天暗地挥洒现金、口叼着香烟的男人把家庭抛在脑后，在赌桌上生死相搏……但是，金沙娱乐城的设计师保罗·仕文强调光线及空间感，甚至希望能吸引更多女性和高素质的、年轻的赌客。

金沙娱乐城以一种海上霸主的姿态屹立于澳门新口岸旁，海风习习，海浪轻拍，在这个占地面积两万多平方米，以人工造陆方式兴建的建筑面积超过 9 万平方米的赌场里，大堂的高度达 27 米，是普通大楼10 层楼的高度，这恐怕是要与澳门的原霸主葡京赌场一争高下。"金沙娱乐城"五个金色大字，无时无刻不在透出凛凛的威严。赌场的外形如同一个金色的大烟囱，据称其设计蕴含着神秘的风水学。场内拥有 300台赌桌和 600 台老虎机，金碧辉煌、流光溢彩，一改东方传统赌场拥挤狭小的格局。新赌场的设计还采用了大量的大窗户，引入自然光，并在吸烟区设置特别的通风系统："一般人印象中的赌场，总是灯光昏暗及烟雾弥漫的。我们则要做到光亮和干净，适合一家大小到来。"

保罗·仕文还花了很多心思设计赌场的食肆，澳门金沙娱乐城共有9家餐厅，除了一家是员工饭堂外，顾客可以在澳门菜、广东菜、上海菜、牛排屋、自助餐和快餐厅之间做出选择："我估计这些餐厅会变成澳门很受欢迎的食肆，还会吸引其他非赌客来此。我们会提供以2美元至80美元不等的食品，以满足不同顾客的需要。"

2004年5月18日下午，金沙娱乐城正式开业。它是澳门赌权开放以来兴建的首个大型娱乐场，在开业短短10小时里，金沙赌场的营业额就达到了1000万澳元。开业44天的日平均利润高达416万澳元。这一业绩令人震惊，澳门从此出现了一个新名词——"金沙效应"。据分析人员估算，以金沙娱乐城2.65亿美元的投资额计算，年投资回报率高达100%。似乎一切都在预料之中，金沙集团第一年就赚回高额投资。以一家赌场的赌台数量与赌场收入计算，澳门金沙娱乐城已成为世界第一大赌场。在《福布斯》全球富豪榜排名上，金沙集团老板谢尔登·埃德森从2005年第15名跃升至2006年第3名。

随后，埃德森投资的威尼斯人度假村定于2007年下半年开业，它提供1100多张赌桌，并拥有大型会展中心、商场与娱乐度假设施。

当然，对于赌场来说，除资金投入外，管理人才也至关重要。金沙娱乐城十分重视人才管理，不惜以高佣金挖角，影响了何鸿燊旗下的贵宾厅的生意。澳门博彩业即将近身肉搏，于是，东、西方赌王大打"口水战"。何鸿燊直陈美资公司违背承诺，"当时中标承诺兴办学校自己培训人，又承诺兴建几千套房、休闲公园给居民用，到最后半间学校、半个花园都没造出"。他抨击美资公司"只知道赌博"，除了即将开业的永利公司，其他新加入的经营者都只先开"分行"，不见"总行"——旗舰酒店，不把澳门作为旅游目的地，为的只是"自由行"市场，带走所有资金，而不像澳娱公司那样"取之社会，用之社会"。

埃德森对何鸿燊的反击嗤之以鼻，他说，当威尼斯人度假村开业后，澳门博彩业的竞争将成为过去！

当何鸿燊得知金沙娱乐城抢贵宾厅的客源，致澳娱三分之一的贵宾厅面临关闭时，气得公开批评金沙集团搞恶性竞争，而埃德森则以"怕厨房热就别烧菜"回讥。何鸿燊又回应道："我不但要继续炒菜，还要送叉烧饭，明天任何人搭车或搭船帮衬我的都会送叉烧饭。"何鸿燊表示，中国人的厨房虽然很热，但炒出来的菜却是最美味的。

后来，尽管何鸿燊以开阔的胸襟笑着表态："我享受了42年4个月（独家经营），应该要开放（市场）……有竞争才有进步。"但他同样强调：要做，就绝不做第二和第三。这场战争已经挑起，恐怕是他起伏的人生中面临的最后一次挑战了。

就在何鸿燊与埃德森进行"口水战"之时，"拉斯维加斯之父"斯蒂芬·永利的永利赌场酒店也正式开工，从葡京酒店客房望出去就是这个被斯蒂芬·永利寄予厚望的工程。他曾经用挑战的口吻说，要"把自己的下一个15年留在澳门"。

斯蒂芬·永利是个一生充满传奇色彩的人物，他早年毕业于宾夕法尼亚大学沃顿学院，后来随父亲在故乡马里兰州经营扑克赌场，学到了不少经营博彩的知识。当他宣布要去拉斯维加斯发展时，亲戚朋友都认为他发疯了：赌城强手如林，哪有小赌商的立足之地！但永利不仅站住了脚，还成为这个全球首席赌城的首席赌王。他把西部荒蛮的沙漠小镇拉斯维加斯变成了今天的现代化赌城，建造了世界最大、最豪华、最赚钱的酒店赌场——金殿酒店。

2004年，斯蒂芬·永利携亿万美元在澳门永利娱乐城开始了他塑造"东方拉斯维加斯"的宏伟计划。

澳门永利娱乐城是一个以博彩为主题的娱乐场，这里提供了上百个不同的赌场，每一个赌场都有专人进行看管。但是，每一个赌场相同的地方是，都没有窗户、没有时钟。为什么赌场不放置窗户，难道不怕人们在里面晕倒吗？不放置窗户与不放置时钟的原因一样的：如果放置了时钟，人们就会因为时间的缘故担心游玩的时间过长；没有时钟，人们也就不用担心时间的问题了；而不放置窗户，就不用关心是白天还是晚上了。

作为一个专门为高层人士打造的娱乐会所，澳门永利娱乐城最为形象的代名词就是奢华。从整个娱乐城的选址——位于市中心繁华交通要道，到娱乐城的设计，都给人一种金光闪闪的感觉。值得一提的还有其内部装潢，奢华极致，连平时见惯了大场面的人也会觉得眼前一亮，十分震惊。正是因为如此，澳门永利娱乐城才成为广大商务人士经常光顾的地方，大家到这里觉得更能体现自己的身份，同时又能得到满意的服务。

澳门永利娱乐城的发展野心十分明显，永利博彩在品牌上造势，以吸引白领阶层为主，其客户来源不局限于香港及广东。该集团未来将把重点放在路氹另一项目 Studio City，提供 300～400 张赌桌及 2000 套酒店房间，总投资额高达 20 亿美元。

不管永利娱乐城与金沙娱乐城各自的特色是什么，管理理念为何，它们都是何鸿燊无法忽视的对手，澳娱面临着新的挑战和种种考验。

二、新葡京的反击战

金沙娱乐城于 2004 年投入运作，标志着澳门博彩业的竞争正式展开，但在旗舰店尚未投入运作前，澳门博彩业的竞争其实并未真正展开。永利娱乐城的开业才真正为博彩业的竞争拉开了序幕。

据英国全球博彩顾问公司的数据显示，2005 年以市值衡量，全球五大博彩公司中的四强均在亚洲，拉斯维加斯金沙集团以 255 亿美元雄踞榜首，其余依次是云顶集团（191 亿美元）、金沙中国（167 亿美元）、永利澳门（124 亿美元）和澳博控股（90 亿美元）。《华尔街日报》称，在澳门赌业市场中，澳博控股占据了 31% 的市场份额，永利集团和金沙集团分别占据 17%，新濠博亚娱乐有限公司约 14%，美高梅金殿公司 12%，银河娱乐约为 10%。何鸿燊旗下的赌场，每年投注额高达 1300 亿港元。

我们知道，何鸿燊的赌场主要设于葡京大酒店内，从 20 世纪 70 年代建成起，葡京大酒店就成为澳门的标志性建筑。这座建筑鸟笼式的外观、狮子大张口似的正门，在风水学上预示着赌客成为待宰的"笼中鸟"命运。

但现在，人们一进入葡京酒店，第一感觉便是：有澳门地标之称的葡京酒店怎么这么小？确实，一幢已经历时 30 多年的建筑物，在审美样式、建造规模等方面，都呈现出"佝偻"的窘态。

澳门大学博彩研究所教授萧志成说："何鸿燊起初并没有特别担心竞争，他认为中国的赌场有中国的规则，赌场的主要利润来自于贵宾厅，而外资没有办法联系到东南亚和内地的豪客。"但是，2004 年金沙赌场开业时，何鸿燊的赌场受到了很大冲击。"赌权开放前，庄荷收入好是因为从赌客那里抽成，很多客人投诉过，但因为垄断经营，你不高兴可以不来。金沙赌场服务很好，不仅提供免费水，还有表演可看，赢钱后也不用抽成。很多人比较后就愿意去金沙。"另外，由于金沙赌场是美资背景，不存在澳门赌场长期形成的潜规则。"常赌必输是一定的，原来在葡京，客人赢了很多钱后，马仔不让走，必须再赌；赌输后马仔也不让走，必须跟他们借钱。金沙赌场刚在澳门开业时不让马仔进场，赢了钱就用专车送客人去机场，他们的目的是让你下次再来。"萧志成说。

有竞争对何鸿燊来说未尝不是件好事，因为他再度像一只斗鸡般奋起迎战："我的伙计跟着我做久了，知道我的性格，不是那么容易说 No，你说 No，我就一定要变到通，变成 Yes。"

独霸澳门赌业的时代已不复存在，何鸿燊旗下赌场的市场占有率已由原来的 100% 跌至目前的 50% 。

危机刺痛了何鸿燊，他很快发动了声势浩大的反攻——先是明令葡京连续 28 天推出"人人好易发，斩大大旧叉烧"活动，用免费的叉烧饭来招徕顾客；其次，旅客可在关闸及港澳码头乘坐新干线免费穿梭赌场的巴士；同时，来此参观的旅客还可获赠葡京潮州酒楼、喜万年酒楼的叉烧饭，并获派 20 港元娱乐消费券，在赌场试玩和参加大抽奖……

当然，以上这些都是"雕虫小技"。何鸿燊反击的主要阵地还是葡京，这将是一个全新的葡京。

澳门新葡京酒店大堂展示的圆明园马首铜像原件。圆明园西洋楼海晏堂的马首铜像由澳门博彩股份有限公司行政总裁何鸿燊以 6910 万港元购得，已捐赠给国家

新葡京赌场与原葡京赌场仅一街之隔，有别于旧葡京以圆形为概念的造型风格，改走现代路线，楼高 40 多层、280 米，外观形似一朵盛开的金色莲花，并与通过人行天桥连接的葡京酒店及娱乐场相呼应。

新葡京首期工程即耗资 3.8 亿美金，首期开幕的设施以中场赌场为主，共设有 240 张赌台、480 台吃角子老虎机与 6 间餐厅，400 多间客房则属于二期工程，于 2007 年陆续完工。

新葡京大门的样子就像鲨鱼嘴一样，一跨入赌场，就使人产生一种莫名的"紧张"，一道如同机场的安全门横挡在面前，进入赌场必须穿越安全门，接受安全检查。所有检查程序和进入机场候机大厅时的安检程序完全一样：要掏出身上所有的金属物件，连同手提物品一并交给安检人员检查。不许带照相机、摄像器材进入，禁止拍照。大堂里摆着何鸿燊在拍卖会拍到的圆明园 12 兽首中的马首（真品已经捐给国家），复制品。马首左右两边各展出一枚钻石和一枚绿宝石。室内装修以"三闪金"为主色调，突出华贵富丽，天花板上挂着大型水晶吊灯及各种大型灯饰，内外均金碧辉煌，尽显设计者的心思。大楼内还设有 6 家中外餐厅和酒吧、咖啡厅，24 小时供应世界各地佳肴，让赌客在那里真正领略做"上帝"的感觉。

　　2007 年 7 月 18 日，时任澳门特首何厚铧（左）与澳门博彩股份有限公司行政总裁何鸿燊，在澳门新葡京娱乐场为新命名的"何鸿燊之星澳门新葡京"揭幕，向媒体率先展示澳博最新收藏的世界最大的珍贵钻石。根据 GIA 鉴定中心确认，这颗 218.08 卡拉，最大之枕型 D 色全美无瑕的钻石是同类型钻石中最大的

新葡京赌场既保留了传统项目，又引进了多种时尚的国际化项目。最吸引人的是各种中西通行的赌博，如轮盘赌、骰宝、百家乐、梭蟹、廿一点、番摊、麻将、老虎机等。有的观光客来到这里，或身上的钱太少不敢上赌台，或根本不懂赌博，在这种独特的气氛中，也会小赌一把——玩一玩老虎机。

在永利赌场建成之前，澳门的赌台数目在三四年间从开放赌牌前不足 400 张，急增 4 倍至 1600 张。而作为赌场收入的大头，贵宾厅之间的竞争更是激烈。何鸿燊旗下的 150 个贵宾厅约有 50 个面临破产，2006 年贵宾厅的整体收入也比 2005 年同期下跌两成，市场占有率由 8 成下降至 5 成。澳博董事兼营运总裁吴志诚指出，新葡京预测每天可以吸引 5 万~6 万名客人，使澳博继续保持原有的 56% 的市场占有率。

2007 年 2 月 11 日晚，何鸿燊耗资 3.8 亿美金，准备迎战美资赌场的旗舰新葡京赌场，在璀璨的烟花绽放中隆重开幕。澳门行政长官何厚铧以及多名中央驻澳门官员均出席了晚间的开幕仪式。何鸿燊使出"派钱"绝招，吸引逾万名赌客慕名轮候入场，碰碰运气。新葡京在开幕初期至少会大派超过 200 万元现金，每 15 分钟抽一次小奖，赏金 1 万元；每 1 小时一次大奖，赏金 10 万元，令现场气氛变得热烈而疯狂。

何鸿燊认为，新葡京赌场从事的不仅仅只是博彩业，而是为澳门带来新繁荣，提高市民的福利和生活水平。

面对新葡京赌场开业后的赌业冲击，金沙赌场的行政总裁埃德森在新加坡出席一个赌场动工仪式时表示，新葡京赌场不会抢走金沙赌场的生意，因为金沙赌场的顾客有很高的忠诚度，何况新、旧葡京的差别不大，"只是将相同的人员，从旧的大厦放到新的大厦里去而已"。看样子，这些国际赌王都是自信满满。这也意味着未来的竞争将更加激烈。

由于澳娱、金沙、永利这 3 家公司分别与威尼斯人集团、美高梅金殿超濠股份有限公司以及新濠博亚娱乐有限公司签订了转批合同，3 家公司分别获得了准许运营的"副牌"（分拆）。这样，澳门博彩业就有了 6 家持牌的公司。

　　值得注意的是，美高梅金殿超濠股份有限公司是何鸿燊之女何超琼与美国美高梅的合资公司，而新濠博亚博彩有限公司则是何鸿燊之子何猷龙与澳大利亚首富之子的合资公司。

　　除此之外，何鸿燊还通过与"马来西亚赌王"林梧桐结盟，既引入对方的资本，也借此冲出澳门，涉足新加坡赌业。

2007 年 2 月 11 日，新葡京娱乐城隆重开业。在开业新闻发布会上，澳门博彩股份有限公司行政总裁何鸿燊（右二）、苏树辉董事（左二）、吴志城董事（右一）雄心勃勃，欲占据澳门博彩业半壁江山

　　何鸿燊以近 3 亿美元，收购林梧桐执掌的云顶集团旗下香港上市子公司丽星邮轮公司 10% 的股份。丽星邮轮公司与何鸿燊达成协议，计划通过子公司 New Orisol 投资在澳门建造一座酒店，而何鸿燊将在酒店内经营一家赌场，同时，云顶集团将把它在新加坡圣淘沙一处投资规模 34 亿美元的综合度假胜地的小部分股权卖给何鸿燊。

　　何鸿燊入股丽星邮轮公司，并与对方合作兴建新赌场，可视为何鸿燊面对金沙、永利及银河娱乐等对手的竞争，不愿坐以待毙，而开始着手提升澳博的竞争力，保护澳博的市场占有率。他指出，从澳门博彩业的整体形势而言，丽星邮轮公司的加入意味着未来赌场会继续增加，一定会摊薄其他经营者的市场份额，这令澳门博彩类股票的投资前景转趋审慎。

全新及大型的赌场陆续开业，为澳门赌业注入了新的血液，进一步推动了澳门的博彩业，同时也带动了整个澳门经济的发展。2007 年前 10 个月的收益就超过 60 亿美元，首次超越美国赌城拉斯维加斯。标准普尔企业及基建评级董事欧美伦曾预期，澳门赌业仍会有十位数的增长，到 2010 年，由赌业带来的收益将会达到 100 亿美元。欧美伦还指出："澳门赌业的快速发展，不仅在收益上超越拉斯维加斯，同时更推动中国成为继美国之后世界第二大环球赌业体系。"

三、赌客如云

对于赌博，无论如何解读都是可以的。何鸿燊曾作过这样一首打油诗："赌博无必胜，轻注好怡情。闲钱来玩耍，保持娱乐性。"据说，他这一"格言"依旧高挂在新葡京赌场的大墙上。

作为中国唯一合法赌博的地方，故事每天都在澳门这块弹丸之地发生——2500 万来客中，有人兴高采烈，有人倾家荡产。这一切，就和何鸿燊无关，而与欲望有染了。

"不怕你精，不怕你呆，就怕你不来。"这是何鸿燊发明的一句赌场行话。只有赌客如云，赌场才能获大利。

澳门任何一个娱乐场，都有自己的高级客户推广部门，不同级别的 VIP 会员卡、高额投注区，都在等待那些大赌客的到来。在赌场大厅，经常可以看到推广部门的员工在巡场，挖掘 VIP 客人。

究其原因，在于贵宾厅和高额投注区几乎为赌场和澳门带来近 70% 的营收，直接拉动博彩市场，而拉斯维加斯正好相反，吃角子老虎机之类的大众项目营收占了 70%。所以，客人不在澳门的时候，推广部门的员工一般会定期打电话，告知酒店最近有什么活动或优惠措施，吸引客人来玩。"这种现象以前是没有的，自从美国人进来以后，这套推广模式便渐渐开始盛行。"

据澳门博彩监察协调局的数据显示，2009年年底，澳门博彩收益达1883亿澳元，较2008年增幅高达57.8%，而入境的2500万游客中，53%来自中国内地，30%来自中国香港，构成了这一收入的主要贡献人群。何鸿燊于是又有了另外一句话："澳门博彩业突飞猛进和澳门社会繁荣稳定。"

没有人能说得清，在那些装修豪华、音乐低回的赌场里，究竟是什么人坐在高额投注区，抑或贵宾厅的赌桌前，将几十上百万的筹码推得哗哗响。因为为客人保密，是赌场的第一要务。

有人调查得知，赌技不高又豪赌的大都是贪官：原重庆市委常委、宣传部部长张某动用公款两亿多元人民币，在澳门葡京赌场输掉一亿多元；原沈阳市委常委、常务副市长马某在两年半内去澳门狂赌17次，3天输掉上千万元；原海南民生燃气集团董事长朱某，在狱中忏悔道：原本只是想见识一下闻名天下的葡京赌场，可万万没想到，一伸脚就难以拔出来，赌博就像吸食鸦片一样，使人欲罢不能，乐此不疲。"有机会必赌，没有机会创造机会也要赌。赌瘾上来了，即使人在海口，也会不顾一切地飞到澳门，一赌为快——2001年至2007年，我先后从深圳、海口口岸出入境120多次，最多的时候一个月9次。"结果，他先前赢的吐出来不算，还欠下了400多万元的赌债。赢了想再多赢些，输了就想"翻本"，把原来输掉的都赢回来……

这些赌徒有一个共同点，那就是他们都曾在赌台上赢过钱，以为自己是高手或是有财运，相信奇迹。有个赌客输完30万本金，又将叠码仔借的200万输到只剩7000元，连续10把长"闲"开出来，7000元变成382万多元。那一晚，客人输掉的229.3万不但捞了回来，还赢了152万。一夜之间发了财，便"爱上"了赌场。没过几天，他又忍不住过来澳门豪赌。这一经典战例，对那些旁观的赌友来说，也会是个很大的鼓舞，让他们相信奇迹也会发生在自己身上。所以，他们向往去赌场创造奇迹。如此，澳门的赌客自然源源不断。

令人忍俊不禁的是，风水这东西在赌场颇为盛行，不仅何鸿燊的葡京和新葡京酒店严格按照风水建造，赌场还发生过这样一桩趣事：有一回在一张"百家乐"赌台上，除了开出几铺"过路闲"，一连开出40铺庄，庄家"走背运"到了极点。结果，这张赌台里三层外三层围满了赌客，大家竞相下注，常常超过赌台限额而停下来点算。很快，作为庄家的赌场，在这张赌台上便输了超过100万元。几乎乱了阵脚的赌场连忙请来平素号称"煞气"很大的班长来做荷官。这批赢到疯狂的赌客见状，竟然齐齐用嘘声、咒语，甚至拿刀、八卦镜对准这个新接手的荷官，声嘶力竭、面红耳赤，简直就是电影中茅山道士斗法的场景！

有段时间，葡京赌场来了一批美国职业赌徒，大杀赌场。于是，指责艳舞表演破坏葡京风水的传言闹得沸沸扬扬。何鸿燊不信风水之说，采取地头蛇的不合赌业惯例的"刁蛮之术"，动用保安把美国职业赌徒赶走。此事曾闹上法庭，但澳门的法官与何鸿燊配合得倒很默契，美国职业赌徒铩羽而回。

提到赌徒高手，这里还得再提一下何鸿燊的老对手叶汉。

退休之后，叶汉自恃赌技高超，在世界上几个主要赌城豪赌。但他很少回到伤心之地葡京赌场来玩，他玩得最多的不是摩纳哥的蒙地卡罗，而是美国的两大赌城——西海岸的拉斯维加斯和东海岸的大西洋城。

叶汉在美国洛杉矶有自己的房产，有段时间他常住在洛杉矶，因此是拉斯维加斯的常客，经常光顾金殿赌场和凯撒皇宫赌场。他的几项豪赌世界纪录，都是在拉斯维加斯的凯撒皇宫赌场创下的。

有一次，叶汉在凯撒皇宫赌百家乐赌到入迷，不休不眠地玩了32个小时，连续玩了2880铺，结果输掉200多万美元。他回家后痛痛快快睡了两天，等精神完全恢复，又杀回凯撒皇宫。结果旗开得胜，扳回老本，还赢了100多万美元，打破了该赌场的纪录。赌场方面亦遵守诺言，送给他一辆劳斯莱斯名贵房车作为礼物，成为轰动一时的国际花边新闻。

叶汉常说，世间并无逢赌必赢术，就算他是赌圣，一样有输有赢。他认为，赌博只讲运气，运气一到自会大赢特赢。他经常教导后辈，运来时有踪可寻，比如同台赌客皆输，某人一到即赢，便是他身上有运到。如果有运气，必须趁早收手，聪明的赌徒都懂得"赌钱不输完"：你有1000元，输了300元就走，留下赌本，在运气来时，大杀三方。所以，叶汉常挂在嘴边的八字真言是"有限度输，无限度赢"。

赌，是人类的天性，是人的复杂本性中最重要也最致命的元素。而遍布澳门的新旧赌场就是在利用人的天性来赚钱，几乎没有人能够抵挡住进入赌场一试运气的诱惑，有的人经历天堂地狱，有的人沉迷其中不能自拔，有的人起死回生，也有的人倾家荡产。这个光怪陆离的花花世界，每天吸引着千千万万的人来到澳门，来到赌场。因为每个人都希望自己是最幸运的那一个。2003年7月26日，一名韩国游客在上午10点左右来到葡京赌场，他玩的是普通的老虎机，大约一个小时后，赌场内所有的老虎机突然响声大作，彩灯闪烁，连他自己都惊呆了，因为从来没有见到过这种情形。赌场工作人员上来检查，发现他中了最大的老虎机大奖——获得1018万港币！这也是澳门赌场经营权放开后的第一个大奖。

据说每隔两年就会累积出一个大奖，尽管这样的大奖只有千万分之一的机会，但人们仍趋之若鹜。澳门历史上最大的老虎机奖金是2112万港币，由广东江门的一位游客无意间赢得。

老虎机是穷人的游戏，真正的富人都是进隐秘的贵宾厅，一个筹码面值就是几十万、上百万。澳门贵宾厅最高面值的筹码是200万澳门元。但是，制造以小博大传奇的却是老虎机，正是这以小博大的奇迹，最容易挑动赌客那根敏感的神经，也推动着澳门赌业的持续走红。业内人士分析，大陆一些省份开放了港澳"自由行"，是澳门博彩业年年创新高的重要因素。

所以，澳门回归祖国后，何鸿燊的财富也随着赌业王国的急剧扩张而暴涨，最高峰即2011年时控制的资产达5000亿港元，个人财富达700亿港元，位居港澳十大超级富豪之列。

第十三章　豪门财富争夺战

一、反目成仇的十姑娘

正所谓豪门恩怨多，何鸿燊的大家庭也概莫能外。在港澳媒体和赌界看来，何鸿燊身边有 3 个"麻烦"女人：胞妹"十姑娘"、女儿何超琼、四太梁安琪。

令生性风趣的何鸿燊最不开心的一件事，莫过于他与胞妹"十姑娘"何婉琪长达数年的内部战争。

2001 年，十姑娘何婉琪因开出一张面额 1200 万元的"空头支票"，遭持票人入禀法院控告，向她追讨这笔欠款及利息。

这件事成为何鸿燊与何婉琪反目成仇的导火索。这到底是怎么回事呢？其中既有错综复杂的金钱利益关系，又有家族丑闻的曝光。

这件"家族丑闻"，便是何婉琪那近 50 岁的儿子麦舜铭的出生之谜。原来，麦舜铭并非何婉琪与其丈夫麦志伟所生，而是何婉琪与何启东之孙何鸿章所生。何鸿章与何婉琪是同曾祖父的堂兄妹关系，早在 1941 年，青春年少的何鸿章和情窦初开的何婉琪便在一次家庭聚会上互相吸引，坠入爱河，但因属近亲关系，遭到家族强烈反对而结束了这场早恋。不久，何鸿章去了美国，年纪尚小的何婉琪则去了越南。抗日战争胜利后，何婉琪回到香港并嫁给了麦志伟。因生意上的失误，麦家由富商沦为贫民。何婉琪花光了自己在越南挣来的钱，也未能挽救麦家的颓势，只得去何启东的公司工作。这时，何鸿章又出现了，他回到香港后，全力资助何婉琪的事业，并拿出巨资让何婉琪到何鸿燊的澳娱公司入股，这对精通赌博之道的何婉琪来说，无疑是最有利、最恰当的抉择。当然，她与何鸿章旧情复燃也是顺理成章之事。何婉琪瞒着丈夫珠胎暗结，生下麦舜铭，当时她已是麦志伟的太太，所以这个私生子也得跟着姓麦。

澳门赌王何鸿燊的胞妹何婉琪和她的儿子麦舜铭

2001 年，何婉琪因牵涉一场债务官司，其子麦舜铭为证明生父（何鸿章）比舅舅何鸿燊的家底更厚实，他无须向赌王和他人借钱，竟然在记者会上自曝隐藏了近半个世纪的上流社会乱伦事件。他声明自己的生父是十姑娘的堂弟何鸿章，并非十姑娘的丈夫麦志伟。

全场一片哗然。麦舜铭又称："这样可以解释，我妈妈（何婉琪）不会问何鸿燊找工作，我又怎会问人借钱，问他（何鸿燊）借钱，他会对我说不如去问你伯爷（爸爸）。"麦舜铭的妻子陈复生补充说，之所以将这段恋情公开，只是想证明麦舜铭根本无须向何鸿燊借钱。

对于母亲何婉琪婚后与堂弟何鸿章发生不伦之恋，麦舜铭和妻子陈复生形容为："这是一段美丽动人、可歌可泣的爱情故事。"

同年，何鸿章向媒体承认与十姑娘邂逅近 50 多年前，因家人反对而无法开花结果，不过，他虽然在何婉琪婚后仍与她维持关系，却不知她诞下私生子。何鸿章曾经对麦舜铭赞不绝口，直到 2009 年，麦舜铭与妻子陈复生闹离婚，何鸿章突然反口不认麦舜铭，数落他不学无术、抛妻弃子。2010 年，麦舜铭向美国法院告生父诽谤，父子关系就此决裂。

何鸿燊早就知道麦舜铭是何鸿章与何婉琪的私生子这一秘密，但让何婉琪无比愤恨的是，作为少数几个知情人之一，何鸿燊竟然以此为要挟，对自己进行长达 40 年的控制和勒索。

这种说法似乎有些过火。不管麦舜铭是何鸿章还是麦志伟之子，都不会改变何鸿燊与他的舅侄关系，但何鸿燊对麦舜铭一向没有好感。到底是什么原因令他们舅侄交恶，外人不得而知，但其中涉及财产纠葛是可以肯定的。

何婉琪的丈夫麦志伟于 2000 年逝世，她在伤心之余并没有影响工作。她说："我要做到死，是我老公叫我不要退休的，不工作就是坐着等死，不用脑，人就会慢，工作忙不要紧，最重要是开心！"但她遭刘永强追讨 1200 万欠款之事，却引发了几十年来一场说不清道不明的财产纠纷。

追债事件发生后，何婉琪向何鸿燊求助。何鸿燊不但拒绝了她，而且当人们就欠款一事询问他时，他说："没错，她也向我借了几百万呢，这都怪我那一无是处的外甥，因为他投资的失误，都快榨干他妈妈了。"何鸿燊对外界的解释是，这事全因为何婉琪的儿子麦舜铭一向滥赌豪赌造成的。

那么，麦舜铭是不是赌到要借债的地步呢？

麦舜铭与妻子陈复生当时正合力管理超艺国际集团旗下生意，办公室位于红磡区，共占有 5 个单位，购入价为 8000 多万港元。他们在香港及英国拥有的物业共有 3 个，麦舜铭任超艺国际集团行政总裁，在金融、地产、饮食、影视文化及信息科技等方面均有投资，业务遍及欧美和中国，账面身家逾亿港元。

在2001年6月4日的一次记者会上，麦舜铭首先澄清自己没有嗜赌的习惯，根本不可能因赌借钱。何婉琪也就此发出声明，力证儿子没有赌博习惯。

2001年大除夕，何鸿燊突然向澳娱公司全体员工发出一份亲笔通告，宣布撤去何婉琪在澳娱的一切管理职务，只保留其董事身份。通告内容称："公司鉴于专营博彩合约届满，必须做出一系列部署迎接新挑战。为配合此目标，董事局已于本年（2001年）6月的会议中，提出管理层之年轻化及专业化。""何婉琪女士（十姑娘）由翌日（2002年1月1日）起不再担任日常管理职务，但仍然继续出任本公司董事。"

澳娱公司职工会理事长郑康乐对何婉琪被解除职务表示诧异和可惜，他形容何婉琪人缘好，善待员工。郑裕彤也表示对何婉琪被撤职事件不知情，并强调："何先生是执行董事总经理，行政上的事是他负责，他可以这样做。"

麦舜铭较早前曾指出，十姑娘因为拒绝将名下的一股澳娱股份转让给何鸿燊四太太梁安琪而触怒何鸿燊，何鸿燊借口澳娱公司管理层要年轻化及专业化，将十姑娘踢出管理层。

2002年1月7日，澳娱在媒体发表声明，公开解释撤销十姑娘赌场管理职务，完全是考虑她的健康状况以及不满她对公司的不忠诚行为，即私自成立公司竞投赌牌，损害澳娱公司的利益，故此要求何婉琪从1月1日起不再担任公司的管理职务。

澳娱公司的声明明显是反驳麦舜铭夫妇之前的指控，强调澳娱公司要面对即将开放的赌权竞争，公司管理层需要"年轻化及专业化"，因此规定公司所有"总账房及高级行政人员"的退休年龄为75岁。而十姑娘已经79岁，超出退休年龄4年，加上她"过去半年已甚少处理公司事务，及多次向公司申请病假"，证明其身体状况欠佳，所以才安排她退出管理职务。

声明又不满十姑娘容许麦舜铭夫妇多次向媒体发放公司的内部文件，包括上月底发给她的撤职通知，加上十姑娘在未经董事局的同意下，让自己的公司 MVI 向澳门特区政府呈交竞投赌牌的意向书，是"罔顾董事职责及股东利益"，因此撤除她的职务。

麦舜铭认为，所有其他指控都只是导火线，何鸿燊的目的是想逼何婉琪贱价出售 MVI 公司的澳娱公司股份。

此事越闹越大，何鸿燊与何婉琪虽然兄妹情深，但因这次事件牵连甚广，何鸿燊怒不可遏，不但要与麦舜铭划清界限，连亲妹妹也不给面子！何鸿燊发怒曝出十姑娘替儿子麦舜铭还赌债借下巨款之事，而他也前后借出 1.5 亿元，又说麦舜铭和陈复生死要面子，拿一点点钱做善事。麦舜铭也不甘示弱，他于 2001 年 6 月 3 日在两家报纸上刊登重要声明，说何鸿燊对媒体讲的是虚构言论，不是事实，对他造成毁谤，他已决定将此事交给法律顾问研究及处理，并且与何鸿燊划清界限。麦舜铭说："我们发声明是因为最近发生的事情很冤枉，实在忍无可忍，有必要澄清一下。如果真有这样的事，那就拿证据出来，我不会怕。"

与此同时，何婉琪也决定发起反击，借助管理赌场近 25 年来积累的丰富经验，试图收回自己的部分权益。

何婉琪可谓用心良苦，在职期间便留心收集了很多证据。她所掌握的文件，有力地揭开了澳门博彩帝国——澳娱公司从最初成立到运作和经营的重重黑幕。何婉琪提交的材料还涉及何鸿燊的公司无视澳门政府禁止赌博业放款的严格规定，向罪犯和臭名昭著的犯罪团伙成员提供借款，以及公司违反章程，多年来扣留本应分配给股东的近 40 亿美元利润，等等。

何婉琪代何鸿燊掌管赌场近 25 年，自然对公司的一切了如指掌。她所发起的诉讼，可谓刀刀见血，直指要害。本是同根生，相煎何太急！为什么何婉琪对其胞兄不念一点手足之情？

常言道，没有无缘无故的爱，也没有无缘无故的恨。何婉琪的恩怨缘自何鸿燊长达40年对其"油煎火燎"之苦。2004年，何婉琪指控何鸿燊40年来以"家族丑闻"要挟，逼迫自己放弃股权，进而骗取上亿美元资产，并随即披露了澳娱公司早年的许多内幕往事，一时搞得何鸿燊焦头烂额。

何婉琪宣称，1962年澳娱公司刚刚成立时，何鸿燊全部的创业资金皆出自于何鸿章赠给自己的200万港元，这一点也得到了霍英东的证实，只是具体出资多少不能确定。但何婉琪称，何鸿燊利用丑闻掌控公司大权40余年，使她的持股最终降到可怜的7.3%，澳娱公司历年拖欠她30亿元股息。

对此，何鸿燊的回应是，全是对方作假。他还透露，澳娱公司过去的账目要经他兄妹两人签署批核，其中，2001年有份十姑娘签署的账目，清楚显示十姑娘还欠公司一笔逾亿元的债务；经过公司近期加紧核算，十姑娘历年来应收未收的股息，包括2004年澳娱派息因赌场盈利大增而水涨船高，十姑娘本人也分得6000多万，扣除债务，实为1.1亿元，而非十姑娘宣称的30亿元。何鸿燊称澳娱公司打算清缴有关款项，但并非"各不拖欠"，十姑娘还欠下澳娱公司属下的诚兴银行一笔数千万元的债务。

十姑娘作为澳娱公司的老股东，澳娱公司每年都有派息，她怎么还会倒欠公司的债呢？

麦舜铭指出，十姑娘被何鸿燊指欠债另有原因："我和我妈妈占澳娱10%的股份，为什么十姑娘还要问何先生借钱呢？这是因为何先生有个习惯，每年3月公布业绩时以各种理由不分红，我和我妈妈有其他投资要用钱，何先生便叫我们问账房拿，然后写下借据，所以他手上有我妈妈的借据并不奇怪，但那不是借钱，而是分红！"

但不知何故，何婉琪最终没有打赢这场官司。2005年6月28日，澳娱公司举行特别股东大会，决议支持董事局入禀法院，把持有澳娱公司7.3%股权的股东十姑娘何婉琪除名。

何鸿燊称何婉琪长期扰乱公司运作，损害公司利益，公司忍无可忍，决定采取法律行动逐十姑娘出局。兄妹俩再度对簿公堂，关系陷于决裂，何鸿燊对此并不在乎，他说："这位股东不是偶然或间中一次，而是长期扰乱公司运作，损害公司利益，容忍总有限度，故此在今年5月30日开了一次董事局全体会议，全体董事认为无药可救，一致通过将她驱逐。"更说："就当少个妹妹。"

在当年5月30日董事局全体会议做出决议后，澳娱公司已向澳门法院提出有关的法律诉讼。至于这次诉讼的法律依据，受聘律师苏树辉在咨询法律专家的意见后，拒绝透露详情，只慎重回应说诉讼有其法律依据。至于将来可能出现的股权重新分配，何鸿燊称要等待法院裁决，不排除公司胜诉后会有进一步行动，并表示董事局这次的决定，只是不愿公司继续受人骚扰。

苏树辉强调，澳娱公司董事局的重组及将要面对的法律诉讼，不影响子公司的运作。

另一方面，何鸿燊三太太陈婉珍及四太太梁安琪顺利被推选为澳娱董事，两人也出席了股东特别大会。苏树辉没有透露她们取得澳娱公司股份的方式及数额，也没有评论十姑娘之前宣称配股被"截糊"一事，只是说陈婉珍和梁安琪有足够股份成为澳娱公司董事，并已依据公司章程，完成存放100股优先权作为行使董事职责的手续。梁安琪会后接受访问时同样不愿谈及个人持有的澳娱公司股份数额问题。

从表面上看，这是一个家族的内部纷争，但在这火药味十足的故事背后其实意味深长。这是一个家族式公司因诸多因素失控而不得不转变自身发展模式的典型例子。无论是对澳娱公司这个赌业王国还是对下一代，年老的何鸿燊都正在明显地失去以往的铁腕控制。故事的一切都因家族内部对财富分配的争夺而起，必然也会引起更为复杂的财产继承问题。

二、一波三折的家产纷争

2001 年，何鸿燊为平息二太太蓝琼缨及四太太梁安琪的"通臂猿猴大战齐天大圣"的一场酸风醋雨，豪气地一掷 2 亿重建二太太位于渣甸山谷柏道 25 号的豪宅。

在进行重建工程前，蓝琼缨搬进何鸿燊为她租下的位于附近的乐活道乐景园顶楼，这是一所复式空中花园，可见何鸿燊对太太的细心之处。

蓝琼缨的豪宅占地面积约 2 万平方米，地价市值约 1 亿，加上重建及装修费约 2 亿，市值高达 3 亿。"新皇宫"楼高 4 层，底层是一个超大型室内泳池，占约半层楼的面积；一层为客厅、饭厅、宴会厅，用以招呼客人；一层为蓝琼缨的起居室及睡房，但最特别的还是设计有如中央图书馆式，用做放置蓝琼缨价值连城的衣服的一层楼，不但能分门别类地放置蓝琼缨的衣物，更犹如博物馆般规模，奢华程度以及蓝琼缨衣服之多令人瞠目结舌。至于室内装修则糅合意大利罗马式及维多利亚宫廷式的设计，天花板采用圆拱形罗马式设计，并饰有意大利艺术雕刻，具气势之余更添文化艺术色彩。装修材料中的一砖一瓦，都是精挑细选从意大利订购，仅材料费用已是天文数字，可谓金碧辉煌。2003 年下半年，蓝琼缨正式搬进这座新"皇宫"。

蓝琼缨的新皇宫气派不凡，心里总算满意了，而在另两位太太眼里，这样的豪宅是她们不可奢求的"宫殿"，心中又增添了不少酸味醋意。

多年来，何鸿燊最烦别人提的问题，一是接班问题，一是四房太太、17 个子女之间的恩怨纷争。他曾苦恼地感叹："做生意我还有多少把握，但应付女人就不行，要扯白旗。"港澳坊间有这样一种说法："男人没人斗得过赌王，而赌王总是斗不过女人。"然而，越是隐秘的事情，越容易激起人们的好奇心。何鸿燊的大事小情总逃不开媒体的视线，据知情者披露，何鸿燊的一次"行赏"又引发了一场家族财产风波。

2009 年 7 月 29 日，何鸿燊在四太太梁安琪的睡房内不慎跌倒并撞及头部，但因无明显伤痕，就没有召医生来检查。次日早晨，家庭医生替何鸿燊检查身体，亦表示没有大碍。但到上午 11 点左右，何鸿燊出现眩晕和呕吐症状。三太太陈婉珍等闻讯赶来，将何鸿燊送进医院。检查结果表明，何鸿燊脑部有积血，必须动手术清除。

何鸿燊的脑部手术很顺利，康复进度也良好，但家人建议他专心养病，他也接受，只是一些产业方面的业务需要交代给别人。

当时，88 岁高龄的何鸿燊仍身兼信德集团及澳门博彩股份有限公司两家上市公司的董事局主席，以及不少家族产业的大股东。

而成立于 1981 年的香港 Lanceford 公司，是何鸿燊赌业王国的大本营，控制着市值 700 亿港元的上市公司澳博的股权。另外，Lanceford 公司在海外还有多家赌场及早年何鸿燊在葡萄牙购入的不少地产。Lanceford 公司的何家股权一直由何鸿燊一人持有。

二太太蓝琼缨后来当上了 Lanceford 公司的董事。2009 年 11 月 8 日，即何鸿燊受伤 3 个月后，蓝琼缨又邀请两个女儿何超琼、何超凤加入 Lanceford 公司当董事。2010 年 11 月 29 日，二房子女通过旗下的公司兴利嘉地产，获得何鸿燊持有的 11.5% 的信德集团股份。

与此同时，何鸿燊也没有冷落辛苦工作的四太太梁安琪。他跌伤后，于 2010 年 12 月 10 日，把 6.03% 的澳博股份赠给梁安琪，市值约 57.6 亿元，继而又将相当于澳博总股本 10% 的"澳博 B 类股份"悉数转到她手上。

赏完四太太，何鸿燊又明确把 Lanceford 公司的一部分股权分给二房，并预留一份给三房，有关的分产安排交由何超凤全权办理。2010 年 12 月 27 日，Lanceford 公司所持的澳娱公司股份，三太太陈婉珍分得其中 50.53% 的股份，市值约 67.2 亿元；二房子女则分得 49.45%，市值约 65.8 亿元；何鸿燊仅保留 0.02%。于是，二房和三房瞬间成了澳娱公司的最大股权拥有者。

原本一切都进行得非常顺利，但何超凤在 2011 年 1 月 5 日收到自称是代表何鸿燊的律师密函，声称赌王不知道 Lanceford 公司发行新股一事，不满股份被摊薄，责令何超凤亲自到何鸿燊的住宅来解释，否则 48 小时内会采取法律行动。律师函还说，何鸿燊的原意是将澳娱公司股份平均分配给 4 家，并要何超凤按这一指示行事。

何超凤两日后回信给父亲，表示误会已经澄清，Lanceford 公司的股权分配已按何鸿燊的指示完成，感谢他将澳娱公司股权分给二房及三房。此信还得到了何鸿燊的签名。在完成相关法律文书后，Lanceford 公司便正式对外公布，二房子女及三太太已拥有澳娱公司近 32% 的股权，也成为澳博大股东。

何家的财产风波也触动了政府的神经。2010 年年假期间，二房子女何超琼及四太太梁安琪都频频往返港澳两地，与负责"协调"的各方人士会面。但据说因何超琼等态度强硬，最终协调未成。

有消息称，二房子女同意交出他们和三房早前分得的 Lanceford 公司所持澳娱公司 32% 的股权，条件是四太太梁安琪也要交出手上的 7.6% 澳博及 0.235% 澳娱股权，由何鸿燊重新平均分配给 4 家人。

不论二房是否真心主动"求和"，但他们的态度表明，他们就是不想让四太太梁安琪独霸澳博王国。因为目前二房已掌控美高梅金殿及新濠国际两家澳门赌场，在澳门赌业的势力始终居于四太太之上。

至此，何家财产风波的焦点集中在赌业的分配和继承上。而焦点中的焦点，又在二房长女何超琼和四太太梁安琪身上。其实，她们双方所得到的家产"都足够多了"。

2009 年 12 月，何鸿燊把手中市值约 12.17 亿港元的信德集团股权，转给二房的 5 名子女，每人可平均分到 2.43 亿港元的股份。其中，由于何超琼担任信德集团董事总经理，本身已拥有一定数量的信德集团股权，从而超越"赌王"，成为信德集团的大股东。

四太太梁安琪一方，除了何鸿燊早前转给她的澳博 7.03% 的股权，连同她原本持有的澳博股份，持股量已增加至 7.6%。

但是，何鸿燊的身家即使再"数之不尽"，要满足每个人的欲望也是不可能的。关键在于，以何超琼和梁安琪为首的几房为了争夺财产，已经到了势同水火、无法相容的地步。对此，香港社会慨叹，何鸿燊家族共拥有澳娱约 43% 的股权，霍英东和郑裕彤加在一起占 37%，其余多名小股东共约占 20%，若何家团结，其对澳娱公司的控制权基本上稳如泰山，如今竟家族内讧，何苦呢！

正因为何家的安稳关系到澳门赌业的安危，澳门特区政府十分关注何家争财产一事。据说何家成员为争取政府的支持，曾放风要将股票售给美资，令官方大为紧张。

闹到这一步，2011 年初的争财产大戏就一点也不出乎意料了。外界早就猜测，何鸿燊一朝西去，二房和四房为了赌场利益必有一番争斗。何超琼曾说："到时候她（指梁安琪）没死，我也没死，我有没有能力，大家可以看得到。"

在这种情况下，何鸿燊虽然日理万机，但还是用尽各种办法，将太太们哄得服服帖帖，维持着表面的和谐。后来二太太与四太太停战，连二太太的长女何超琼也转而与四太太和睦相处。

不过，四房家人之间冲突的种子已经埋下。一直没有介入争财产风波的黎婉华之女何超贤亦向外界发话："我父亲经常与我聊天，并曾公开表示打算将其资产平均分配给各位子女。"

何超贤的声明也表明这次只有二太太子女与三太太收益的财产分割，仍未得到何氏家族的一致点头。"我很难相信我爸爸会对我妈妈的家人什么都不留下，她与葡萄牙的关系以及在澳门社交界的地位是我爸爸当初能获得博彩专营权的很大原因。"何超贤说。

在这场扑朔迷离、结果难测的纷争背后，一个无法忽视的事实是，这位过去 40 年几乎一手打造出澳门博彩业的大亨，旗下公司越来越赚钱，仅 2010 年度，其个人财富就增加了 10 亿美元。澳门博彩业跳跃式的发展，令当事各方均难以从博彩资产移开视线。

2011 年 1 月 25 日，三太太陈婉珍深夜召集媒体，宣读了两份有何鸿燊签名确认的声明。何鸿燊在其中一份手写的声明上表示自己身体很好，"家里的事，关上门一家人自己解决，好容易，慢慢谈！"这是指所谓争产风波是一场误会，其中没有欺骗成分。陈婉珍还宣读了另一份有何鸿燊签名的声明，该声明同样以第一人称说："我在此作特别声明，日前所公布我将澳娱、澳博公司的股权分配给予家庭各成员之安排是我百分百真心诚意的，绝无受任何人强迫或指示。"

该声明表示，若日后有人持何鸿燊签名的字条"再提修改或用任何理由提出改变股权分配"，则这些签名文字的内容"一定不是真实"的，更应受法律制裁。最引人注目的是，该声明最后表示："我决定撤销 Lanceford 公司股权分配所产生的所有法律行动。"何鸿燊还表示取消对高国峻及其律师所的委任，此事全权交由陈婉珍负责。

在双方僵持不下之际，2011 年 1 月 26 日下午，何鸿燊在陈婉珍的寓所接受电视专访，表示自己一直很爱家人，10 年来彼此从未有过法律纠纷。他发表的讲话内容与陈婉珍在 2011 年 1 月 25 日晚宣读的声明相似，并再次表示无须高国峻的服务。他表示，2011 年 1 月 25 日晚他的声明可以落实。他还表示自己身体很好，家里的事由自家人解决，这是一场误会，绝无欺骗成分。

另据媒体报道，2011 年 3 月，何鸿燊入院检查身体，出院前夕，他把市值高逾 16 亿港元、自己长居的浅水湾道 1 号大宅业权，在没有收取分毫现金下，转到长房女儿何超贤的名下。

这场财产争夺战告一段落之后，三房太太也因分到的财产数目不同而心情不一。一直有些与世无争的三太太陈婉珍可谓本次大战当中杀出的一匹黑马，几乎与二太太蓝琼缨平分天下，身家暴涨；而之前被何鸿燊宠爱有加的四太太梁安琪，这次财产分割几乎与她没有丝毫关系，这也难怪她在面对媒体时充满了无奈。

何鸿燊这等平息家庭风波的手段，恐怕还没有多少男人能施展出来，就算施展开来，底下的明争暗斗也不会有一日停歇。很多矛盾被金钱掩盖着，正如香港人对何家的评价："这个故事会让人流泪，精彩程度简直超过任何一部电视剧。它包含了故事中所有好玩的因素：性、阴谋、权力斗争以及难以计数的金钱。"

何鸿燊到底多有钱？根据《福布斯》2011年公布的香港富豪40人榜，这位澳博主席凭借31亿美元（约合人民币204亿元）资产的助力，榜上排名由2010年的第17位上升至2011年的第13位。

但在这场自2011年初开始瞬息万变的争财产风波中，被澳门人评价为"识大体，做大事"的何鸿燊几近沦落为"傀儡"。澳门人提起此事，说的不是"分家产"，而是"分遗产"，谈论此事的每一个人都当何鸿燊已经过世。

以何鸿燊精明的为人，对簿公堂这种不明智的选择不是他一贯的行事风格。现在这么做实际上已埋下祸根，最后即使平分家产，家族裂痕也已经存在。由此可以看出，何鸿燊年事已高，对四房三位太太及其子女已经没有控制力，没有更多自我决策的能力。风烛残年的他思维上已受制于人。

据美国财经杂志《福布斯》发布的2012年香港富豪榜显示，分割了家产的何鸿燊退出了榜单，取而代之的是何鸿燊之女何超琼，其财富高达33亿美元，位居第12位；何鸿燊的四太太梁安琪也以16亿美元身家，位列第21位。

第十四章　在变革中前行

一、赌业帝国走向何方

2007 年"五一"黄金周期间，澳门某贵宾厅 7 天转码 17 亿，按千分之八的码粮算，光给沓码仔①的佣金就达 1360 多万。

何鸿燊曾夸耀，"赌场员工家家有汽车，可见赌场对澳门居民的好处"。事实是，几乎每个澳门人都能和博彩扯上点关系——澳门统计局的数据是，50 多万本地居民中，2010 年第四季末，博彩业就雇用了近 5 万名员工。

据澳门理工学院的曾忠禄教授介绍，针对赌场扩张期的普遍现象，澳门理工学院应政府之邀建有一个博彩教学暨研究中心，专门替特区政府对本地居民培训博彩方面的知识，由于赌场扩张迅猛，报名者甚多。

在澳门，除了公务员，赌场的工作算是比较好的，尽管工作辛苦一点、压力大，但工资高。从 2003 年开始，特区政府每年拨几千万培训费，用于培训本地居民到博彩业就业。

而在 2002 年赌牌放开的何鸿燊时代，又是另外一番光景——因为只有何氏家族的澳博一家赌场公司，荷官等工作人员相对固定，想进去工作非常困难，都要靠关系甚至顶替名额才能当荷官，从来不用登报纸招人。

---

① 沓码仔：沓码仔制度可以说是澳门独创的一种博彩中介的运作模式。从事博彩中介工作人员称之为"沓码仔"，为服务的赌场寻找客源，引导、帮助赌客到赌场一博，令赌场增加博彩收益，而自己则从中获取佣金。

2006 年 7 月 28 日，10 位成绩优异的澳博员工子女在澳门金碧文娱中心喜获由澳门博彩股份有限公司行政总裁何鸿燊颁发的澳博奖学金，每人获澳博奖学金 2 万元

　　博彩业的迅猛发展，也带动了澳门的相关产业，比如当铺。有人统计，2004 年初，全澳门共有 11 家赌场，拱卫其周围的大小当铺约有 40 家。随着博彩业的发展，相关研究也在澳门成为一门显学——澳门理工学院和澳门大学都设有专门的博彩研究机构，招收本科生，并且学生毕业后的"就业形势很好，一些已经做到了赌场的中高层"。

　　新葡京、威尼斯人、永利……澳门赌桌上的金钱游戏轮转了 140 年，迄今，它已经成为亚洲规模最大的博彩天堂。4500 多张赌台、4 万多名从业人员，贡献出了澳门一半以上的税收，难怪有人说，要了解澳门，首先要了解澳门的博彩业。

　　作为一种超越行业的社会现象，博彩业在澳门的根植并非孤立。在这个饱受争议、掺杂着赤裸裸的金钱利益的商圈里，世界各个角落的赌场每年都会毫不留情地从中攫取数以万亿计的利润，同时也意味着每年会有无数人在这些林立的赌场里挥金如土甚至倾家荡产。

　　奢华、尊贵、奇幻、现代，当赌场规模化地发展为赌城，当博彩以产业链的形式融入经济、文化范畴，诸如澳门、拉斯维加斯、大西洋城、蒙特卡罗，自然也会被赋予更多的含义。

此外，国际知名的赌城还有南非太阳城、澳大利亚赌场、德国巴登-巴登、韩国华克山庄、越南涂山赌场。几乎所有赌场所在国和地区都规定，本国（地区）民众不许参赌。这也是未来赌场的一个发展方向——赢他国富人的钱，对外将放得更开。

为此，何鸿燊主动出击，他和林梧桐已成为马来西亚赌场的代名词。马来西亚唯一合法的赌场所在地——云顶娱乐城，为旅行社在该国的主要旅游线路。而英国巨富、维珍大西洋航空公司老板布兰森则豪掷30亿美元在澳门兴建酒店及赌场，加入澳门博彩业竞争，挑战赌王何鸿燊。这也意味着博彩竞争已经走向国际化，主要阵地是世界知名的几大赌城。

首先，我们来说说美国的两大著名赌城。

从荒漠到花园，拉斯维加斯是美国唯一一个建于20世纪人口却能逾百万的城市，博彩是这个"不毛之地"选择的出路。后来的事实证明，靠地产起家的史提芬·韦恩同样是位"赌场大亨"，当他重金投资拉斯维加斯时，大多数人并不看好，因为从20世纪70年代开始，美国东海岸的大西洋城开始进入高速发展期，直接威胁到前者第一赌城的地位。

在史提芬·韦恩建造金殿赌场酒店之前，另一个闻名遐迩的赌场酒店——凯撒酒店已经开业，后者开创了赌场加酒店的先河，而前者独辟蹊径的赌场经营理念，则让拉斯维加斯真正从激烈的赌城竞争中脱颖而出。拉斯维加斯的每个赌场都以金碧辉煌、奇形怪状的建筑设计来吸引游客，250家大轮盘赌场通宵达旦地不停开局，几秒钟就决出胜负，机场航班通往世界各地，任何私人飞机都可以轻易在拉斯维加斯降落，观光、购物、饮食、娱乐，全天24小时开放，全世界前20大超级大酒店有17家均在那里。拉斯维加斯或许是世界上第一个彻底的"不夜城"。

"关键问题不是经济形势，不是市场饱和度，而是你给顾客的东西是不是他们想要的和梦寐以求的。如果你提供的是一个连他们自己都没想到过的惊喜，还会担心他们不来吗？"这是"拉斯维加斯之父"史提芬·韦恩在 1989 年斥资 63 亿美元建造金殿赌场酒店后所说的话，从此，到拉斯维加斯的游客都多了一项行程——观赏一座每隔 15 分钟喷发一次的巨型人工火山。"金殿"赌场门口有一座活火山模型，每隔 15 分钟自爆一次，吐出熊熊火焰，人走进去就宛如走进热带雨林气候；赌场里面还饲养了活鲨鱼和老虎，成为远近闻名的赌场奇景。

金殿赌场成功的关键，是善于使那些只能玩吃角子老虎机的平民，感觉到自己如同一掷千金的超级富豪。"我们唯一的要人就是赌客，而不是总裁和董事会主席。""关键就在于使只有 50 美元的人，觉得自己像个有 5 万美元的富翁。"这是金殿赌场经营者史提芬时常挂在嘴边的话。

史提芬根据自己赌场的特点制定战略，他发现在美国赌博业中，特别是拉斯维加斯的许多行家，都忽略了市场对高额赌注的需求。于是，他想方设法吸引那些专门喜欢大赌注的豪客。例如，他在掷骰子赌博中，史无前例地引入赔 4 倍的赌法，对赌客产生了巨大的诱惑力。

侧重豪赌，但也不偏废中、低档赌式，是金殿赌场长期以来形成的显著特点，在这一方面，它从未被拉斯维加斯其他赌场超越过。

每年，拉斯维加斯都会接待超过 4000 万游客，其中 75% 为"回头客"。1993 年，金字塔（Luxor）、金银岛（Treasure Island）、美高梅（MGM Grand）等主题度假饭店相继在拉斯维加斯开业。博彩业带动了拉斯维加斯乃至整个内华达州的经济，为了让赌场良性发展，拉斯维加斯对于投资人的审查十分严格，治安也良好，中头奖者甚至可以派专门的警察护送到美国任何一个地方。

美国卡尔威旅游集团曾做过一项调查，现在美国人最喜欢的周末及短期度假目的地，排第一的是赌城，其次才是海滨或湖滨度假地。

与拉斯维加斯相似，未开赌之前，大西洋城仅是一个破落的海滨小镇，借助靠近纽约、费城、芝加哥的优势，以赌起家。城内最大的赌场是泰姬·玛哈尔赌场，该赌场正门是一座仿印度泰姬陵风格的豪华建筑，后面紧接一幢51层摩天大厦，赌场内工作人员多达6500余人，仅老虎机就有7000台，还有大型轮盘赌台250个，自1990年开张以来，每天至少有10余万赌徒来此一试身手。

在大西洋赌城中，既有各色各样的赌徒和观光客，也有通缉犯、杀手和妓女。临海的滨海大道上，大大小小、外形奇异的赌场一字排开，迥异外形包裹下的是毫无例外的赌场设计：底层摆满成百上千台隆隆作响的吃角子老虎机，要进入酒店客房，必须穿过狭长的赌场走廊，走廊上不时传出赌客歇斯底里的尖叫声。如果将拉斯维加斯比为荒漠中的平民游乐园，那么，大西洋城则更像一座现代广场，棋盘游戏"大富翁"即源自它的灵感。

我们再来看看摩纳哥最富诗意的赌城——蒙地卡罗，仅这名字就给人一种梦幻般的感觉。

蒙地卡罗属于世界第二小的国家摩纳哥，该国位于法国和意大利之间，面积只有1.95平方千米，其东南部紧傍法国著名的旅游胜地尼斯，地处地中海沿岸黄金海岸的中段。摩纳哥公国本来是法国的殖民地，于1911年独立，成为一个君主立宪制国家。由于它过于弱小，只以恬静、与世无争的姿态存在着。它不征关税，没有军队和收税员，但却是世界王公贵族和富商巨贾的云集之地。它的主要财源来自海岸观光旅游和赌博业，长期以来，蒙地卡罗就是挥金如土的代名词。

蒙特卡罗大赌场位于市区北边岬角上，始建于1863年，出自巴黎歌剧院设计师贾米尔之手，赌场的建筑和装饰包含了欧洲多个时期不同的宫殿式风格，里面还藏有珍贵的艺术品。整个大赌场被花园环绕，顶端的露天大平台，视野可以翻越地中海，直望远方的意大利。

第二次世界大战后，摩纳哥的经济逐渐走下坡路。为了振兴摩纳哥的经济，当时的统治者兰尼埃亲王决定拍卖曾是这个国家摇钱树的海水浴场公司。这个公司下辖两个机构，即海滨游泳协会和外国人俱乐部，它们拥有在蒙地卡罗的大量爱德华七世时代的房地产，包括赌场、游艇俱乐部、巴黎饭店以及这个公国 375 英亩面积的大约 1/3 的土地。不久，一个名叫奥纳西斯的美国人取得了对海水浴场公司的控股权。他采取多项举措，终于使蒙地卡罗重新焕发出了巨大的活力。比如，他斥资 400 万美元，将游轮"克里斯蒂娜"号装饰一新，使之成为一艘豪华赌轮。

奥纳西斯和兰尼埃大公声称，要把蒙地卡罗重新建成富人们逃税避税、转移财产的天堂，一切私人财产在此地都将受到法律保护。奥纳西斯还多次前往美国，使好莱坞的美女艳星频频光顾蒙地卡罗，于是，富翁们成群结队地来到这个传说中的天堂。

蒙特卡罗赌场内区域划分清晰，老虎机位于白厅，轮盘位于欧洲厅，赌资限制最严的区域虽然可以花 10 欧元买票参观，但只有富豪和名流才可以下注。巴黎大酒店是当地最昂贵的酒店，自 1864 年开业以来，招待过维多利亚女王、国际影星、社会名流和商界富豪。在巴黎大酒店，房间号码、早餐盘子、牛奶杯子以及集邮册，无不成为赌博工具。

1967 年，摩纳哥政府接管赌场，到 20 世纪末，年收入已经超过 4000 万法郎，占国家财政收入的 70%。进入 20 世纪 90 年代，蒙地卡罗赌业的盛况已非昔日可比。在当今世界三大赌城中，蒙地卡罗的牌子最老，中国的澳门和美国的拉斯维加斯，都只能位居其后。

此外，欧洲人想要豪赌，就近还有一个不错的赌博场所——德国的巴登-巴登。

历史悠久且声名远扬的赌城——德国的巴登-巴登也是别具特色。作家陀思妥耶夫斯基曾在这里忘情狂赌，输到身无分文，他用自己在巴登-巴登体验到的赌徒心态写成了名著《赌徒》。早在成为赌场之前，巴登-巴登就已经有了很高的声誉，因为温泉和气候，它在欧洲有夏都之称，几乎接待过 19 世纪欧洲所有的著名人物，包括拿破仑三世、维多利亚女王、俄国沙皇亚历山大。

巴登-巴登赌场采用的是巴洛克式建筑风格，外观虽然朴素，内部装饰却极其奢华，许多厅堂都是按照法国 18 世纪时巴洛克城堡的式样布置。巴登-巴登的最大赌场甚至也不叫赌场，它有个文雅的名字——

休闲宫。在这里，除了赌博之外，还可以欣赏高雅的歌剧和舞蹈。赌场对客人有衣着要求，男士必须西装革履，女士更须衣着得体、穿戴整齐。

许多人将巴登-巴登评价为世界上最美甚至最豪华的赌城，每年有60多万富豪从世界各地赶来这里挥霍金钱。100多年来，巴登-巴登的赌场从未停业过，即使"二战"期间也被希特勒特许开放。

这些赌城对何鸿燊这个澳门赌王有多大影响呢？他的赌场客源主要来自中国大陆和港澳台地区，如此只是想维持现状，那么，美欧的赌城对澳门的冲击不会太大。但是，自从美资登陆澳门进入博彩业后，不但他的赌坛霸主地位不复存在，而且整个业界的竞争方式也发生了巨大转变，现代化、国际化的趋势越来越明显，未来世界博彩业的格局也将重新划定。

何鸿燊既要应对欧美赌坛大鳄，又要防止周边国家和地区的中小赌场对市场的蚕食。眼下，亚洲的一些赌城正在"围剿"澳门。

如果说澳门赌场的规模冠绝亚洲，那么，马来西亚云顶山庄酒店赌场1800米的海拔和亚洲独有的悬天过山车也足以令人注目。云顶赌场共有450张赌桌，最多可容纳1000多人。它截走了澳门赌场的一部分客源，使何鸿燊不得不入股云顶赌场。

韩国首尔东北部的华克山庄赌场堪称亚洲最高雅、最富丽堂皇的娱乐场，由于它只为外国人提供服务，在韩国国内反而不大出名。2006年初，韩国政府举行国务会议通过了《观光振兴法》修订案，决定所有市、道的特一级酒店和国际会议设施，都可以开办外国人专用赌场。在韩国这些新兴赌场中，中国游客呈上升趋势。

毗邻中国南部的越南涂山赌场，规模和设施并不出众，但它却因是社会主义国家里的合法赌场而颇受关注，也被视为越南对外开放的标志之一。这个赌场同样只对外国人开放，会说外语的人可以免检入场。何鸿燊觉得越南离澳门太近，涂山赌场里的"外国人"实际上大部分是中国赌客，于是他又赶紧入股涂山赌场，以保证自己的市场占有率。

菲律宾总统拉莫斯于 1995 年宣布将前美国军事基地苏比克湾辟为自由港，如今的苏比克湾不仅是东南亚著名的旅游区，而且它的卡西诺大赌场也闻名遐迩。

另一个与中国相邻的社会主义国家朝鲜，也有一座中国人熟知的赌场——英皇娱乐中心，但相比涂山赌场，它更像一个"神秘的地下赌场"。实际上，这个赌场就在朝鲜最大的一家涉外酒店地下一层，由澳门老板投资开办，也分走了何鸿燊的一杯羹。由于交通便利，赌场中可以看到许多中国人的身影。

除此以外，周边国家如印度、缅甸的一些地下赌城，也对何鸿燊的赌场王国构成了一定的威胁。澳门 2007 年的博彩收益超逾美国拉斯维加斯，成为"全球第一赌城"，其吸引力不仅表现在老资本间的暗斗，还反应在新外资得以大举进入。而何鸿燊已经九十高龄，他还能重振当年的雄风吗？他还愿意死守他的赌场王国吗？

其实，何鸿燊一直在做两手准备。一方面，他一直宣讲澳门最多容纳 3 张赌牌——澳门并非拉斯维加斯，只是一个小城市，每年没有数千万的游客入境观光，赌牌太多，走十多二十步便有一间赌场并非好事。

另一方面，何鸿燊开始做另起炉灶的准备。他的产业除了博彩业，还涉及房地产、百货商场、建筑、船务、金融投资等多个领域，其投资地域也由中国延伸至葡萄牙、越南、加拿大等地。如今，他旗下的企业包括：澳门博彩控股有限公司、香港新濠国际集团、香港信德集团有限公司、澳门国际机场专营公司、澳门诚兴银行等。

垂垂老矣的何鸿燊隐退已成必然，这对澳门博彩业的影响尚难估量，但无论如何，变革已生——外资赌场结合休闲、旅游、会展等娱乐性质更重的新型博彩运营方式，与"何时代"的垄断及纯粹以赌为主已经大不相同。不过，在继承人上，何鸿燊已基本作出选择，应该说赌城的未来仍值得我们期待。

二、赌王的接班人

大红灯笼高高挂，人多必定口杂。多年来何鸿燊一直强调家庭以和为贵，力争在财产分配上做到公平公正，但何家的豪宅故事比一般的超级商业谈判还要微妙几分。这不仅涉及各房太太纷纷扰扰的房产和其他财产纠纷，还涉及赌王帝国接班人的大事。

由于业务广泛，早年何鸿燊已将部分业务交予子女或太太打理。

其中，原配黎婉华于 2004 年离世，儿子亦已殁，大房子女甚少接触家族业务。

二房长女何超琼执掌市值 105 亿元的信德集团，任信德集团董事、总经理，主管船务和地产业务；何超凤也在信德集团中担任董事、副总经理。二房幼子何猷龙则管理着市值近 60 亿元的上市公司新濠国际，出任主席兼行政总裁。

相比二房和四房，三房参与赌王事业的比例是最低的。三太太陈婉珍主要打理古董生意及越南赌场业务，同时还插手周边生意，并安排自己的亲属照看各地盘，包括赌场空中航线、提供澳娱赌场所有纸巾和餐巾的东达行等。

四太太梁安琪出任澳博董事，并持有澳博 0.72% 股权。

之前，何鸿燊并非没有考虑过接班人的问题。长房儿子去世后，二房的何猷龙成为长子。因此，10 年来（即 1999 年后），何鸿燊着力培养何超琼和何猷龙。何猷龙是在拿了赌牌后 10 多年才冒出来的，属"70 后"，真正挑大梁的其实是何超琼，不过，何鸿燊一直没有让她涉猎博彩业。因此，人们认为何猷龙将是何鸿燊唯一看好的继承人选。何猷龙在加拿大读书，背景清白，起步时机合适，现代化的管理更符合澳门博彩业发展潮流，这些都是他的优势；劣势是与元老的关系不好，对行业不熟悉，需要一个学习的过程。

直到 2009 年 7 月 29 日，何鸿燊在四太太梁安琪家中跌倒，撞伤头部，送医院接受脑部手术，住院期间四房人轮班探望，才有传负责安排探望秩序的是二太太长女何超琼。

在澳门、香港，除了政府官员和演艺界明星外，何超琼当属最耀眼的公众人物之一。只要她一出现在公共场合，记者就会把她围个水泄不通，总有提不完的问题要她回答，她的一举一动似乎全是新闻。因此，她在何氏家族中的地位更加引人关注。

何超琼算得上是当今世界上最幸运的人之一，她几乎包揽了上帝所能给予一个人的全部好处。无论是长相，还是家庭、事业；无论是金钱，还是名誉、地位，她都应有尽有。

她呱呱坠地那年（1962 年），正好是何鸿燊投得澳门赌场专营权的时候。投胎于鼎食钟鸣之家的何超琼，至今走过的人生之旅，当属最无缺憾的绚丽之旅。时代标榜什么，她就具有什么；时下时尚什么，她就具备什么。

香港媒体甚至称她是最令人嫉妒的女人，因为上帝把所有的好处都给了她，让她集财富、美貌、智慧于一身。

何超琼在美国圣克莱（Santa Clara）大学修读商业管理学，26 岁开始选择自己的事业。她先到（香港）法国东方银行个人理财部工作，不久邀请好友创立天机公关及市场推广公司。"如果不是何鸿燊的女儿，也许我的事业不会那么容易。"何超琼在提及经营这家公关公司的经历时说，"当然，父亲也没有给予太大帮助，除了让我们能够更容易获得认同以外。"6 年后，她才开始介入家族生意。

为了得到业界的认同，她把自己变成了这个世界上最忙碌的女人之一。1995 年，何超琼正式成为信德集团董事，但没有担任任何实职。何鸿燊只是让她实习，看她对什么有兴趣和贡献。何超琼很快便感觉自己其实没有任何职权，于是成立了企业业务发展推广部门。她发觉在自己未加入之前，公司比较古板保守，所有部门各做各的，没有相互交流，没有招牌业务，也没有共用累积下来的资源，更没有未来的发展规划。她成立企业业务发展推广部门，目的是对内细致分析自身资源，对外留意公司未来有什么大方向和机会。

在澳门回归前娱乐事业不景气之时，她在公司的龙头业务——船务上打了漂亮的一仗，终于使何鸿燊于 1999 年把信德集团的事务移交给她，让她掌管集团的策略性发展及企业管理业务。

何鸿燊旗下有一家远东水翼船运输公司，因船队老旧，营运走下坡路，最后改组，与香港中旅集团合资成立了喷射飞航公司，交由何超琼主导经营。她接手后，不论登船旅客多寡，均依照班表准时开航，争取客户的信赖，并率先推出网络订票、手机订票、个人储值卡等服务，成功争取到一大批商务客户。

身为澳门赌王的女儿，何超琼也许得做出更多努力来证明自己的价值。她形容父亲是自己的 Boss（老板），认为老板吩咐的工作，自己绝对有能力胜任。

在澳门赌权进入三分天下的新格局前夕，一向独霸一方的澳娱公司为迎接新挑战而整顿管理层，十姑娘何婉琪被踢出董事局后，何鸿燊力捧何超琼入局，除了一方面强化对澳娱公司的控制权外，显然也有部署接班人之意。在传统的家族公司里，家族事业创立人是否健在，接班的后代能否稳得住阵脚，对家族公司的兴亡盛衰关系重大。

就在何超琼事业蒸蒸日上之时，很多人对 1991 年她和许晋亨连开 3 天的"世纪婚宴"依然记忆犹新。1 月 9 日，何超琼与中建企业集团主席许世勋之子、已故船王许爱周的孙儿许晋亨举办了隆重而豪华的婚礼，一连 3 天大开筵席。这段港澳两大家族联姻一度被视为佳话，婚礼当天更连摆 4 晚夜宴。可惜的是，在事业上，何超琼付出的努力都有了回报，而在爱情方面，显然她还不够努力。她与许晋亨的结合曾经如金童玉女的神话，但两人却没能走到最后，于 2000 年离婚。这其中有着缺乏跟丈夫之间的性格磨合的努力，也缺少了对事业与家庭之间平衡点的找寻，不管怎样，这段婚姻的结束总是让人惋惜。

离婚后，何超琼与杨其龙发展了一段"姐弟恋"，其间备受压力，尤其是遭到何鸿燊的强烈反对，最后二人以分手收场，这次缺乏的是坚持。"我的事业心很强……如今我才觉悟到我需要重新平衡我的一切。"何超琼自己总结说："我开始想，我的生命到底是怎么一回事呢？我有能力去做多少？人家只以为我是何鸿燊的掌上明珠、社交名媛，筹筹款做些边缘事业而已……起码我要公司和外界人士的认同改观，相信我有工作能力和诚意。"何超琼在内心明确了自己对事业的追求。

她的努力很快就有了回报。仅仅三四年时间，她便成了何氏家族最有成就的成员之一，她打理的信德集团业务深入航运、地产、酒店及娱乐等多个行业，同时还兼任澳娱公司董事等 10 多个要职，她掌管的公司资产多达上百亿元。2002 年，《财富》杂志将何超琼列入全球最具影响力的 50 位商界女性，位居第 49 位。

作为赌王爱女，何超琼矢志为老父效力，锐意将家族生意发扬光大。"我非常相信自己，只是刚开始的时候，我也必须获得别人，特别是家人的信任。这也是为什么我很晚才介入家族生意的原因。"而她所下的苦功也换来了一番成绩，令何鸿燊老怀安慰，对她极为看重，不时在人前夸她能干。

2001 年赌牌的开放使澳门赌场迅速完成了国际化，同时也把澳娱公司推到了与国际博彩资本同场竞技的前台。当被问及是否会继承何鸿燊在澳门的位置时，何超琼表示目前应将焦点放在澳娱公司如何面对赌权开放后的格局上，相信公司今后有很多事情要做，并会有一些新的投资业务在澳门继续发展。

那么，她所说的新业务是什么呢？直到 2006 年，人们才知道何超琼获得美国内华达州博彩监管局批准，与美高梅幻象集团（MGM Mirage）合作在澳门经营赌场，合作资金高达 11 亿美元。双方持有相同数量的股份，共同拥有和经营该赌场。当然，这条合作之路走得很艰难。

时年 44 岁的何超琼在拉斯维加斯表示："过去 40 多年，我一直在努力找寻机会，让我表明拥有自立能力，能够取得个人成就。我认为与美高梅合作，让我有机会证明这一点。"

内华达州博彩监管局花了两年多时间来调查何超琼的背景。2005

年6月，博监局就何超琼与美高梅幻象集团的合作计划，要求她呈交足以证明她有能力不受父亲影响，独立营运业务的文件。

根据内华达州法例，当地持牌博彩公司在海外投资时，只要博监局认为其合作伙伴不适当，或合作伙伴受不适当的人的影响，当局有权吊销有关博彩公司的牌照，直接影响该博彩公司在拉斯维加斯的庞大利益。

在拉斯维加斯举行的审查聆讯，经过大约5个小时，由3人组成的博监局审委会一致通过，同意何超琼与美高梅幻象集团合作。博监局官员塞尔说："既然何博士（何鸿燊）没有插手，我认为要以合资计划参与者的功过作为衡量标准。"博监局关注的是何超琼的独立处事能力。

澳门赌后何超琼

　　何超琼则强调，她于 1999 年在信德集团担任行政人员时，已不受他人影响而独立处事，包括协助实施精简计划，以提高水翼船的服务效率。博监局为她的才能与实力所折服。

　　2007 年，何超琼与美国美高梅幻象集团合资 12.5 亿美元建立的美高梅金殿（MGM Grand）博彩酒店在澳门开张，使她再次成为聚光灯的焦点。

　　这是何超琼成功却不张扬的事业的一个高峰。实际上，澳门的博彩收入在 2006 年已经超过了美国的拉斯维加斯。

　　2007 年 12 月 18 日晚，澳门美高梅金殿 MGM 在新口岸隆重开幕，时任澳门特别行政区行政长官何厚铧（右四）、澳门赌王何鸿燊（左四）、美高梅金殿 MGM 总经理何超琼（右五）与董事何超凤（左一）等出席典礼。至此，澳门 6 个赌牌已投入市场，博彩业市场竞争进入白热化

　　"我总是非常清楚自己的角色和责任所在，"何超琼在一次媒体发布会上说，"我认为澳门的未来仍需探讨一个完善的、可持续发展的良方。从宏观层面上看，回归后国家给了澳门很多支持和政策性优惠，特别是从缔造大珠三角和粤港澳的全面合作目标看，澳门的市场有无限发展空间。澳门很小，直接推动经济发展的动力就是旅游事业。中国内地

本身是一个最好、最大的市场并且可提供很大的需求，我认为澳门只要扮演好自己的角色，不需要太忧虑前景和发展。"

但也有分析师警告存在潜在的危险。国际风险公司的 Stephen Vickers 指出，目前澳门的贫富差距扩大，且社会弊病、有组织犯罪和腐败现象增加，以及最终有一天何鸿燊退出舞台，在赌博宣扬者中激起的涟漪等。不过，他拒绝对何氏家族做更多评论。

尽管何超琼口头上不承认自己是澳娱人，实际上却不自觉地担任了赌王帝国的守护者。以她为代表的赌王第二代正逐步进行家族产业新一轮的布局，赌王帝国能否顺利传承乃至焕发新的生机，是赌王及其后人面临的关键挑战。

如今，澳门持有赌牌的共有 6 家公司，即澳娱属下的澳门博彩股份有限公司、银河娱乐场股份有限公司、美国永利渡假村（澳门）有限公司及由它们分拆而出的金沙、美高梅和新濠。

澳门新濠博亚娱乐联席主席兼行政总裁何猷龙

不管赌牌是"一变三"，还是"三变六"，博彩业开放是遵循大的原则与格局，始终在特区政府的牢牢掌控之中，没有丝毫变化。即：何鸿燊家族仍然拥有三分之一"赌牌"经营权，外资所拥有的博彩经营权不超过三分之一。

其中新濠博亚娱乐有限公司，是由何鸿燊二太太的幼子何猷龙任董事、总经理。

何猷龙于1999年从多伦多大学商科毕业后，并未进入何鸿燊旗下的企业工作，而是来到香港怡富证券打工。他拿着自己的简历转了10个部门，交简历，轮番接受面试，最后进入亚洲区衍生工具部，从最低的职位做起，与普通员工一样准时上下班，完不成当天业务，则无偿加班。当时人们并不知道，这位"打工仔"个人名下资本已超过6亿元。

2000年，何猷龙创建亚洲网上交易系统有限公司，随后带领公司闯过席卷IT业的泡沫危机，他的表现赢得了何鸿燊的赞赏。2001年11月，何猷龙被委任为何鸿燊旗下新濠国际公司的董事、总经理，主要负责营运珍宝海鲜舫。何猷龙为珍宝海鲜舫推行改革及翻新，易名为珍宝王国，以吸引游客；2002年8月担任行政总裁和副主席；2004年获得39%盈利增长，以身家38个亿进入香港富豪排行榜的第31名。人们起初试图称他为"新赌王"，但有了这一称谓，就摆脱不了受何鸿燊荫庇的阴影。这是何猷龙和何超琼都不愿遇到的尴尬局面。

2011年6月，何超琼掌管的美高梅金殿以美高梅中国的名义在香港上市，创下580亿元港币总市值，对比何超琼当初的投入成本，7年来投资报酬率高达18倍。何超琼所持股份市值约为156亿港元，在美高梅上市之前，她将股份转售套现所得约128.5亿港元，加上她持有的信德集团和澳博控股的股份，其资产总额约50亿美元（约合388.9亿港元），超过何鸿燊31亿美元的身家。而且，按照2011年3月份《福布斯》杂志排定的华人女富豪榜单，她也仅落后于台湾HTC董事长王雪红（88亿美元）和重庆龙湖集团董事长吴亚军（55亿美元），成为全球华人第三女富豪。

美高梅中国经营收入自2010年的124亿港元增长至2013年的257亿港元，复合年均增长率达27%。而澳门美高梅的中场业务持续保持市场领先地位。

2013 年 2 月底，何超琼被《福布斯》杂志选为亚洲 50 大商业女性，名列第 15 位。

2015 年 1 月，何超琼以 50 亿美元财产成为香港女首富。

对此，何超琼也很淡然，表示财富只是一种数字游戏。如果要评测她的身家，她更希望评测她本人，评测她的 Good Will（良好的声誉），这比她在银行和股票里的钱更重要。

如今，何超琼掌管着超过 20 家公司，她是北京市政协委员，并在澳门创办了世界旅游经济论坛且担任秘书长。她善于在不同业务和各种角色之间建立纽带并协调，并且始终把它们放在同一个篮子里看待。这个篮子的中心目前仍然是博彩业，地产、酒店、旅游、文化、展览、船务、航空，甚至媒体都是围绕其联动的衍生产业。

在众多子女中，何超琼是何鸿燊手把手教出来的，能力很强，而且在商道上摸爬滚打了许多年。尽管她说自己不会直接参与赌场运作，但外界认为她实际上已经成为赌王的接班人，待时机成熟后，极有可能正式接手赌王"江山"。

当然，一个不争的事实是，从 2014 年起，澳门博彩业的收入开始下滑，普通赌客的减少跟从香港至澳门的客源减少有着直接关系；而此前澳门博彩业赖以获暴利的贵宾厅收入的骤减，使其混乱的中介制度（过度依靠民间借贷拉拢赌客，导致资金链条断裂）走到了尽头。

同时，这种下滑势头仍在继续。澳门警告 2016 年博彩业的收入将由 2015 年的 300 亿美元进一步萎缩至大约 250 亿美元上下。

但何超琼已做好了心理准备，她认为，博彩收入回落是意料中的事，但并不意味着旅游业崩溃，增长幅度不可能永远达到双位数。目前澳门进入了资源优化阶段，调整是必需的。澳门博彩业经过几十年发展，长远目标是带动旅游产业及产业链上各个环节的发展，包括会展、旅游、娱乐、休闲设施等，硬件配套逐步完成。她相信，澳门将因港珠澳大桥的建成而收获更多的世界客源。而将澳门从赌城变成世界旅游之城，也是何氏家族的责任传承。

此外，何鸿燊的传人中，还有以下几个人不能不提。

何超邅，二太太蓝琼缨之女，获大众传播系文学学士和心理学系文学学士；出任信德集团执行董事、香港中华总商会会董及青年委员会副主席、香港青年联会常务会董及副秘书长、香港地产行政师学会执行委员及会籍事务（行政）小组主席、香港女童军名誉副会长等多个职务。

何超仪，二太太蓝琼缨之女，香港女歌手，电影演员。1994年，她以歌手身份踏足香港娱乐圈，以清新和反叛的气质备受乐坛瞩目；1996年获港台最有前途新人奖、新城电台劲爆新登场女歌手、1996年度十大劲歌金曲最受欢迎新人奖；曾出演《无问旅程》《紫雨风暴》《想见你》《安娜玛德莲娜》《没有老公的日子》《超级女排之青春火花》《现代古惑仔》《四个32A和一个香蕉的少年》《蝴蝶》等片。何超仪一向不爱标榜自己家境富裕，常被指反叛大胆，而她在香港娱乐圈的打拼其实并不顺利，多年来一直半红不黑的尴尬状况让她十分郁闷，并坦言因此比起其他人，必须付出3倍的努力都未必能得到认同。2003年她在电影《豪情》中饰演风情万种的口技女王赵嘟嘟，夺得第23届香港电影金像奖最佳女配角奖。2003年11月，何超仪与陈子聪在澳大利亚注册结婚。

何超莲，三太太陈婉珍之女，外貌甜美可人，遗传了父母外貌的优点，被称为"最漂亮的赌王千金"。

何超云，三太太陈婉珍之女。曾于澳大利亚留学，后到英国继续求学。何鸿燊认同"万般皆下品，唯有读书高"的道理，他对于子女的要求是：希望子女努力学习，将来考进剑桥大学、牛津大学。他曾夸赞何超云说："她很拼命，读书不错。读圣心时曾参加公开比赛得到第二，我自然有奖。虎父无犬女。"

何超欣，四太太梁安琪之女，为赌王78岁才得的最受宠爱的幼女。

对于何氏家族来说，澳门是建立赌王帝国的起点，意义不同寻常。与此同时，这片土地也见证着一个家族对地方经济文化的庞大影响力。人们相信，未来的澳门与未来的何氏家族还会继续上演创造财富的神话。

后　记

　　本书在出版的过程中，得到了李华伟、林中华、李华军、范高峰、林学华、张慧丹、林春姣、李雄杰、刘艳、李小美、林华亮、陈聪、曹阳、李伟、曹驰、庞欢、刘艳、张丽荣、李本国、林晓桂、李泽民、龚四国、周新发、林红姣、林望姣、李少雄、陈志、张鹏、李天昊、刘洋洋、沈文彬、向丽、杨城、曹茜、刘宇、杨卫国、孔志明、叶超华、金泽灿、罗斌、赵志远、汪建明、翟晓斐、林承谟、曹雪、林运兰、曹建强、陈娟、许伟、曹琨、曹霞、丁艳丽、金泽灿、林葳、梁晓丹、赵生香、丁彦彬、李雄杰、张培玉、邵鑫、朱成兰、王晓玉、常志强、李友先、蒋永红、张江洲、李华军、张红平、李丽芬、林丽娟、李伏安、丁一、刘屹松、杨枫彤、于永春、林喆远、韩梅俏、张恒、周宣、辛大念、孟凡君等不少同仁的支持和帮助，在此特表示深切的谢意！